AF289814

HEXENFIBEL

Stefan Paech

2. Auflage

Alle Rechte vorbehalten!

Druck und jegliche Wiedergabe in jedweder Form nur mit vorheriger
schriftlicher Genehmigung des Verlages.

© 2000,2015 by Kersken-Canbaz-Verlag

© 2000 der Umschlagfotos by Stefan Paech

ISBN 978-3-89423-121-7

Danke

An dieser Stelle ist es mir ein echtes Bedürfnis, mich bei all den Wesen zu bedanken, die mich auf meinem Weg unterstützt und damit zur Fertigstellung des Buches maßgeblich beigetragen haben.

Das größte Lob, allen voran, möchte ich hier meiner lieben Frau und Gefährtin Diana aussprechen, die mich über Jahre hinweg überallhin begleitet und mit mir die Aufzeichnungen für die Hexenfibel zusammengetragen hat.

Neben den vielen anderen ungenannten Wesen und Personen, möchte ich mich an dieser Stelle besonders bei unseren Freunden Kersten Keuffel und Oliver Baumgart für ihre Geduld und ihr Durchhaltevermögen danken, ohne deren Mithilfe die Hexenfibel noch längst nicht hätte erscheinen können.

Zuguterletzt gilt mein Dank auch dem KC-Verlag, der nicht nur über den nötigen Mut verfügt, die Hexenfibel überhaupt erst erscheinen zu lassen, sondern mir immer mit sachkundiger Unterstützung beiseite stand und so einen großen Teil der Arbeit erleichtert hat.

Diesen Allen habt Dank und schöne Tage. Der Autor

Inhalt

Vorwort

Hier sitze ich nun und lausche dem Tosen des Herbstwindes, der an den Fenstern rüttelt, während ich die von meiner Frau Diana und mir über Jahre hinweg zusammengetragenen Notizen für dieses Buch ordne. Ja, alle Fasern in mir lassen mich den alten Hexenzyklus spüren, der Winter steht kurz bevor und es ist somit die beste Zeit zur inneren Einkehr und der Beschäftigung mit den Göttern und Geistern.

Durch jahrzehntelanges Arbeiten als Hexe habe ich vieles gesehen, gelernt und erlebt. Manch obskure Hexenblüte hat dabei meinen Weg gekreuzt, und nicht minder absonderlich sind einige der Werke, die zu diesem Thema veröffentlicht wurden.

Immer wieder werden Diana und ich von allen möglichen Menschen auf das Hexentum und auf den Hexenkult angesprochen, viele der an der Lehre der Großen Göttin und ihrem Gefährten ernsthaft Interessierten stellen immer wieder gleiche und ähnliche Fragen.

☆ Wer ist überhaupt eine Hexe?
☆ Wie wird man eine Hexe?
☆ Was bedeuten die Hexensabbate und wie gestaltet man sie?
☆ Welche Arten des Hexentums gibt es?
☆ Machen Hexen Weiße oder Schwarze Magie?

Diese Liste von immer wieder an uns gestellten Fragen könnte ich noch stark erweitern, doch ich denke, die Grundtendenz aller Fragesteller ist damit schon recht klar umrissen. Um wenigstens einige der häufigsten Fragen und grundlegenden Themen dem Leser zugänglich zu machen, haben wir dem eigentlichen Buch ein Kapitel angehängt, von dem wir hoffen, damit manch interessante Einsicht und Überlegung vermitteln zu können.

In diesem Buch haben wir ein fundiertes Grundlagenwissen, sowohl des Wicca-Kultes, als auch des traditionellen Hexentums zusammengetragen, mit dessen Hilfe jede Hexe selbst ihre Werkzeuge, Rituale und Zauber auswählen und zusammenstellen kann.

blessed be

(Der alte Hexensegen. Die Übersetzung lautet "so sei es", und er wird unter Hexen sowohl als Segensformel und rituelles Ja, als auch als Gruß verwendet. Unter deutschen Hexen ist der Gruß "sei gesegnet" verbreiteter.)

Einleitung

Es gibt wohl kaum ein Thema des Hexentums, das so sehr zu Falschaussagen und damit zur Verwirrung geführt hat, wie das ominöse Hexenbuch, das Buch der Schatten. Selbst Menschen, die vorgeben, sich im Hexenkult auszukennen, scheinen in diesem Punkt doch recht häufig falsch oder unvollkommen unterrichtet worden zu sein.

Ursprünglich war das Buch der Schatten das ganz private und individuelle Hexenhandbuch jeder einzelnen Hexe. Bei ihrer Initiation oder Aufnahme in einen Coven, oder eine anderweitig organisierte Hexengruppe, erhielt jede Hexe die Möglichkeit, das alte Buch der Schatten handschriftlich zu kopieren. Dabei wurde das Hauptbuch nie nach außen gegeben, sondern die Abschrift mußte innerhalb der Gruppe durchgeführt werden. Derartige Abschriften wurden von jeder Hexe durch ihre eigenen Rituale, Anmerkungen und Rezepte ergänzt. Verstarb eine Hexe, und schaffte sie es vorher nicht mehr, ihr Buch der Schatten zu verbrennen, so wurde diese Aufgabe von anderen Mitgliedern erfüllt. Dadurch, daß ernsthafte Hexen diese Tradition bis in die heutige Zeit pflegen, existieren kaum wirkliche Hexenbücher älteren Datums.

Um den Ursprung dieser Hexengepflogenheit zu verstehen, muß man sich in die damalige Zeit hineinversetzen. Früher waren selbst die Hexengerätschaften nach außen hin, zumindest für Laien, nicht von häuslichen Gerätschaften zu unterscheiden, die Athame war ein ganz normales Küchenmesser mit schwarzem Griff, der Kelch war ein Becher und so weiter. Einzig der Besitz eines Buches mit magischen Symbolen und Formeln, sowie den Ritualbeschreibungen, konnte, wenn es den Häschern in die Hände fiel, den Inquisitionsprozeß und den Tod auf dem Scheiterhaufen bedeuten. Auf dieser Grundlage hatte das entsprechende Hexengesetz damals bestimmt seine Berechtigung.

Heute, wo viele der geheimen Schleier gefallen sind und zumindest dem ernsthaft Suchenden eine, wenn auch geringe, Anzahl ordentlicher Bücher zum Thema Hexentum zugänglich ist - schließlich wird ja auch niemand mehr für den Besitz derartiger Schriften verbrannt - halte ich es sogar für notwendig, daß ernsthafte Hexen ihre Bücher veröffentlichen. Würde keine Hexe Bücher über das Thema schreiben, dann wäre die Anzahl der auf dem Markt erhältlichen Bücher, die von Sensations- und Modeschriftstellern veröffentlicht wurde, noch größer, als es ohnehin schon der Fall ist. Nach meiner Überzeugung muß die Nachfrage jeder Generation nach dem

Hexentum durch ernsthafte Hexenbücher sichergestellt werden, damit wenigstens Teile dieser uralten Religion auch in der Zukunft weitergegeben werden können.

Zurück zum Buch der Schatten. In Anlehnung an die alte Hexentradition, in welcher das Buch der Schatten aus zwei Teilen, erstens der Abschrift des alten und zweitens der Hinzufügung eigener Aufzeichnungen bestand, sind diesem Buch eine Anzahl leerer Seiten als Platz für die eigenen Notizen angefügt. Um dem Bedürfnis der meisten Hexen, all ihr Wissen über den Kult in einem Buch zu vereinen, Rechnung zu tragen, denke ich, daß man auch als Hexe die Zeichen der Zeit nutzen kann, und der Inhalt, egal ob er handschriftlich übertragen oder gedruckt wurde, letztendlich derselbe ist, mal ganz davon abgesehen, daß die Hexen früherer Epochen weder über die notwendigen Geldmittel noch über entsprechend verschwiegene Druckereien verfügt haben dürften, um diese Arbeitserleichterung überhaupt in Anspruch nehmen zu können.

Trotz allem behält das alte Hexengesetz, sein Buch der Schatten keinem anderen in die Hand zu geben, Gültigkeit. Der ernsthafte Leser wird innerhalb dieses Buches dafür eine Anzahl Gründe erfahren, den anderen kann es egal sein.

Grundlagen des Hexentums

Obwohl heute nur noch eine verschwindend geringe Anzahl von Hexen wirklich in der alten Familientradition ausgebildet wird, gibt es doch eine stets größer werdende Anhängerzahl des Hexentums. Doch warum ist das so? Um dieser Frage auf den Grund gehen zu können, muß man erst einmal verstehen, was die Faszination des Hexentums ausmacht und seine Lehre gegenüber anderen Glaubensformen hervorhebt. Während in der Bibel, AT, 1. Buch Mose, Kapitel 1, Vers 26 steht: Und Gott sprach lasset uns Menschen machen, ein Bild das uns gleich sei, worauf ein Mann und ein Weib, ihnen zum Abbild geschaffen wurde, verstehen Hexen ihre Götter als übergeordnete Kräfte und Wesen, zu deren Weisheit und Macht sie sich erst noch entwickeln wollen. Mal ganz davon abgesehen, daß die christliche Entstehungsgeschichte des Menschengeschlechts einfach mehr als fragwürdig ist, denn wie können Götter ihre Abbilder schaffen, sie als sehr gut gelungen bezeichnen und dann der christliche Mensch daraus hervorkommen, so schaffen sich andere Religionen, darunter auch das Hexentum, ihre Götter selbst. Kippt man die Aussage, daß der Mensch das Abbild der Götter ist, ins Gegenteil, nämlich daß die meisten Götter Abbilder der Menschen sind, so lassen sich zur Untermauerung dieser These viele Beispiele finden. Allah, mit seinem Propheten Mohammed, Gott, Jesus oder auch Buddha, alle diese Angebeteten werden in Menschengestalt oder zumindest mit menschlicher Sprache und menschlichem Gesicht überliefert. Selbst die Bibel sagt aus, daß die Götter vor der Entstehung des Menschen in Mehrzahl und beiderlei Geschlechts vorhanden waren, doch wo sind die alten Götter hin?

Bis zum heutigen Tag haben sich einige der alten Göttinnen und Götter der uralten schamanischen Fruchtbarkeitskulte erhalten, zwar wurden oft, je nach vorherrschender Kultur Aussehen und Sprache etwas angepaßt, doch das innere Bild der Götter überlebte.

Die Entstehung
der Religion und Götter

Versetzt man sich einmal in die Zeit, als die ersten Menschen sich über die Erde ausbreiteten, so gab es außer ihnen dort nur die sie umgebende Natur. Pflanzen, Tiere und die Elemente Feuer, Wasser, Erde, Luft versorgten sie mit allem, was zum Leben notwendig war. Sonst gab es nichts auf dieser Erde, doch da der Mensch mit seinen begrenzten Fähigkeiten nicht alle Zusammenhänge zu überblicken in der Lage war, was sich übrigens bis heute nicht groß verändert hat, gaben die Menschen bestimmten Teilaspekten ihres Lebens Gestalt und Namen, denn nur so waren sie in der Lage, sich alles zu erklären. Im ureigentlichen Sinn war die Einführung der Götter der Beginn der Wissenschaft, alles was der Mensch zu verstehen in der Lage war, bezeichnete er als irdisch, er hatte es mit Wissen durchdrungen, alles was er dagegen noch nicht verstand, mußte damit unweigerlich göttlich sein.

Die Vielgestaltigkeit der Götter bezeichnete zugleich die Vielfalt der menschlichen Bedürfnisse. So gab es Ernte-, Kriegs-, Totengötter und eine Unzahl mehr. Unabhängig von der individuellen Bedeutung jedes einzelnen Gottes oder Göttin, so waren und sind doch alle Götter Glücksgötter. Jeder Mensch, der zu irgendeinem Gott betet, bittet damit um die Erfüllung zumindest eines seiner Wünsche. Sicher überlebten nur die größten Göttinnen und Götter bis in die heutige Zeit und schafften es damit, daß ihre Rituale, Weisheiten und Verhaltensregeln zu Religionen wurden, doch in der Grundlage ist das Hexentum eine der reinsten Religionen. Fruchtbarkeit, Jahreszyklen, Gesundheit und das Bewahren von Wissen dienen der Arterhaltung, der Gesundheit und Lebensfreude, allesamt immens wichtige Faktoren, wenn einem die Zukunft der Erde am Herzen liegt. Damit ist der Auswahlmechanismus jedes Menschen, für welche Gottheit er sich entscheidet, klar umrissen, er erwählt diejenigen zu seinen Göttern, welche für ihn die eigenen Ideale und Prinzipien am besten repräsentieren.

Ähnlich verhält es sich mit Riten oder Zeremonien. Die Lebensgestaltung sollte immer auch ihren Platz in der entsprechend gewählten Religion beinhalten. Das bedeutet auf jeden Fall, daß der Rahmen einer Religion so gewählt und vorgegeben sein muß, daß für die verschiedenen menschlichen Entwicklungs- und Interessenstufen genügend Freiraum besteht. Das Hexentum trägt all diesen Überlegungen Rechnung, es fördert die eigene

Spiritualität, die Ansammlung und Überarbeitung von Wissen, befriedigt das menschliche Bedürfnis nach Kultur und geregeltem Gemeinschaftsverhalten ebenso wie das nach der Macht und Kraft zum Schutze des eigenen Körpers, der Seele und des Geistes, natürlich auch derer, die man im Herzen trägt.

Besonders weitverbreitete Bedürfnisse, wie zum Beispiel der Erfolg der Jäger, führte zur Gestaltung eines Gottes, der die Verbindung von Mensch und Tier darstellt. Betrachtet man den bocksköpfigen Wächter im Wiccatum, so ist er einer dieser alten Götter. Widder, Hirsch und Ziegenbock, sie alle stehen für Körper- und Zeugungskraft, die weiblichen Tiere ihrer Art folgten ihnen, und somit war in ihrer Nähe für die Jäger fast immer gute Beute zu machen. Durch die Verbindung von menschlichem Körper oder menschlichem Gesicht, ergänzt durch einen tierischen Anteil, schufen die Ahnen eine Magie, durch welche der Mensch sich tiefer in die Tiere des Waldes hineinversetzen konnte und damit ein angesehener und erfolgreicher Jäger zu werden in der Lage war. Schon recht früh erkannten Zauberer, Weise und Schamanen, daß der Mann in sich einen höheren Anteil an animalischem Erbgut in sich trug als die Frau, weshalb vielfach die Symbiosegötter Mensch-Tier männliche Körper oder Gesichtszüge erhielten. Mann, Kampf, Krieg und Jagd haben eine bis heute gültige Urgrundlage. Weibliche Göttinnen dagegen drückten sich fast immer in der Darstellung perfekter weiblicher Attribute aus.

So haben die alten Fruchtbarkeitsgöttinnen in vielen Fällen überdimensional ausgeprägte Brüste und ein breites Becken, beides Symbole für gute Fruchtbarkeit und ein leichtes Gebären. Die Stellung der Frau zu Tieren und Pflanzen ist ebenfalls eine andere, als bei den Männern - Frauen und damit auch ihre Göttinnen werden oft als Herrscherinnen oder Freundinnen der Tiere und Pflanzen dargestellt. Während der Mann die Tiere durch seinen animalischen Jagdinstinkt aufzuspüren in der Lage war, verfügen Frauen über genügend Intuition, Wissen und Liebe, um die Tiere dazu zu bringen, sich in ihrer Nähe wohl zu fühlen. Fast in allen Kulturen finden sich Bildnisse von Göttinnen und Frauen, zu deren Füßen sich die wildesten Tiere vertrauensvoll niederlegen, wie zum Beispiel der Löwe oder auch das Symbol kaum zu bändigender Kraft, der Widder. Schlangen und Pflanzen, welche zusätzlich von Göttinnen gehalten oder berührt werden, zeugen von dem alten Heilwissen der Frau, der man ein dem Mann überlegenes Heilwissen aller Gifte und Kräuter zuordnete.

Beim Vergleich der männlichen und weiblichen Götter wird schnell klar, daß unsere Vorfahren einer Religion angehörten, welche die Göttin als Herrscherin und Behüterin allen Lebens höher einstufte, als die männliche Fähigkeit zu jagen und zu töten. Auch waren es die Frauen, die gerade in den ersten Jahren, in denen die Kinder heranwuchsen, ihr Wissen an die nächste Generation weitergaben. Erst später, wenn die Söhne alt und kräftig genug waren, wurden sie von ihren Vätern in der Kunst der Jagd und des Kampfes unterwiesen.

Die Stellung der Weltengöttin, und damit aller Frauen, über der ihres Gefährten, und damit auch der Männer, wird von ernsthaften Hexen bis in die Gegenwart als wahres Wissen gepflegt und weitergegeben. Daß sich viele männliche Hexen trotzdem in ihren Coven und Gemeinschaften wohl fühlen, liegt nicht zuletzt an der weiblichen Weisheit und Liebe, mit der sie ihre übergeordnete Stellung ausfüllen und den Männern diejenigen Aufgaben auftragen, die ihrer inneren Natur entsprechen. Auf diese Weise erfüllt jede Hexe ihre ureigenste Aufgabe, ohne daß sich Rivalität oder Geltungssucht gegenüber dem anderen Geschlecht einstellt. Allerdings muß an dieser Stelle auch erwähnt werden, daß es vereinzelte Hexenkreise gibt, die von Männern ins Leben gerufen wurden und die ihr angebliches Wissen auch nur an andere männliche Hexen weitergeben. Die Abnabelung vom weiblichen Priestertum bedeutet zugleich auch das Zerschneiden des Bandes zur Welten- oder Mondgöttin und macht damit derartige Vereinigungen zu Kulten schwarzer, lebenszerstörender Magie, welche die Wurzeln ihrer eigenen Religion verleugnen. Daß es innerhalb des Hexentums Zeremonien und Rituale gibt, welche ausschließlich im Beisein gleichgeschlechtlicher Schwestern und Brüder vollzogen werden, liegt in der Natur der Sache, so geben die meisten Priesterinnen ihr Wissen nur an andere Frauen weiter und hüten sich davor, ihr Wissen und ihre Weisheit in die Hände von Männern fallen zu lassen, welche die Informationen eventuell mißbrauchen würden. So wie Männer bei Menstruationsriten und weiblicher Magie keinen Zugang haben, so werden weibliche Hexen auch bei Ritualen betreffs des Übergangs vom Jungen zum Mann oder den geheimen Unterweisungen in männlicher Sexualmagie ausgeschlossen. Vielleicht ist es ja gerade der tolerante Umgang, dem anderen seinen Freiraum zu lassen, der das Hexentums über Jahrtausende hinweg am Leben erhalten hat, denn kleine Geheimnisse erhalten die Achtung vor dem anderen Geschlecht.

Eine alte Hexenweisheit besagt:
Die Hexe, die all ihr Wissen offenbart,
verfügt weder über Zauber noch über Schutz.

Der Hexenkult

Für jeden, der offenen Herzens, selbst heute, da die Verbindung der Hexen zur Natur vielfach nur noch fragmentarisch vorhanden ist, jemals an einer Hexenfeier oder einem Hexenritual teilgenommen hat, oder auch nur dabei sein durfte, ist klar, daß diese Gattung der Menschheit längst nicht mehr nur in Geschichts- oder Völkerkundebüchern zu finden ist. Tiefer Glaube, Wissen um Natur und Zusammenhänge und auch die Kraft der Gemeinschaft gibt es immer noch. Andächtige Gebete zur Mondgöttin, überschäumende Lebensfreude, all dies zeugt von einer quirlig lebendigen Kultur, die sich niemals nur auf das Nachrezitieren alter Aufzeichnungen dezimieren läßt. Die gleichberechtigte, Achtung sowohl der spirituell-gefühlsmäßigen, als auch der animalischen Aspekte des Menschseins schaffen Harmonie, Toleranz und Achtung, allesamt Garanten für eine erfüllte Zukunft. Obwohl gemeinhin im Hexenkult verschiedene spezielle Kulte und Riten gepflegt werden, beruht die Kraft der Hexen doch einheitlich auf vier Grundsäulen.

Wille, Imagination, Intuition, Glaube

Der Wille fungiert als Lenker oder Steuermann, durch ihn wird vorerst festgelegt, in welche Richtung, oder zu welchem Ziel, sich jede Hexe wendet. Zwar läßt einen diese Zielstrebigkeit manchmal anderen Wegen nicht die ihnen eventuell gebührende Aufmerksamkeit zuteil werden, doch immerhin steuert der Wille ohne viele Umwege auf die Erreichung des ausgewählten Zieles hin.

Um den eigenen Willen gezielt zu schulen, muß man sich darüber bewußt werden, was ihn ausmacht. So sind Energie, Beherrschung, Konzentration, Mut, Entschlossenheit und Geduld Eigenschaften, die man besitzen oder sich aneignen muß, wenn man einen starken Willen haben möchte.

Im Grundprinzip ist die Schulung des Willens denkbar einfach, man wählt sich ein Ziel aus und arbeitet solange daran, bis man es erreicht hat, in der Praxis stellt sich das jedoch vielfach als wesentlich schwerer heraus. Gestellt den Fall jemand nimmt sich vor, beim Sonnenaufgang aufzustehen und sich beim Sonnenuntergang schlafen zu legen. Selbst wenn er das mit seiner Arbeit in Übereinstimmung bringen kann, so wird derjenige doch oft feststellen, daß ihm an einigen Tagen andere Anlässe wichtiger als sein Vorsatz erscheinen, zum Beispiel eine Feier oder ein Ritual. Also ist die erste Regel der Willensschulung, *nimm dir nur das vor, was du auch wirklich erreichen kannst,* lieber mehrere kleine Schritte, die erfolgreich abgeschlossen werden, als ein großer Schritt, bei dem man versagt.

Imagination bedeutet, sich etwas vorstellen zu können. Wer diese Fähigkeit richtig beherrscht, wird schnell ihren wahren Wert erkennen. So sind viele Hexen allein durch ihre Imaginationskraft in der Lage, sich selbst und andere Lebewesen zu heilen. Sie verstärken ein inneres Bild solange mit Kraft und Liebe, bis es schließlich auf der materiellen Ebene sich verwirklicht oder Einfluß nimmt.

Bereits an einer ganz einfachen Übung läßt sich die Wirksamkeit der Imagination erfahren. Man braucht sich nur ganz intensiv vorzustellen, daß man gerade in eine Zitrone beißt. Eventuell unterstützt durch zusätzliche Kaubewegungen läuft einem schon bald der Speichel im Mund zusammen. Hieran kann man für sich selber erfahren, wie groß die Wirkung einer Vorstellung selbst auf unsere eigenen Körperabläufe schon mit ungeschulter Imaginationskraft ist, um wieviel kräftiger wird sie dann wohl wirken, wenn diese Technik erst voll ausgeprägt eingesetzt werden kann.

Imaginationsübung 1:

Um die eigene Imaginationskraft zu schulen, benötig man lediglich Ruhe und Zeit. Bequem hingesetzt oder unter einen Baum gelegt wählt man das zu imaginierende Objekt, das zum Beispiel ein Symbol, ein Bild oder auch ein Apfel sein kann. Zuerst schaut man sich dies Objekt ganz genau an und versucht möglichst viele der damit verbundenen Eindrücke und Einzelheiten ganz bewußt in sich aufzunehmen. Farbe, Größe, Form, Geruch, einfach jede noch so kleine Kleinigkeit, die in ihrer Summe letztendlich das wirkliche Ganze ausmachen.

Nach der Betrachtung werden die Augen geschlossen und das Bild vor dem inneren Auge beibehalten. Mit einigem Training schafft man es schließlich, daß einem das innere Bild genauso intensiv und ausdrucksstark gelingt wie das äußere, und letztendlich braucht die trainierte Hexe nur noch einen kurzen Blick auf etwas zu werfen und verfügt auch nach Jahren noch über ein entsprechend plastisches Bild in ihrem geistigen Archiv, daß sie jederzeit wieder bewußt hervorrufen kann.

Ablauf, Stufe 1:

1. Intensives Betrachten und Aufnehmen des Gegenstandes

2. Augen kurz schließen, Bild beibehalten

3. Augen öffnen, inneres und äußeres Bild überprüfen

4. Schließphasen der Augen verlängern

Ablauf, Stufe 2:

Nach längerer Pause, Tage oder Wochen, das alte Bild wieder imaginieren und mit dem Original überprüfen, bei dieser Schulungsphase bieten sich Objekte an, die ihre Erscheinungsform nicht so schnell verändern, wie zum Beispiel Früchte oder Pflanzen.

Imaginationsübung 2:

Wer die erste Stufe der Imagination erfolgreich beherrscht, sollte in die Natur hinaus gehen und die zweite Übung versuchen.

Ablauf:

1. Stehenbleiben und sich die Umgebung genau betrachten

2. Augen schließen und soweit gehen, wie das innere Bild klar und deutlich ist.

3. Augen öffnen, überprüfen

4. Die Phasen mit den geschlossenen Augen verlängern

Die letzte Phase der Imaginationskraft wird nur von so wenigen Menschen auf dieser Welt beherrscht, daß ich sie an dieser Stelle nur ganz kurz anführen möchte. Während die Imaginationsübungen 1 und 2 sich damit beschäftigen, ein äußerliches Bild im Inneren entstehen zu lassen, wird in der höchsten Entwicklungsphase der Imagination ein inneres Bild nach außen projiziert. Anfangs meistens noch verschwommen und schemenhaft, ähnlich den meisten Berichten von Geistererscheinungen, kann zum Beispiel bei vollendeter Imaginationskraft eine Hexe, zum Beispiel einen inneren Apfel, so stark in die materielle Welt imaginieren, daß er dort zum

Schluß auch ganz real, körperlich, vorhanden ist. *Zumindest lehren uns das die alten Überlieferungen.*

Intuition, gleichbedeutend mit Gefühl, macht uns Stimmungen und Informationen auf einer Ebene zugänglich, die der menschliche Geist wohl nie vollends durchdringen wird. Wie oft passiert es im Leben, daß man auf Menschen, Tiere, Orte oder Pflanzen trifft, von denen man sich abgestoßen, oder, im anderen Fall, besonders hingezogen fühlt. Selbst eine Auflistung aller vom Bewußtsein registrierten Fakten würde nie eine vollständige Antwort darauf geben, warum einen das Gefühl zu der einen oder anderen Reaktion letztendlich bewogen hat. Feinstoffliche Schwingungen und Ahnungen aus dem Ur- oder Unterbewußtsein lassen sich in letzter Konsequenz nicht ausschließlich logisch begreifen. Schon seit allen Zeiten vertrauten Hexen deshalb lieber ihrer Intuition, als der begrenzten Logik.

Da im täglichen Leben die innere Stimme jedoch oft bewußt oder unbewußt unterdrückt wird, ist sie bei den meisten Menschen inzwischen leicht bis stark verkümmert. Um sie wieder zur vollen Blüte zu entwickeln, bedarf es großer Aufmerksamkeit und Geduld. Nur wer lernt, immer öfter in sich hineinzuhorchen und dann auch seiner Intuition zu folgen, auch wenn es manchmal gegen die Vernunft geht, wird erfahren, welch göttliche Führung er damit erhält.

Der Glaube, mit eine der wichtigsten Kräfte der Menschheit überhaupt, beherrscht das ganze Leben. Glaube und Vertrauen in die richtige Einschätzung prägt neben der Religion auch das Verständnis von Gesetz, Moral und Gemeinschaftsordnung. Wer der Auffassung ist, daß die ihm von außen vorgegebenen Richtlinien seinem eigenen inneren Wesen widersprechen, wird sich entweder diesen äußeren Vorgaben beugen und unglücklich und krank werden, oder er wird sie ignorieren und damit zu einer Person außerhalb der Gemeinschaft werden. Die Möglichkeiten, derzeit gültige Grenzen aufzulösen und sie durch tolerantere und bessere zu ersetzen, sind in der Regel nicht besonders groß. Derartige Prozesse vollziehen sich meist schleichend über größere Zeitspannen hinweg und sind für das ganz persönliche Leben meist unbefriedigend.

Die ätherische Hexenkraft

Ähnlich aller anderen Gegenstände, Orte und Worte stellt auch die Energie, welche eine Hexe durchfließt, einen wichtigen Bestandteil zum Hervorbringen von magischen Kräften und Ritualen dar. Genau wie an allen wirklichen Kultplätzen, sammeln sich in jeder Hexe im Laufe des Lebens verschiedene Kräfte. Je intensiver eine Hexe das Hexentum lebt und in sich trägt, desto stärker wird davon auch ihre Ausstrahlung geprägt. Eine anfänglich oft selbst über längere Zeiträume kaum wahrnehmbare Ansammlung dieser feinstofflichen Energie, führt bei vollausgebildeten Hexen zu einer Ausstrahlung, einer Art Charisma, der sich nur wenige Menschen und Tiere entziehen können. Auf diese Weise das innere Wesen nach außen gekehrt, in den meisten Fällen geschieht das in Übereinstimmung der beiden Wesen, verfügt eine derartige Hexe durch ihre Glaubwürdigkeit über Kräfte, die sowohl heilen als auch zaubern können. Manche Bücher verweisen in diesem Zusammenhang auf ein absolut asketisches und gesundheitsbewußtes Leben, was jedoch ad absurdum geführt wird, wenn nicht zugleich auf die Gesundheit aller drei Ebenen von Körper, Seele und Geist hingewiesen wird. Sicher sind die meisten Menschen in der Lage, eine oder gar zwei der Ebenen entsprechend zu pflegen und zu leben. Allen drei Ebenen gerecht zu werden, klappt meist nur, wenn man den Anspruch etwas herunterschraubt und stattdessen alle drei Ebenen in harmonischem Einklang entwickelt. Liest man einmal aufmerksam Berichte über Hexen und Hexenprozesse, so wird man schnell feststellen, daß viele dieser Heilerinnen und Weisen kaum in der Lage gewesen sein dürften, sich in ausgeglichener und dem Körper zuträglicher Weise zu ernähren, zumal derzeit der größte Teil der Bevölkerung unter Mangelerscheinungen und Epidemien zu leiden hatte. Trotzdem verfügten viele der damals lebenden *wirklichen* Hexen - damit meine ich solche, die wirklich dem Hexenkult angehörten - über einen ausgeprägten Ätherleib.

Zur Schulung der Ätherkraft kann nur ein *verantwortungs*bewußter Lebenstil führen. Das bedeutet, man muß, gemessen an der eigenen Erkenntnis dessen, was richtig ist, richtig atmen, richtig handeln, richtig denken und richtig fühlen. Nur wer zum Schluß alle seine Erkenntnisse immer wieder überprüft und dann noch vollständig eins mit sich selber ist, erreicht auch die Spitze der Ätherkraft.

Der Kult des Hexenkultes

Vielfach ist es gerade heute, in einer Zeit schnell wechselnder Mode und Trends, die uralte Lebensphilosophie, die dem Hexenkult immer weiteren Zulauf bringt. Die Freude an alten oder selbstgemachten Sachen, Zusammensitzen bei Feuer- oder Kerzenschein, Lachen, Feiern und Tanzen scheinen die Menschen geradezu magisch anzuziehen. Schon der Spruch "Wo man singt da laß dich ruhig nieder!" verweist auf das Bedürfnis der meisten Menschen, sich in lockerer, geselliger Runde aufzuhalten und von den Alltäglichkeiten Abstand zu bekommen. Jenseits aller Modemache bevorzugen die meisten Hexen Kleidung, die ihnen besonders gefällt und in der sie sich richtig wohl fühlen. Verträumte Mystik drückt sich meist nicht nur im Gewand, sondern auch im liebevollen Zusammenstellen von Hexengeräten bis hin zur Wohnungsgestaltung aus. Aber auch Geschäftsleute haben diesen Trend erkannt, was leider dazu führt, daß man heute eine Hexe nicht mehr am umgehängten Drudenfuß oder sonstigen Äußerlichkeiten erkennen kann. Immerhin ist der erste Hexenboom, wo es einfach als chic galt, sich mit der Hexenkunst zu beschäftigen, soweit abgeflaut, daß man, zumindest über die Annoncen entsprechender Esoterik- und Hexenzeitungen, wieder Kontakt zu ernsthaften Hexen herstellen kann, auch wenn man immer noch ein Auge auf die wenigen schwarzen Schafe haben muß, die einem unverhältnismäßig viel Geld abzuluchsen versuchen.

Im Gegensatz zur Zeit vor fünfzehn bis zwanzig Jahren, gibt es heute eine viel größere Auswahl an Kultschmuck, Jul-Leuchtern oder Räucherwaren, und das Netz von Hexengemeinschaften ist auch so eng, daß deren Besuche nicht mehr Unsummen von Reisekosten aufwerfen.

Die heilige 8
und ihre Entsprechungen

Die heilige 8 birgt Geheimnisse, auf die viele Hexenbücher gar nicht eingehen, sei es nun aus dem Vorsatz, manche Schleier der Hexenmagie nicht der Allgemeinheit zugänglich machen zu wollen, oder aus Unwissenheit. Schon die liegende 8 ist als Zeichen des Unendlichen sowohl in der Mathematik, als auch im Tarot auf der Karte des Magiers deutlich zu sehen. Wenn der Anfang eines Kreislaufes sich mit dem Ende eines zweiten Kreislaufes und die beiden übrig gebliebenen Enden sich ebenfalls verbinden, entsteht das Symbol der Acht. Ein Streifen kann, einmal halb gedreht und zusammengefügt, eine Schleife ergeben ohne Anfang und ohne Ende, bei der die gleiche Seite mal außen und gleichzeit innen ist. Am achten Tag war der christliche Schöpfungsmythos beendet, der achte Tag bedeutet den Beginn einer neuen Woche, acht Jahreskreisfeiern zelebrieren die Hexen usw. Astrologisch wird die Zahl 8 dem Planeten Saturn, dem Hüter der Schwelle, zugeordnet, seine Wächterfunktion für alle, die diese Welt kurzzeitig verlassen und mit dem Wissen anderer Welten und Sphären zurückkommen wollen, ist noch immer in vielen Logeninterna Bestandteil wichtiger Weihen und Zeremonien. Die 8 ist das geheime Symbol unendlicher Stärke und Willenskraft, beides Hauptaspekte des Hexentums.

Acht Wege der Zukunftsschau

☆ Das Deuten von Omen bei Tag und bei Nacht in der Natur, die Hexen und Weisen zu Wissenden macht.

☆ Der Blick in die Sterne läßt lesen wer kann, Vergangenheit, Gegenwart, Zukunft und dann (*danach*).

☆ Die Träume sind Bilder jenseits der Zeit, wer geht durch die Tore der Seele bringt es weit. (*Augen*)

☆ Die Sprache der Götter ist jenseits des Wort's drum lausche dem Donner, schau in den Rauch, lies in den Körnern, sieh zu Vogelbauch. (*Vogelflug*)

Es gibt viele derartiger Spruchreime mit mehr oder minder verborgenen Weisheiten, doch letzendlich verfügt jede Hexe über die Möglichkeit in allem alles zu lesen, sie muß nur die Zusammenhänge verstehen, die zu der Situation dessen geführt haben, was sie deuten möchte. Weltweit gibt es Hunderte von Orakelsystemen. Dabei stellen Astrologie, Tarot, Runen, Kaurimuscheln und Kaffeesatzlesen nur eine begrenzte Auswahl der weitverbreitetesten da.

Acht Wege der Erfüllung

In alten Überlieferungen wird auf die 8 Wege hingewiesen, durch welche eine Hexe Erfüllung erlangen kann.

☆ Da sei die Trance, in welcher jede Hexe zwischen den Welten wechseln oder zu ihnen Brücken schlagen kann.

☆ Der zweite Weg sei die innere Einkehr, versunken in sich selbst und allem, was einen umgibt.

☆ Der dritte Weg liegt verborgen im Rausch, heilige Getränke ermöglichen Blicke durch den magischen Spiegel.

☆ Der vierte Weg liegt im Schmerz, der Aufopferung freiwillig Leid zu erfahren, um anderen die Pein zu ersparen.

☆ Der fünfte Weg ist Musik, zu tanzen den Reigen, bis der Geist mit der Natur wird eins.

☆ Der sechste ist Bindung, zu lernen zu knüpfen die Fesseln, auf allen drei Ebenen. (*Körper, Seele, Geist*)

☆ Der siebte ist Zauber, in Nacht und Tag gutes für sich und die seinen zu wirken.

☆ Der achte Weg ist der Ritus, in machtvollem Kreise ausgeführt zur Erhöhung mentaler Potenz.

Wicca

Am 22. Juni 1951 wurde in Großbritannien das Gesetz über Hexerei und Magie derart geändert, daß Hexerei nun erstmals seit Jahrhunderten als legale Tätigkeit ausgeübt werden durfte. Dieser offizielle Freiraum führte in England dazu, daß die über Jahrhunderte im Verborgenen gepflegten Hexenkulte ins Licht der Öffentlichkeit traten.

Inspiriert durch M. Murrays und A. Crowleys Veröffentlichungen gründete Gerald Brousseau Gardner den Wicca-Kult, wobei er den Namen aus dem englischen Wort wicce, Bezeichnung für eine weibliche Hexe, und wicca für männliche Hexen zusammenzog. Heute versteht man das Wort Wicca als Bezeichnung für Weise, gleichbedeutend für weise Männer und Frauen.

G. B. Gardner wurde zum ersten Hohepriester des Wicca-Kultes, der schnell eine stetig wachsende Anzahl von Anhängern fand. Neben seiner Arbeit als Autor immer noch einflußreicher Bücher, verschaffte er bis zu seinem Tod (1964) dem Wicca-Kult öffentliches Ansehen und die Grundlage für den bis in die heutige Zeit immer weiter aufblühenden Hexenkult. Zwar existieren heute reine Gardnerian's, also Gruppen, die sich ausschließlich auf die Überlieferungen von G. B. Gardner beziehen, im Verhältnis nur noch vereinzelt, doch wurden viele von Gardners Überlegungen, Einsichten und Rituale auch von nachfolgenden Hexengruppen übernommen.

Nach dem Tod des Wicca Gründers Gardner setzte in den 60er Jahren ein Mann namens Alex Sanders den inzwischen prominenten Weg fort. Abgesehen von kleinen Unstimmigkeiten, die sich zumeist um den von Alex Sanders getragenen Titel "King of Witches", König der Hexen, bezog, führten Sanders Anhänger, die sich selber als Alexandrians bezeichnen, den von Gardner eingeschlagenen Weg fort und verfeinerten und ergänzten die Rituale. Besonders Sanders geschäftstüchtige Weitsicht, sich der Medien wie auch des Fernsehens zu bedienen, führten in kürzester Zeit zu regem Interesse aus vielen Teilen der Erde.

Obwohl Wicca auch in Deutschland eine wachsende Zahl von Anhängern hat, findet hierzulande der Begriff Wicca eher seine Bedeutung in der Übersetzung mit dem Wort Hexe. Gerade mit dem Erscheinen der Bücher von Ashcraft und Z. Budapest schlugen die Feministinnen zu. Vielfach ohne sich der eigenen Tradition des Wicca bewußt zu sein, stellten sie das von Gardner und Sanders entwickelte System nach ihren eigenen Zielen um und ließen es trotzdem unter der Bezeichnung Wicca weiterlaufen. Die Auswirkungen von Verfälschungen, Teilzitaten und Neuinterpretationen sind bis in die heutige Zeit fatal. Besonders das Fehlen von Wicca-Büchern auf dem deutschen Büchermarkt macht es dem Neueinsteiger und Interessierten fast unmöglich, sich zu orientieren.

Darum beschäftigt sich das folgende Kapitel "Wicca" ausschließlich mit traditionellen Wicca-Graden und Zeremonien. Sämtliche darin verwendeten Hexenwaffen sind im Kapitel "Das Handwerksgerät der Hexen" einzeln aufgeführt und näher erklärt.

Das Gradsystem des Wicca

Bis auf wenige Ausnahmen lauten die Grade des Wicca wie folgt:

☆ 1° Novize

☆ 2° Priester/In

☆ 3° Hohepriester/In

Ergänzende Ritualgrade:

☆ Maid

☆ Wächter

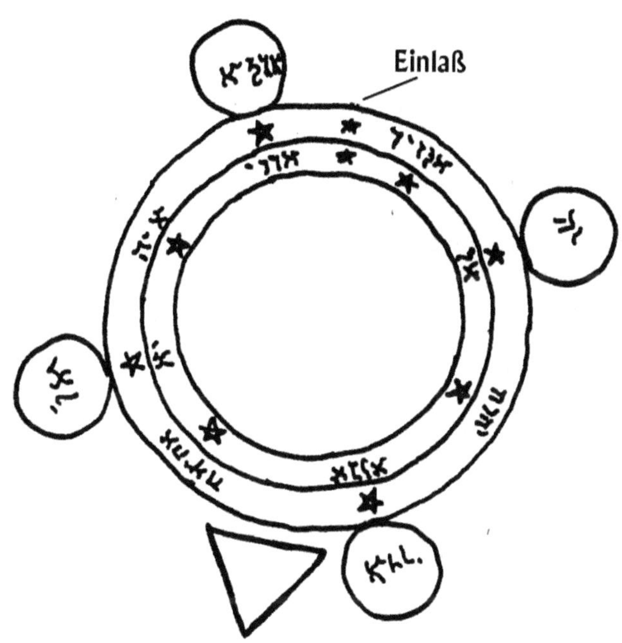

1° Novize

Der Novize beschäftigt sich mit den Kräften der 4 Naturelemente Feuer, Wasser, Erde, Luft. Das Symbol für diesen Grad ist ein auf der Spitze stehendes Dreieck, stellvertretend für Wasser. Wasser ist das dem Mond und damit der Göttin zugeordnete Element. Gerade am unterschiedlichen Wasserstand der Gezeiten kann selbst der Ungeübte die Kraft und den Einfluß des Mondes auf unsere Erde und damit unser ganzes Leben erfahren.

2° Priester/In

Neben den Aufgaben von Organisation, Weitervermittlung von Wissen und dem Zelebrieren der Rituale beschäftigen sich die Inhaber dieses Grades besonders mit den Mysterien des Todes, der Zeugung und der Transformation. Ihr Symbol, das mit einer Spitze nach unten zeigende Pentagramm deutet auf den Zustand hin, daß ihr Geist sich noch nicht bis an die Herrschaftsspitze entwickelt hat, die 4 für die Elemente stehenden Spitzen stehen noch über der Spitze des Geistes.

3° Hohepriester/In

In diesem Stadium ist die höchste Stufe des Wicca erreicht. Das Hauptthema des Grades lautet Unsterblichkeit. Das als Symbol nun aufrecht stehende Pentagramm zeugt davon, daß sich der Geist über die Materie und Elementarkräfte hinaus entwickelt hat. Vielfach wird zusätzlich noch ein mit einer Spitze nach oben zeigendes Dreieck, das Symbol des Feuers hinzugefügt. Die Leitung ritueller Zeremonien sowie die Kontaktpflege zu anderen Wicca-Gruppen, im Weiteren nur noch als Coven bezeichnet, gehört zu den Hauptaufgaben des 3°.

Ritual-Grade

Die Maid

Bei der Maid handelt es sich um eine vom Coven oder der Hohepriesterin ernannten Priesterin, welche innerhalb der Zeremonien und Feiern der Hohepriesterin zur Hand geht. Ihre Aufgaben beinhalten unter anderem das Öffnen und Schließen des Doorway, dem Ein- und Ausgang des Magischen Kreises, sowie das Läuten der Glocke als Symbol, daß etwas angefangen oder beendet ist. Neben derartigen rituellen Aufgaben ist es vielfach die Maid eines Coven, welche die Hohepriesterin bei den Besuchen anderer Coven begleitet und für sie sorgt. Dieser Grad ist besonders für diejenigen weiblichen Hexen interessant, die später vorhaben einen eigenen Coven zu gründen, da sie in der Zeit als Maid, außer Kontakten nach außen, auch tiefe Einblicke in die Organisation eines Coven erhalten.

Der Wächter

Besonders bei Ritualfotos von Alex Sanders kann man am Kreisrand die imposante Erscheinung des bocksgesichtigen Wächters betrachten. Eine Schwarze Robe, die große Bocksmaske und ein großes Schwert sind seine Zeichen. Die Aufgabe des Wächters besteht darin, sowohl im Inneren des Kreises, was eigentlich nur äußerst selten der Fall ist, als auch und insbesondere Störungen von außerhalb des Kreises abzuwehren. Seine Erscheinung symbolisiert besonders die Aspekte Macht und Kampfkraft des Gehörnten Gottes. In letzter Konsequenz hat er besonders das Leben der Hohepriesterin und der Maid zu schützen und auch Sorge zu tragen um die Unversehrtheit und das Nicht-in-die-falschen-Hände-fallen der Coven-Ritualien. Die Aufgabe eines Wächters wird meist durch junge kräftige Männer wahrgenommen, die sich im Ernstfall in Erfüllung ihrer Aufgabe auch schon mal Störenfrieden von außerhalb entgegenwerfen. Wie überall im Coven ist der Wächter zwar beiden Hohepriestern unterstellt, im Zweifel gilt für ihn jedoch nur das Wort der Hohepriesterin, der Stellvertreterin seiner Göttin.

Gerade bei Zeremonien und Coven, bei denen Ritualkleidung getragen wird, haben sich folgende Kordelfarben zur Erkennung des erlangten Grades durchgesetzt. Besonders bei gemeinsamen Veranstaltungen mehrerer Coven ist so leicht zu erkennen, wer für welche Arbeiten qualifiziert ist.

☆ 1° blaue Kordel

☆ 2° rote Kordel

☆ 3° weiße Kordel

Anm.: Die Bedeutungen der Farben sind im Kapitel "Das Handwerksgerät der Hexen" näher erklärt.

Das Grundritual der Einleitung

Das Grundritual ist die Einleitung und der Anfang und das Ende jeder Zeremonie und Feier. Da es bei allen Treffen gleich ist, wird es hier vorweg nur einmal dargestellt.

Der Platz für den magischen Kreis wird vorbereitet. Alles was stören könnte, wird beiseite geräumt. Dann wird der Platz gereinigt, entweder symbolisch oder, besonders in der Natur, tatsächlich. Das Reinigen wird mit dem "Hexenbesen" vollzogen. Um den Kreis auch äußerlich sichtbar zu begrenzen wird sein Umfang mit einer Schnur, Mehl oder Kreide ausgelegt. Der traditionelle Wicca-Kreis hat einen Durchmesser von 2,70 Meter, kann jedoch nach oben hin der Anzahl der an dem Ritual teilnehmenden Hexen angepaßt werden.

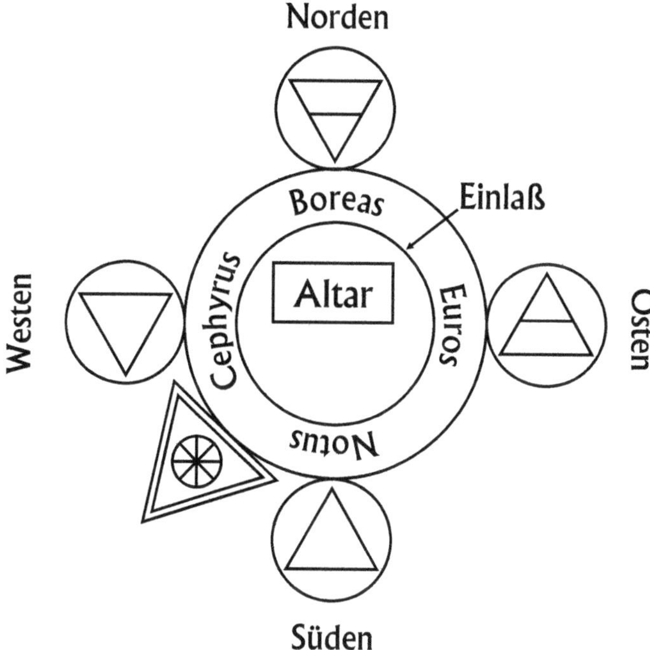

Der Altar, ein kleiner Tisch, wird im Nordbereich des Kreises aufgebaut, auf ihm werden die Gegenstände wie folgt angeordnet:

☆ rechts und links am hinteren Tischrand je eine Altarkerze

☆ das Pentakel in der hinteren Mitte (Norden)

☆ das Räuchergefäß auf der rechten Seite (Luft)

☆ den Stab, sofern er das Element Luft symbolisiert daneben

☆ den Dolch und/oder Schwert, vorderer Altarbereich, in der Mitte (Süden)

☆ den Stab, sofern er das Element Feuer symbolisiert dahinter

☆ den Kelch, die Schale mit Salz und die mit Wasser, an der linken Seite (Westen)

☆ das Ritualbuch in der Mitte des Altars

Alle anderen im Ritual verwendeten Gegenstände werden dort angeordnet, wo noch Platz ist.

Nur die Hohepriesterin und der Hohepriester befinden sich im Kreis, die restliche Gemeinde steht im Nordosten, außerhalb des Kreises.

Nachdem das Priesterpaar Wasser und Salz gesegnet haben, hier genügen ganz einfache Worte, schüttet der Hohepriester das Salz in die von der Hohepriesterin gehaltene Schale mit Wasser und gesellt sich zur Gemeinde, außerhalb des Kreises.

Im Norden beginnend, Dolch oder Schwert mit der Spitze nach außen haltend, wobei sie den Kreis in der Luft nachzeichnet, schreitet die Hohepriesterin die Runde im Uhrzeigersinn mit folgenden Worten ab. Besonders wichtig hierbei ist, daß sie, wenn sie im Nordosten an der Gemeinde vorbeikommt, die Dolch- oder Schwertspitze hoch über die Köpfe der Wartenden hebt und so den Einlaß (Doorway) offen hält.

Im Namen der Mondin, beschwöre ich dich, oh Kreis, mögest du allen, die sich in dir aufhalten, ein unüberwindlicher Schutz sein. Mögen sich in deinem Inneren die Tore zu den anderen Welten öffnen, damit du ein wahrhafter Ort zwischen den Welten bist. Sei Schild und Schutz gegen alles Negative, auf daß wir in deinem Inneren in Ungestörtheit arbeiten und unsere Götter verehren können.

Dafür segne und weihe ich dich, im Namen Aradias und Cernunnos.

Nachdem die Hohepriesterin den Kreis gesegnet hat, läßt sie mit einem Kuß den Hohepriester eintreten, der nun seinerseits eine weibliche Wicca mit einem Kuß eintreten läßt. Auf diese Weise werden alle Mitglieder der Gemeinde, immer abwechselnd Frau, Mann, in den Kreis gelassen, bevor die Hohepriesterin den Eingang endgültig schließt.

Der durch die Hohepriesterin dem Element Erde geweihten Kreis wird nun durch das im Kreis tragen, wobei erst etwas Wasser auf den Kreis und später auf jedes Mitglied der Gemeinde versprüht wird, des gesegneten Wassers dem Element Wasser geweiht. Nachdem sowohl die Räucherschale als auch die Kerzen im Kreis getragen wurden, ist der magische Kreis nun allen 4 Elementen geweiht.

Nun nimmt jeder im Kreis seinen Dolch und während die Gemeinde im Kreiszentrum stehenbleibt und sich dem Priesterpaar zuwendet, ahmt jeder die Zeichnungen der Hohepriesterin nach, nachdem sie diese abgeschlossen hat.

Während der Hohepriester im Osten rechts neben der Hohepriesterin kniet und die dunkelblaue Luftkerze anzündet, bevor er sie am östlichsten Punkt des Kreises hinstellt, zeichnet die neben ihm stehende Hohepriesterin mit ihrem Dolch das anrufende Luftpentagramm in die Luft und imaginiert es, bis es leuchtend blau strahlt, wobei sie folgende Worte spricht:

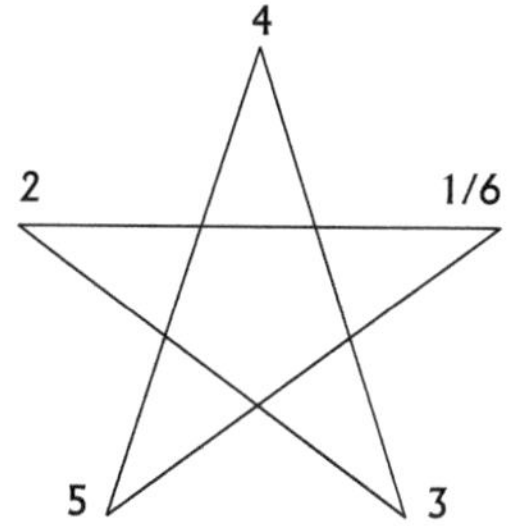

Ihr Mächtigen der Lüfte, Gebieter über Wind und Sturm, hiermit fordere ich euch auf, kommt und schützt uns gegen alles Böse aus dem Osten.

Danach:

Während der Hohepriester im Süden rechts neben der Hohepriesterin kniet und die rote Feuerkerze anzündet, bevor er sie am südlichsten Punkt des Kreises aufstellt, zeichnet die neben ihm stehende Hohepriesterin mit

ihrem Dolch das anrufende Feuerpentagramm in die Luft und imaginiert
es, bis es leuchtend rot strahlt, wobei sie folgende Worte spricht:

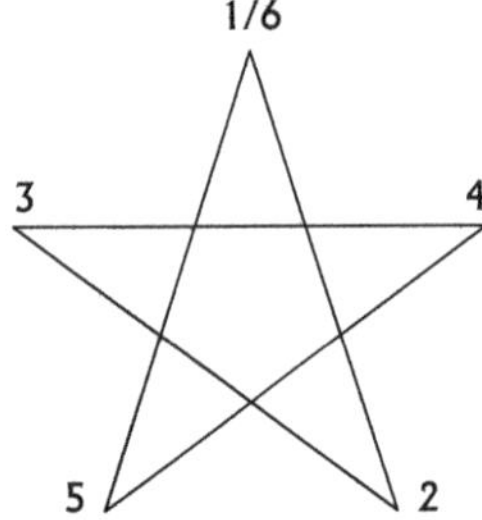

Ihr Mächtigen des Feuers, Gebieter über Sonne und Lava,
hiermit fordere ich euch auf, kommt und schützt uns gegen alles
Böse aus dem Süden.

Danach:

Während der Hohepriester im Westen rechts neben der Hohepriesterin
kniet und die türkisgrüne Wasserkerze anzündet, bevor er sie am west-
lichsten Punkt des Kreises hinstellt, zeichnet die neben ihm stehende Hohepriesterin mit ihrem Dolch das anrufende Wasserpentagramm in die
Luft und imaginiert es, bis es leuchtend türkis strahlt, wobei sie folgende
Worte spricht:

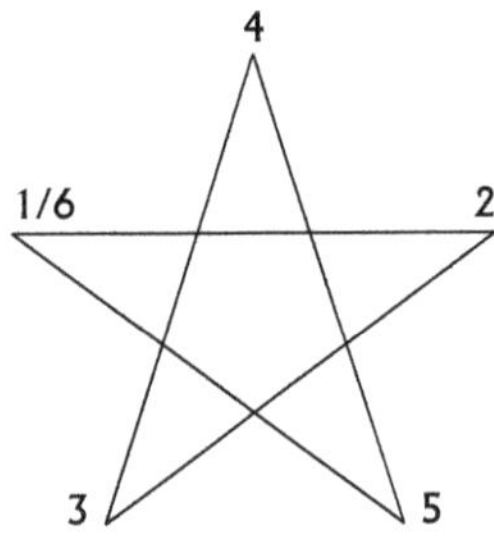

Ihr Mächtigen des Wassers, Gebieter über Regen und Meere,
hiermit fordere ich euch auf, kommt und schützt uns gegen alles
Böse aus dem Westen.

Zuletzt:

Während der Hohepriester im Norden rechts neben der Hohepriesterin kniet und die braune Erdkerze anzündet, bevor er sie am nördlichsten Punkt des Kreises hinstellt, zeichnet die neben ihm stehende Hohepriesterin mit ihrem Dolch das anrufende Erdpentagramm in die Luft und imaginiert es, bis es leuchtend ockerbraun strahlt, wobei sie folgende Worte spricht:

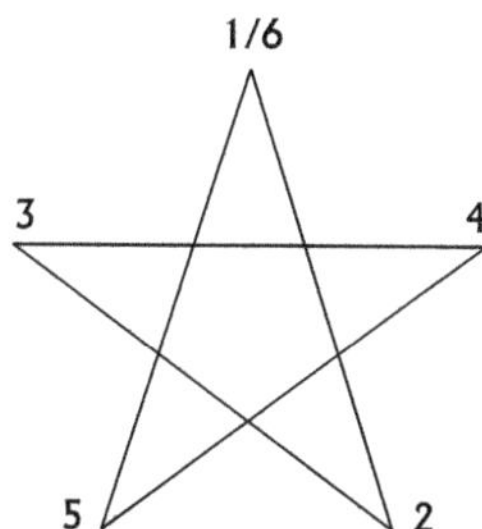

Ihr Mächtigen der Erde, Gebieter über Wachstum und Leben, hiermit fordere ich euch auf, kommt und schützt uns gegen alles Böse aus dem Norden, schafft ein starkes Portal, durch das die Götter diesen Kreis betreten.

Eine kurze Pause.

Gütige und weise Göttin, mächtig und starker Gott, wir rufen euch und bitten um euren Schutz.

Alle legen ihre Dolche nieder, und während die Hohepriesterin mit dem Rücken zum Altar, die Geißel in der linken Hand, mit dem Stab in der rechten Hand kreuzt, legt sich der Hohepriester vor sie, sein Kopf bei ihren Füßen, seine Füße Richtung Süden und gibt ihr den Fünffachen Kuß.

Gesegnet seien deine Füße, die dich hierher brachten. (Kuß rechts, Kuß links)

Gesegnet seien deine Knie, die vor dem Altar niederknien. (Kuß rechts, Kuß links)

Gesegnet sei dein Schoß, ohne den kein Leben währe. (Kuß)

Gesegnet seien deine Brüste, in Stärke und Schönheit geformt. (Kuß rechts, Kuß links)

*Gesegnet seien deine Lippen, welche die Namen und Worte der
Götter aussprechen. (Kuß)*

Bei dem letzten Kuß umarmen sich Hohepriesterin und Hohepriester in
ganzer Körperlänge. Während die Hohepriesterin die Arme und Beine
weit spreizt, auch bekannt als die Segensstellung, kniet der Hohepriester
erneut vor ihr nieder und beginnt mit der Herabrufung der Göttin in die
Hohepriesterin.

*Große Göttin, Hüterin allen Wissens und aller Mysterien, verehrt
unter den Namen Große Mutter, Mondin, Aradia und Diana, wir
bitten dich, manifestiere dich in dieser deiner Hohepriesterin und
ehre unsere Zeremonie durch deine Anwesenheit, dein Wissen
und deinen Schutz.*

In einigen Coven wird diese oder eine ähnliche Herabrufung 7 mal 7 (49
mal) durchgeführt.

In einer Zeit der schweigenden Versenkung wird von allen Anwesenden
die Mondin in die Hohepriesterin visualisiert. Sie trägt ein silbernes bo-
denlanges Gewand und ihren Kopf schmückt ein Silberreif mit einer
großen Mondsichel.

In einigen Coven schließt die Gemeinde an dieser Stelle die Augen,
währenddessen der Hohepriester der Hohepriesterin einen langen Silber-
umhang umlegt und ihr die Mondkrone aufsetzt.

Der Hohepriester erhebt sich und tritt einen Schritt zurück. Die Hohepriesterin zeichnet mit dem Stab das anrufende Erdpentagramm in die Luft
und spricht.

*Mein Leib, meine Gefühle und mein Geist gehören nicht mir, ich
stehe jetzt nur als die Große Göttin hier, auf daß ich euer Schutz
und Wissen bin, führe ich euch zu ihren Geheimnissen hin.*

Mit freudigem Ruf begrüßt die Gemeinde das Eintreffen der Großen
Göttin (Sternenkönigin).

*Eko, Eko Azarak
Eko, Eko Zamalak
Eko, Eko Aradia
Eko, Eko Karnayna*

blessed be

Damit ist der Kreis geweiht und die Göttin herangerufen, das eigentliche Ritual des Abends kann nun beginnen.

Das Grundritual der Auflösung

Da der Magische Kreis einen Ort beziehungsweise Tempel zwischen den Welten bildet währe es respektlos und ungehörig, wenn man den Kreis am Ende jeden Rituals nicht wieder auf jeder der Welten löschen würde.

Nachdem alle Rituale und Feiern beendet sind, kann die Hohepriesterin mit der Auflösung beginnen.

Im Namen der Mondin, danke ich dir, oh Kreis, du warst allen die sich in dir aufhielten, ein unüberwindlicher Schutz. Mögen sich in deinem Inneren die Tore zu den anderen Welten schließen und damit den wahrhaften Ort zwischen den Welten auflösen. Du warst uns ein treuer Schild und Schutz gegen alles Negative, damit wir in deinem Inneren in Ungestörtheit arbeiten und unsere Götter verehren konnten.

Dafür danke und verabschiede ich dich, im Namen Aradias und Cernunnos. Gütige und weise Göttin, mächtig und starker Gott, wir danken euch für eure Anwesenheit und euren Schutz. Habt Dank und lebt wohl.

Alle zusammen:

Habt Dank und lebt wohl.

Nun nimmt jeder im Kreis seinen Dolch, und während die Gemeinde im Kreiszentrum stehenbleibt und sich dem Priesterpaar zuwendet, ahmt jeder die Zeichnungen der Hohepriesterin nach, nachdem sie diese abgeschlossen hat.

Während der Hohepriester im Osten rechts neben der Hohepriesterin kniet und die dunkelblaue Luftkerze löscht, zeichnet die neben ihm stehende Hohepriesterin mit ihrem Dolch das bannende Luftpentagramm in die Luft, wobei sie folgende Worte spricht:

Ihr Mächtigen der Lüfte, Gebieter über Wind und Sturm, hiermit danken wir euch für eure Anwesenheit und euren Schutz. Habt Dank und lebt wohl.

Alle zusammen:

Habt Dank und lebt wohl.

Danach:

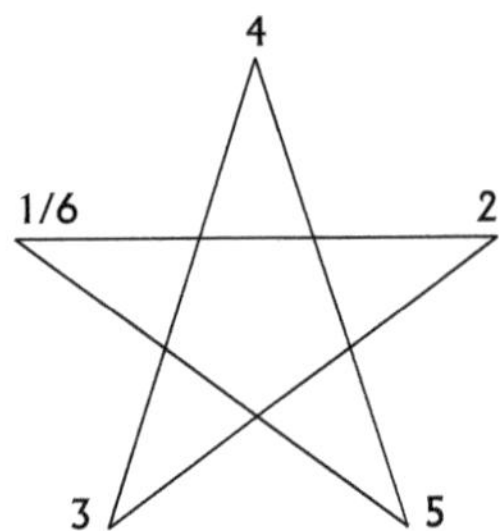

Während der Hohepriester im Süden rechts neben der Hohepriesterin
kniet und die rote Feuerkerze löscht, zeichnet die neben ihm stehende Hohepriesterin mit ihrem Dolch das bannende Feuerpentagramm in die Luft,
wobei sie folgende Worte spricht:

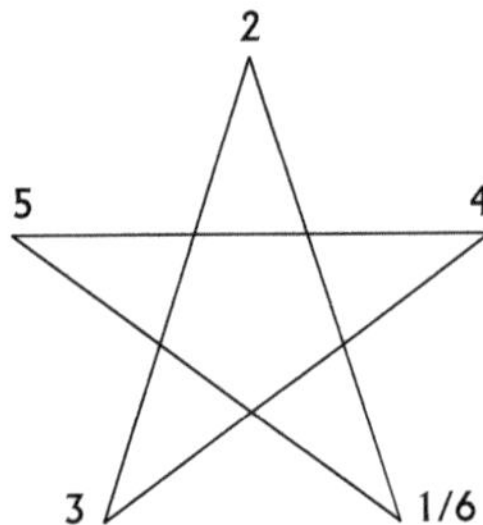

Ihr Mächtigen des Feuers, Gebieter über Sonne und Lava,
hiermit danken wir euch für eure Anwesenheit und euren Schutz.
Habt Dank und lebt wohl.

Alle zusammen:

Habt Dank und lebt wohl.

Danach:

Während der Hohepriester im Westen rechts neben der Hohepriesterin
kniet und die türkisgrüne Wasserkerze löscht, zeichnet die neben ihm stehende Hohepriesterin mit ihrem Dolch das bannende Wasserpentagramm
in die Luft, wobei sie folgende Worte spricht:

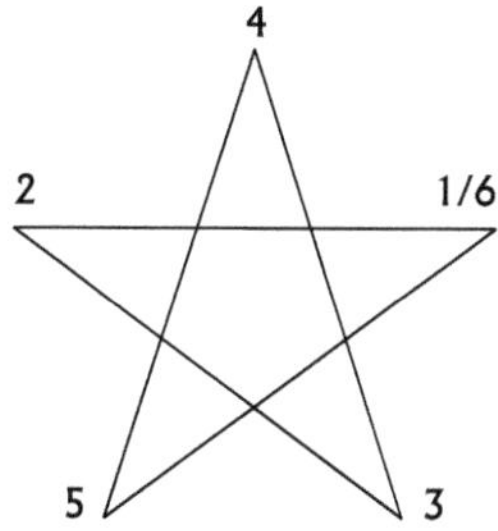

Ihr Mächtigen des Wassers, Gebieter über Regen und Meere,
hiermit danken wir euch für eure Anwesenheit und euren Schutz.
Habt Dank und lebt wohl.

Alle zusammen:

Habt Dank und lebt wohl.

Zuletzt:

Während der Hohepriester im Norden rechts neben der Hohepriesterin kniet und die braune Erdkerze löscht, zeichnet die neben ihm stehende Hohepriesterin mit ihrem Dolch das bannende Erdpentagramm in die Luft, wobei sie folgende Worte spricht:

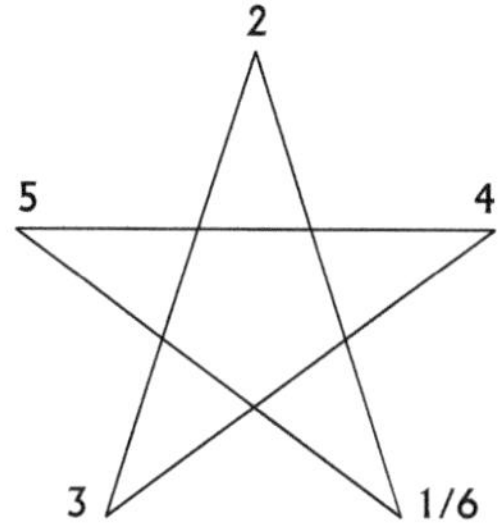

Ihr Mächtigen der Erde, Gebieter über Wachstum und Leben,
hiermit danken wir euch für eure Anwesenheit und euren Schutz.
Ihr schuft ein starkes Portal, durch das die Götter diesen Kreis
betreten konnten. Habt Dank und lebt wohl.

Alle zusammen:

Habt Dank und lebt wohl.

Alle legen ihre Dolche nieder und verabschieden sich nochmals mit althexischem Gruß.

Eko, Eko Azarak
Eko, Eko Zamalak
Eko, Eko Aradia
Eko, Eko Karnayna

blessed be

Damit sind die Götter und die Hüter der Elemente verabschiedet und entlassen, der Kreis kann nun verlassen und danach auch in der materiellen Ebene gelöscht werden. Dies geschieht durch das Aufrollen der Schnur oder durch das Verwischen der Mehlspur. Alle Kerzen und Gegenstände werden sorgfältig verpackt und mitgenommen, so daß später nichts darauf hindeutet, was an diesem Ort stattgefunden hat.

Die Einweihung

Ist jemand an einen Wicca-Coven herangetreten, so erhält er den ersten Grad. Ähnlich einer Probezeit wird während der darauf folgenden Schulung, in welcher er oder sie in die Grundlagen des Hexenhandwerks unterwiesen wird, geistige Reife und Ernsthaftigkeit getestet. Während der, in der Regel mindestens ein Jahr dauernden, Vorbereitungszeit fertigt der Aspirant unter Anleitung auch seine künftigen Hexenwaffen selbst an und sucht in sich nach seinem Hexennamen, in manchen Coven wird der Hexenname auch von den Hohepriestern vergeben.

Die Einweihung und damit die Aufnahme als vollwertig anerkanntes Mitglied des Covens findet immer an einem der 8 Jahresfeste statt. Neben einigen Kleinigkeiten, wie und wann die aufzunehmende Hexe in den Kreis geführt wird, ist das Einweihungsritual bei allen Wicca-Coven im Ablauf gleich.

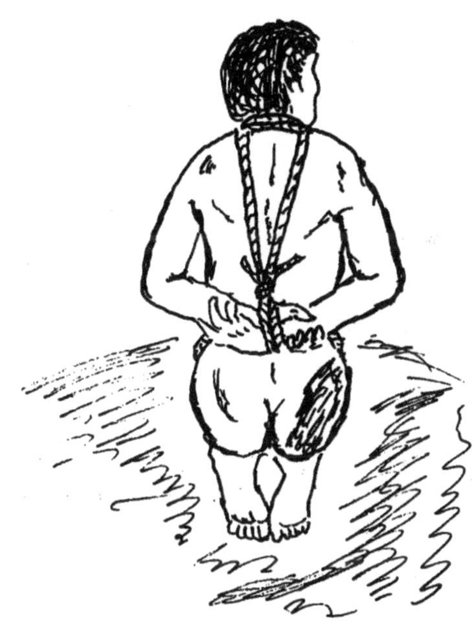

Vorweg wird das Grundritual der Einleitung durchgeführt.

Gründlich gewaschen, nackt und mit verbundenen Augen wird die zu weihende Hexe vom Priester des anderen Geschlechts in den Kreis geführt. Ob die Arme hinter dem Rücken schon vor dem Betreten des Kreises gebunden werden, ist Ermessenssache. Spätestens beim Niederknien vor dem im nördlichen Kreisbereich stehenden Altar werden der Hexe die Arme hinter dem Rücken sowie die Fußgelenke derart zusammengebunden, daß sie aus eigenen Kräften sich nicht mehr erheben kann.

Die Weihe einer weiblichen Hexe

Der Priester drückt die Schwert- oder Dolchspitze auf die linke Brust der vor ihm Knienden, dabei sollte der Druck durchaus so fest sein, daß die Hexe die Spitze deutlich spürt, jedoch ohne sie wirklich zu verletzen.

Priester:

Bist du reinen Gewissens und aufrechten Herzens bereit unserem _______ -Coven als Schwester beizutreten und mit uns _______ zu ehren? (Hier werden die Namen der Göttin und des Gottes eingesetzt, unter denen sie in diesem Coven verehrt werden.) Sonst wäre es besser, du stürbest.

Hexe:

Ich trage in mir beide Paßworte, vollkommene Liebe und vollkommenes Vertrauen.

Priester:

Dann sei uns doppelt willkommen, und hiermit gebe ich dir das dritte Paßwort, daß dich durch das Tor führen wird.

Priester gibt ihr einen langen Kuß auf den Mund.

Priester:

Bist du bereit für die Prüfung der Reinigung?

Hexe:

Ich bin es.

Priesterin schlägt 7 mal mit der Geißel auf das Gesäß der Hexe.

Priester schlägt 14 mal mit der Geißel auf das Gesäß der Hexe.

Priesterin schlägt 21 mal mit der Geißel auf das Gesäß der Hexe.

Priester:

Nun bist du gereinigt, bist du nun bereit für den heiligen Eid?

Hexe:

Ich bin es.

Priester entfernt die Fesseln, nimmt mit der Kordel, nachdem die Hexe sich erhoben hat, daß Maß vom Scheitel bis zur Sohle und schneidet den Rest ab.

Priesterin:

So sprich mir nach. Ich, _______ (an dieser Stelle wird der Hexenname eingefügt) schwöre feierlich, aus freiem Bewußtsein und im Beisein der Götter _______, (Hier werden die Namen der Göttin und des Gottes eingesetzt, unter denen sie in diesem Coven verehrt werden.) daß ich die Geheimnisse des _______-Coven niemals preisgebe, weder die Namen der Brüder und Schwestern, noch die heiligen Orte, werden gegenüber einem Unwürdigen über meine Lippen kommen, auf daß sich beim Brechen dieses Eides meine eigenen Waffen gegen mich wenden.

Hexe:

Ich, _______ (An dieser Stelle wird der Hexenname eingefügt) schwöre feierlich, aus freiem Bewußtsein und im Beisein der Götter _______, (Hier werden die Namen der Göttin und des Gottes eingesetzt, unter denen sie in diesem Coven verehrt werden.) daß ich die Geheimnisse des _______-Coven niemals preisgebe, weder die Namen der Brüder und Schwestern, noch die heiligen Orte, werden gegenüber einem Unwürdigen über meine Lippen kommen, auf daß sich beim Brechen dieses Eides meine eigenen Waffen gegen mich wenden.

Priester führt, im Norden beginnend, die neugeweihte Priesterin im Kreis, stellt sie mit Hexennamen den Hütern der Elemente vor und bittet diese um ihren Schutz. Letztendlich wieder vor dem Altar stehend wird der Priesterin die Augenbinde abgenommen. Die "alte" Priesterin weiht daraufhin die Hexenwaffen der neuen Priesterin und übergibt sie ihr.

Nun ist die Weihe zu Ende und es kann ein anderes Ritual durchgeführt oder gleich mit dem Fest begonnen werden.

Die Weihe einer männlichen Hexe

Die Priesterin drückt die Schwert- oder Dolchspitze auf die linke Brust des vor ihr Kniendem, dabei sollte der Druck durchaus so fest sein, daß die Hexe die Spitze deutlich spürt, jedoch ohne sie wirklich zu verletzen.

Priesterin:

Bist du reinen Gewissens und aufrechten Herzens bereit unserem ______-Coven als Bruder beizutreten und mit uns ______ zu ehren? (Hier werden die Namen der Göttin und des Gottes eingesetzt, unter denen sie in diesem Coven verehrt werden.) Sonst wäre es besser du stürbest.

Hexe:

Ich trage in mir beide Paßworte, vollkommene Liebe und vollkommenes Vertrauen.

Priesterin:

Dann sei uns doppelt willkommen und hiermit gebe ich dir das dritte Paßwort, daß dich durch das Tor führen wird.

Priesterin gibt ihm einen langen Kuß auf den Mund.

Priesterin:

Bist du bereit für die Prüfung der Reinigung?

Hexe:

Ich bin es.

Priester schlägt 7 mal mit der Geißel auf das Gesäß der Hexe.

Priesterin schlägt 14 mal mit der Geißel auf das Gesäß der Hexe.

Priester schlägt 21 mal mit der Geißel auf das Gesäß der Hexe.

Priesterin:

Nun bist du gereinigt, bist du nun bereit für den heiligen Eid?

Hexe:

Ich bin es.

Priesterin entfernt die Fesseln, nimmt mit der Kordel, nachdem die Hexe sich erhoben hat, daß Maß vom Scheitel bis zur Sohle und schneidet den Rest ab.

Priester:

*So sprich mir nach. Ich, _______ (An dieser Stelle wird der
Hexenname eingefügt.) schwöre feierlich, aus freiem Bewußtsein
und im Beisein der Götter ______, (Hier werden die Namen der
Göttin und des Gottes eingesetzt, unter denen sie in diesem
Coven verehrt werden.) daß ich die Geheimnisse des
_______-Coven niemals preisgebe, weder die Namen der Brüder
und Schwestern, noch die heiligen Orte, werden gegenüber einem
Unwürdigen über meine Lippen kommen, auf daß sich beim
Brechen dieses Eides meine eigenen Waffen gegen mich wenden.*

Hexe:

*Ich, _______ (An dieser Stelle wird der Hexenname eingefügt.)
schwöre feierlich, aus freiem Bewußtsein und im Beisein der
Götter ______, (Hier werden die Namen der Göttin und des
Gottes eingesetzt, unter denen sie in diesem Coven verehrt
werden) daß ich die Geheimnisse des ______-Coven niemals
preisgebe, weder die Namen der Brüder und Schwestern, noch
die heiligen Orte, werden gegenüber einem Unwürdigen über
meine Lippen kommen, auf daß sich beim Brechen dieses Eides
meine eigenen Waffen gegen mich wenden.*

Priesterin führt, im Norden beginnend, den neugeweihten Priester im
Kreis, stellt ihn mit Hexennamen den Hütern der Elemente vor und bittet
diese um ihren Schutz. Letztendlich wieder vor dem Altar stehend, wird
dem Priester die Augenbinde abgenommen. Die Priesterin weiht daraufhin die Hexenwaffen des neuen Priesters und übergibt sie ihm.

Nun ist die Weihe zu Ende und es kann ein anderes Ritual durchgeführt
oder gleich mit dem Fest begonnen werden.

Abschließend erfolgt das Grundritual der Auflösung.

Die Selbsteinweihung

Obwohl innerhalb des Wicca-Kultes jede Frau, jeder Mann und jedes
Kind über das unabänderliche Recht verfügt, sich selber seinen Weg, seine
Götter, frei zu wählen und sich ihnen zu weihen, wird der Wert einer derartigen Weihe von vielen Coven angezweifelt. Eine derartige Ablehnung ist
wohl eher im Selbstschutz, als in dogmatischer Intoleranz begründet. Um
sich des Eindringens lese- und lerntüchtiger Mode- und Hexentheoretiker

in ihre Coven zu erwehren, bestehen die meisten Coven auf die Übermitt-
lung von Wissen und Fähigkeiten, die innerhalb ihrer Gruppe als Basis betrachtet werden. Nur durch diese gemeinsame Grundlage ist der
ungestörte Ablauf und das Verstehen der Rituale gewährleistet.

Die 8 Jahresfeste oder Sabbate

Innerhalb der Wicca-Coven werden nicht nur, wie es bei manchen traditionellen Hexen der Fall ist, die Ernte- oder Gestirnszyklen gefeiert. Einer der Schwerpunkte liegt auf den zeitlich zugehörigen Aspekten der Göttin und ihrem Gefährten. Da die meisten Wicca-Coven bis zu 13 Mitglieder haben, verfügen sie somit über die Möglichkeit, die einzelnen Götteraspekte innerhalb der Feste besonders eindrucksvoll und anschaulich zu besetzen und vorzuführen. In kleineren Coven ist dies allerdings nicht möglich, denn wenn zum Beispiel die Aufgaben von Priesterin, Priester, Maid und den zwei Königen (Eichen- und Stechpalmenkönig) zu besetzen sind, würde kaum noch eine entsprechende Gemeinde im Kreis übrigbleiben.

Samhain, 31. Oktober

Das altkeltische Samhainfest feiert den Beginn des keltischen Winters. Wörtlich übersetzt bedeutet Samhain Sommerende. Besonders in England tanzen in dieser Nacht, besser bekannt unter dem Begriff Halloween, verkleidete und maskentragende Kinder und Jugendliche durch die Straßen, wobei sie sich nur durch Gaben, Süßigkeiten, Obst oder Kleingeld davon abhalten lassen, den Bewohnern einen Schabernack zu spielen, oder diese zu erschrecken. Der Ursprung des Festes liegt in der Zeit, wo, nach altem Volksglauben, die bis dahin nicht eingebrachte Ernte von den Nachtgeistern vernichtet wurde. Heute sind die Kinder diese Nachtgeister und haben, gemäß der Überlieferung, ihre helle Freude daran, die Menschen zu plagen und zu erschrecken. Wer sich die Mühe macht, in alten Aufzeichnungen nachzuforschen, wird darauf stoßen, daß Samhain im weitesten Sinne auch ein Opferfest war. In einer Zeit, da die Tierhaltung über den Winter wegen ungenügender Futtervorräte schwierig war, wurden die Tierherden auf das Maß abgeschlachtet, von dem man glaubte, es über den Winter bringen zu können. Durch Einlegen in Salz, Trocknen und Räuchern wurden somit die Vorratskammern der Familien für den bevorstehenden Winter gefüllt.

Samhain ist die Nacht der zwei Gesichter, zum einen ist da die Fülle der eingebrachten Ernte und des Geschlachteten, zum anderen die Sorge um den bevorstehenden Winter mit seinen unberechenbaren Unbillen. Freude und Nachdenklichkeit wechseln sich ab, das Fest beinhaltet nicht die Art von überschwenglicher Fröhlichkeit, wie es einem Außenstehenden auf den ersten Blick erscheinen mag. In einigen Gegenden wurde früher den Wintergöttern geopfert, Tiere oder auch Menschen, um die Geister gnädig zu stimmen, derartige Bräuche haben allerdings keinen Einzug in die heutige Zeit gefunden.

Das Grundritual der Einleitung.

Die Hohepriesterin trägt einen zurückgeschlagenen Schleier, in der Mitte des Kreises steht ein großer Behälter, wenn vorhanden ein Hexenkessel, in dem sich schon glühende Kohle befindet.

Während der Hohepriester mit dem Rücken zum Altar steht, befindet sich die Hohepriesterin auf der gegenüberliegenden Seite des Behälters und beide ziehen mit ihrem Dolch das anrufende Erdpentagramm in Richtung des Anderen. Im Anschluß daran streut die Hohepriesterin die vorbereitete Räucherung auf die Glut und wartet, bis sich der verströmende Geruch richtig ausbreitet, bevor sie ihren Schleier schließt.

Priesterin:

Tor des Schattens, bewacht vom Gott des Lebens, wer dich schon zu Lebzeiten kennt, braucht dich im Augenblick des Todes nicht fürchten. Alles, was ist, war und noch sein wird, muß deine Pforten durchschreiten. Dem Wissenden bist du ein Licht, dem Unwissenden die Nacht. Du bist der Kelch allen Wissens, wer aus dir trinkt, erkennt alles. Wir, die wir hier stehen, bitten dich in dieser Nacht, uns deine Pforten zu öffnen, damit wir diejenigen besuchen können, die uns bereits vorangegangen sind.

Tor des Schattens, Hüter der Mysterien, du, der du den Weg zur Welt dessen darstellst, was wir göttlich nennen, gewähre uns Einlaß und Rückkehr in dieser Nacht, damit wir feiern im Kreise alljener unseres Volkes, ob sie nun auf dieser Welt leben oder in deiner wirken.

Zeitlos, raumlos und grenzenlos sind deine Zauber, laß sie uns erfahren, von ihnen lernen und unbeschädigt zurückkehren. Wir, die Priester der großen Göttin, bitten dich um diese Gunst, du mächtiges Tor der Schatten gewähre sie uns, im Namen der Großen Mondin und ihres Gefährten Cernunnos.

Ein kurzer Augenblick des Schweigens setzt ein, erst wenn die Hohepriester aufeinander zugehen und sich genau über der Räucherung mit einem Kuß vereinen, spricht die Gemeinde:

So sei es.

Daraufhin umschreitet die Hohepriesterin im Uhrzeigersinn das Räuchergefäß und gibt dem Hohepriester den Fünffachen Kuß. Nacheinander treten nun alle weiblichen Hexen und Priesterinnen vor und geben dem Hohepriester ebenfalls den Fünffachen Kuß, bevor sie sich, nach Möglichkeit immer Frau neben Mann, am inneren Kreisrand aufstellen.

Priesterin:

Sehet, im Westen das Tor der Schatten, dahinter liegt das Land, wohin viele unserer Schwestern und Brüder uns vorangegangen sind. Diese Nacht ist ihre Nacht, deshalb rufe ich euch auf, heißt die Zeitlosen willkommen und schickt ihnen eure Grüße, damit sie wissen, daß wir sie nicht vergessen haben und uns ihre Anwesenheit willkommen ist.

51

Alle versinken in lautlosem Schweigen und jeder schickt seine Grüße an die Zeitlosen durch das Tor der Schatten. Eine vorher von der Hohepriesterin bestimmte Hexe - wenn im Coven vorhanden, übernimmt die Maid diese Aufgabe - schreitet dem Sonnenlauf entgegengesetzt spiralförmig vom Westen in die Mitte des Kreises. Der Hohepriesterin gegenüber angelangt streckt sie ihre rechte geöffnete Hand über die Kreismitte und legt sie an die ausgestreckte Linke der Hohepriestern.

Priesterin:

Jene, die dir folgen sind uns herzlich willkommen, mögen sie dieses Fest genießen und es durch ihre Anwesenheit vollkommen machen, doch du, die du sie in diesen Kreis geführt hast, deine Aufgabe ist nun erfüllt, kehre nun zu deinen Schwestern und Brüdern zurück.

Die Hände lösen sich und die Maid schreitet die Spirale zurück und stellt sich wieder an ihren ursprünglichen Platz im Westen. Erst wenn sie diesen Platz erreicht hat und verharrt, spricht die Hohepriesterin erneut.

Priesterin:

Nun kommet alle zu mir und meinen Gästen, die auch eure Gäste sind, und nehmt Platz an der Tafel, an welcher sich Lebende und Zeitlose treffen, um gemeinsam zu feiern.

Der Coven setzt sich im Kreis um den Räucherkessel, und jedem steht es frei, ob er sich mental oder verbal mit den Zeitlosen unterhält. Es können auch Geschichten und Taten von bereits Gegangenen in der Runde erzählt werden, auf diese Weise erhalten die alten Bilder der Erinnerung neue Farbe und neues Leben. Wenn schließlich alle Gespräche verebbt sind, wartet die Hohepriesterin noch einige Zeit, bevor sie spricht.

Priesterin:

Ihr, die ihr durch das Tor der Schatten zu uns gekommen seid, seid gedankt. Auch wenn wir die Eine oder den Einen nicht direkt angesprochen haben, seid gedankt. Für euer aller Wissen und Wirken, seid gedankt.

Gemeinde:

Wir alle danken euch für eure Anwesenheit und wünschen euch einen glücklichen Weg. Seid gedankt, 7mal 7mal seid gedankt.

Auf ein Kopfnicken der Hohepriesterin wird das Räuchergefäß neben die Ostkerze, dem Bereich der Wiedergeburt, getragen und dort abgesetzt.

Als Symbol für Tod und Wiedergeburt vereinigen sich Hohepriester und Hohepriesterin in der Kreismitte, während die restliche Gemeinde in Richtung des Sonnenlaufs den Kreis (innen) mehrmals umrundet. Im Anschluß daran segnet das Priesterpaar den Wein, wonach die Hohepriesterin jeder weiblichen Hexe den Kelch mit folgenden Worten und der Hohepriester jeder männlichen Hexe den Kelch mit folgenden Worten reicht.

Priesterin:

Dies ist der Kelch, mein Schoß, Gefäß allen Wissens und aller Mysterien, er enthält alle Geheimnisse des Lebens, darum trinke du, meine Schwester, aus ihm.

Priester:

Dies ist der Kelch, Empfänger meines Dolches, Gefäß meiner Kraft und Zeugung, er enthält alle Geheimnisse der Fruchtbarkeit, darum trinke du, mein Bruder, aus ihm.

Damit die Verbindung hergestellt wird, behalten sowohl Hohepriesterin wie auch Hohepriester jeweils beide Hände am Kelch, während die oder der Empfangene den Kelch ebenfalls mit beiden Händen an die Lippen führt und einen Schluck nimmt.

Nun folgt ein ausschweifendes Fest zu Ehren des Lebens. Von den besonders schönen und leckeren Speisen und Trank wird stets etwas für die Geister aufbewahrt.

Das Grundritual der Auflösung

Die Feier ist nun zu Ende.

Jul, 22. Dezember

Das Jul-Fest, oder auch die Wintersonnenwende beinhaltet zwei äußerst starke Thematiken. Zum einen ist die Nacht zum 22. Dezember der Zeitpunkt von Tod und Wiedergeburt der Sonne und zum anderen wird der Stechpalmenkönig, Herrscher über das abnehmende Halbjahr, von seinem Bruder, dem Eichenkönig, Herrscher des zunehmenden Halbjahres, abgelöst. Das Wort Jul kommt aus dem nordischen und bedeutet Rad, in diesem Zusammenhang das Rad des Jahreszyklus.

Die Vielfältigkeit der Gestaltung des Jul-Festes innerhalb der verschiedenen Wicca-Coven macht es äußerst schwierig, einen wirklich allen Aspekten dieses Festes gerecht werdenden Ritualvorschlag anzuführen. Besonders die innerhalb dieses Festes verwendeten Zeremonialgegenstände beinhalten ein breites Spektrum. Bei einigen Coven trägt die Hohepriesterin innerhalb der Zeremonie eine weiße Perücke und ein ebenfalls weißes Gewand. Beide Attribute symbolisieren Alter, Weisheit, sowie das Thema Leben und Tod. Auch die Herstellung der Kronen für den Stechpalmen- und Eichenkönig erweist sich, zumindest wenn man selbstgesammelte Blätter zur Verzierung benutzen möchte, als ein Unterfangen, das schon recht frühzeitig in Angriff genommen werden muß, da zur Zeit des Jul-Festes das kaum noch vorhandene Eichenlaub als Verzierung der Eichenkrone ungeeignet ist. Da bei vielen Coven die Kronen stets zu jeder Verwendung neu geschmückt werden, sollte man sich einen Eichelvorrat zulegen, um mit diesem, und eventuell mit blattbestickten Bändern, die Kronen zum Fest herstellen zu können.

Das Grundritual der Einleitung

Die Hohepriesterin hält einen Losbeutel, in dem sich so viele Nußschalen befinden wie männliche Mitglieder bei diesem Fest anwesend sind, ohne den Hohepriester mitzurechnen, jeder der männlichen Hexen hin. Wer die Nuß mit der Eichel darin oder das Stechpalmenblatt zieht, wird im folgenden Ritual den entsprechenden König darstellen.

Priesterin:

Du bist der Gott des abnehmenden Jahres, aus Stechpalmenlaub ist dein Kleid und auch deine Krone. Stechpalmenkönig, dein ist das Reich der inneren Einkehr, mit dem Aufsetzen deiner Krone begrüße ich dich.

Die Priesterin setzt dem, der das Stechpalmenblatt gezogen hat, die Stechpalmenkrone auf. Bei einigen Coven erhält der Stechpalmenkönig zusätzlich noch einen unterarmlangen Ast, das Stechpalmenzepter.

Priesterin:

Du bist der Gott des zunehmenden Jahres, aus Eichenlaub ist dein Kleid, und auch deine Krone. Eichenkönig, dein ist das Reich der äußeren Kraft, mit dem Aufsetzen deiner Krone begrüße ich dich.

Die Priesterin setzt auch dieser Hexe die Eichenkrone auf. Gegebenenfalls erhält auch der Eichenkönig einen Stab, das Eichenzepter.

Gemeinde:

Stechpalmenkönig und Eichenkönig, ihr zwei Brüder, wie sie verschiedener nicht sein können, wir grüßen euch. Der eine Herrscher über das abnehmende Jahr, der andere Herrscher über das zunehmende Jahr, dies ist eine der zwei Nächte im Zyklus, wo ihr euch trefft, wir grüßen euch.

Gemeinde und Priester nochmals zusammen:

Ihr Könige, wir grüßen euch.

Der Hohepriester geht nun in die Kreismitte, wo er sich in Embryohaltung auf dem Boden zusammenrollt und von der Maid oder einer anderen Hexe mit einem schwarzen Schleier bedeckt wird.

Die 2 Könige:

*Wir wurden von euch gerufen, gekrönt und begrüßt, doch wo ist
der Herr der Sonne?*

Priesterin:

Unser Herr der Sonne ist tot. (klagender Tonfall)

Die Priesterin zieht jetzt einen schwarzen Schleier vor ihr Gesicht, und außer dem am Boden liegenden Priester und der Maid - es kann sich auch um eine von der Priesterin dafür bestimmte Hexe handeln - reiht sich der Rest des Coven, soweit möglich, Mann, Frau, Mann, Frau, am inneren Rand des Kreises. Die Maid folgt, eine Kerze vor sich hertragend, der Priesterin, welche im Uhrzeigersinn langsam 7 mal das Tuch, unter dem der Priester verborgen liegt, umrundet.

Priesterin:

*Sonnengott, Lichtgott, ich rufe und bitte dich, komm zurück,
komm zurück!*

*Bruder, Gefährte, Geliebter, ich rufe und bitte dich, komm
zurück, komm zurück!*

*Die Zeit deines Todes ist vorüber, ich rufe und bitte dich, komm
zurück, komm zurück!*

*Suchend durchstreife ich sehnsüchtig die Erde, ich rufe und bitte
dich, komm zurück, komm zurück!*

*Mein Herz klagt, meine Augen suchen, ich rufe und bitte dich,
komm zurück, komm zurück!*

*Deine Schwester, Geliebte und Gefährtin weint, ich rufe und bitte
dich, komm zurück, komm zurück!*

*Sonnengott, Lichtgott, ich rufe und bitte dich, komm zurück,
komm zurück!*

Das Gesicht Richtung Süden kniet die Hohepriesterin nun am Schleier, unter dem der Priester liegt, nieder, den Kopf gesenkt.

Gemeinde:

*Seht, die Mondin trauert um ihren Bruder und Gefährten, die
Sternenkönigin sehnt sich nach Licht und Liebe, die Erde harrt
auf die Kraft der Sonne, möge ihr Bruder, der Sonnen- und
Lichtgott bald wiedergeboren werden, möge der Sonnen- und
Lichtgott bald wiedergeboren werden.*

Nach einer kurzen Phase der Stille schlägt die Hohepriesterin den vor
ihr liegenden Schleier zurück und hilft, unter dem Jubel der Gemeinde,
dem Hohepriester beim Aufstehen. Voreinander stehend entfernt nun der
Hohepriester den Schleier der Hohepriesterin, bevor sie sich überkreuz an
den Händen fassen und ausgelassen im Kreis tanzen, erst langsam, dann
immer schneller, irgendwann fängt auch die Gemeinde an, in diesen
Kreistanz einzufallen.

Gemeinde:

*Seht, der Sonnen- und Lichtgott ist auferstanden! Mond und
Sonne sind wieder vereint, die Göttin hat ihren Schleier abgelegt,
ewig ist ihr Zyklus, und ewig ist ihr Bestand.*

Irgendwann, wenn die Hohepriesterin meint, daß genug getanzt worden
ist, hebt sie ihre rechte Hand und alle sinken nieder. Der Hohepriester geht
zum Altar und entzündet das dort reich mit Eichenblättern geschmückte
neue Licht, das erste Licht des neuen Zyklus.

Das Hohepriesterpaar stellt sich nun nebeneinander, nach Süden bli-
ckend, vor den Altar. Die beiden Könige treten in die Kreismitte, der Eichenkönig steht dabei mit dem Gesicht nach Osten, der Stechpalmenkönig
mit dem Gesicht nach Westen. In einer langsamen, fließenden Bewegung
legt der Eichenkönig seinem Bruder, dem Stechpalmenkönig, die Hände
auf die Schulter, worauf sich dieser zu Boden sinken läßt und von der
Maid mit einem schwarzen Schleier bedeckt wird, bevor sie und der
Eichenkönig sich zum Rest der Gemeinde gesellen.

Priester:

*Der Stechpalmenkönig ist nun von uns gegangen und hat seinem
Bruder, dem Eichenkönig, den Thron übergeben, laßt uns ihm
danken für seine gute Regentschaft und gleichzeit seinen Bruder
willkommen heißen.*

Alle:

*Stechpalmenkönig, wir danken dir, du hast dir deinen Schlaf im
Schoß von Mutter Erde redlich verdient. Eichenkönig, wir
begrüßen dich, mögest du mit frischer Kraft dein Zepter führen.*

Der Stechpalmenkönig wird von der Hohepriesterin, er ist immer noch
unter dem Schleier verborgen, zur Westkerze geführt, wo die im Schleier
verborgene Stechpalmenkrone niedergelegt wird und die männliche Hexe
als ganz normales Coven-Mitglied in die Gesellschaft zurückkehrt.

Die Hohepriesterin und der Eichenkönig treffen sich anschließend in
der Kreismitte und vollziehen den Großen Ritus, entweder symbolisch
oder tatsächlich, bevor Wein, Kuchen und die neue Kerze an diesen Platz
gestellt werden, jeder über die Kerze springt und das Fest beginnt.

Das Grundritual der Auflösung

Aschenreste der Feuer dieser Nacht werden eingesammelt und von jedem auf seinem Acker, Garten oder an einem anderen Ort, wo er möchte,
daß etwas besonders gut wächst, ausgestreut.

Imbolg, 2. Februar

Imbolg, auch bekannt als Lichtfest oder Lichterfest, bezeichnet den Zeitpunkt für neu hereinströmende Lebenskraft und Lebensfreude. Abstand von Altem, Verstaubtem, die winterliche Zurückgezogenheit weicht dem Herausgehen. Das Haus wird geputzt, Staub, Spinnweben und Dreck werden ausgefegt, man spürt förmlich, wie ein frischer Wind durchs Jahr streicht. Nicht mehr benötigtes wird verbrannt und mit dieser durch das Feuer transformierenden Reinigung trennt man sich von Belastendem, um so die frische Aufbruchskraft nicht unnötig zu schwächen. Selbst Hausschmuck und Gebinde vom vorangegangenen Jahr werden verbrannt, da sich in ihnen die Kräfte, Geister und Kobolde der Vergangenheit verbergen könnten. Loslassen, Aufbruch, Reinigung und Vorfreude auf den bevorstehenden Zyklus lassen die Herzen höher schlagen, Altes ist verarbeitet, sowohl mental als auch materiell und jeder wartet auf die bevorstehenden Erfahrungen der drei Bereiche Körper, Seele und Geist.

Vor dem Fest wird eine Lichterkrone vorbereitet. Dazu bietet sich am besten ein aus mehreren Korbweidenzweigen geflochtener Reif an, oder man bindet aus Binsen und Gräsern einen Kreis, der durch grüne Wollfäden zusammengehalten wird. Besondere Sorgfalt muß auf die Anbringung der Kerzen gelegt werden, damit sie später nicht kippen oder auf die Haare der Trägerin tropfen. Kleine Metallteller verhindern dieses. Bei der Auswahl der Kerzen verwendet man am besten weiße, dünnere Kuchenkerzen. Derartige Kerzen erhält man auch als sogenannte Magische Kerzen, sie haben den Vorteil, daß sie sich nur sehr schwer ausblasen lassen, und selbst wenn, sie sich sofort wieder selbst entzünden. Besonders die Coven, die ihre Feste im Freien feiern, wissen diesen Vorzug zu schätzen, da im Wald doch immer mal der eine oder andere Windhauch geht und es störend wirken würde, wenn sonst während des Rituals die Lichterkrone stets aufs Neue angezündet werden müßte. Desweiteren besorgt man sich ein Bündel Stroh, trennt es in ¼, ¾ und schiebt das ¼ durch das obere Drittel des Restes, um es dort als Arme festzubinden. Ergänzt mit ein wenig Stoff entsteht so "Die Frau" (Ehemals wurden derartige Puppen als Weibel bezeichnet, doch aufgrund der inzwischen stark negativ behafteten Bedeutung von dem Wort Weib als Ausdruck für untergeordnete minderwertige Frau sollte Abstand davon genommen werden.). Ein Stab als Phallussymbol, kunstvoll geschnitzt oder auch nur einfach im Wald gesammelt, runden die Vorbereitungen ab.

Das Grundritual der Einleitung

Während alle männlichen Hexen, einschließlich des Hohepriesters - er steht bei der Südkerze - am Kreisrand Platz beziehen, Gesichter nach außen, gehen die Frauen in die Kreismitte und legen dort "Die Frau" und den Stab nebeneinander, die Köpfe Richtung Norden. Rechts und links werden je eine Kerze aufgestellt und entzündet. Dieses Bett kann zusätzlich noch mit Blättern und Laub gepolstert und geschmückt werden. Wenn alles fertig ist, bilden die weiblichen Hexen, die Hohepriesterin im Norden, einen Kreis und sprechen:

Brigid ist gekommen, Brigid ist willkommen.

Nun erst wenden sich die männlichen Hexen um.

Alle:

Brigid ist gekommen, Brigid ist willkommen!
Brigid ist gekommen, Brigid ist willkommen!
Brigid ist gekommen, Brigid ist willkommen!

Alle weiblichen Hexen, die Hohepriesterin in ihrer Mitte, gehen zum Altar, wo die jüngeren sich jeweils einige bereitgelegte Blumen nehmen, während die älteren sich Schulter- oder Kopftücher umbinden, bevor sie alle gemeinsam der Hohepriesterin die Lichterkrone aufsetzen und deren Kerzen entzünden.

Im Osten beginnend schreiten die Jungfrauen, die erste fegt symbolisch mit dem Besen, gefolgt von der Hohepriesterin, als Symbol der Mutter, endend mit den Greisinnen (Alten), 7 mal den Kreis ab.

Priester:

Seht die Dreigesichtige Göttin, stets ist sie Jungfrau, Mutter und
Alte, alle Drei sind immer Eine und jede Eine ist immer Drei. So
wie es keinen Sommer ohne Winter gibt, so wie kein Mond ohne
Sonne scheint, so wie kein Mann ohne Frau wäre, so ist die
gütige Mondin unser aller Mutter, Schwester und Geliebte.
Darum laßt uns ihr huldigen in jeder ihrer Formen.

Männer:

Oh Große Göttin, Dreigesichtige, Jungfrau, Mutter und Alte, wir
lieben und ehren dich, in all deinen Aspekten. Sei uns
willkommen, Große Göttin.

(Dieser Spruch wird bei jedem Kreisgehen der Frauen wiederholt.)

Die 8. Runde geht nur die Jungfrau mit dem Besen, die anderen Frauen warten vor dem Altar, während sie fegt, spricht der Hohepriester.

Priester:

So fegen wir den Winter aus, heißen den Frühling willkommen,
Vergangenes sei vergangen und Künftiges sei willkommen.

Alle:

So sei es.

Der Hohepriester geht zur Hohepriesterin und bläst die Kerzen der Lichterkrone aus. Alle verwendeten Gegenstände, auch die Kerzen, der Stab und "Die Frau", werden aus der Kreismitte auf den Altar gelegt. Es folgen der Große Ritus und das Fest.

Das Grundritual der Auflösung

Frühlingstagundnachtgleiche,
21. März

An diesem Zeitpunkt des Jahreszyklus sind Tag und Nacht gleich lang. Trotzdem findet das eigentliche Fest eher zu Ehren der in der nächsten Zeit die Nacht zurückdrängenden Sonne statt. Selbst die Christen haben den das Fest darstellenden Fruchtbarkeitszeitpunkt erkannt und setzen mit ihrem Osterfest nur die Reihe der zu diesem Zeitpunkt schon immer verehrten Göttinnen fort. Geht man geschichtlich soweit nur irgend möglich zurück, so stößt man selbst in der schamanisch-naturreligiösen Götterverehrung auf Feiern, welche in dieser Nacht besonders den Fruchtbarkeitsaspekt der Göttin hervorheben. Auch die Inkas und Azteken kannten die besondere Bedeutung im Jahreskreislauf, welche sie genau aus ihren astronomischen Kalendern entnehmen konnten. In der Kultur der alten Ägypter war diese Nacht der Göttin Isis geweiht. Eine weitere Göttin, die diesen Zeitpunkt beherrschte, war die germanische Göttin Ostara. Man sieht gleich die nahe Wortverwandtschaft zu dem christianisierten Begriff des Osterfestes. Eben diese Göttin Ostara war es auch, der man gefärbte Eier opferte, eine Umsetzung der Weltenmythologie, in welcher die Göttin an diesem Zeitpunkt des Zyklus das Weltenei legt, um es vom Sonnengott ausbrüten zu lassen.

Vor der Feier der Frühlingstagundnachtgleiche ernennt die Hohepriesterin eine jüngere und besonders liebliche Hexe zur Frühlingskönigin. Jede der an diesem Fest teilnehmenden männlichen Hexen bringt einige besonders schöne Frühlingsblumen mit und übergibt sie dem Hohepriester, der sie in eine Schale mit Wasser legt und auf dem Altar abstellt. Je nach Coven-Art bringt außerdem jeder Teilnehmer eine Kerze, ein Windlicht oder eine Fackel mit und übergibt sie vor dem Fest der Hohepriesterin. Auch eine große Schale mit gefärbten, gekochten Eiern, je zwei pro Teilnehmer der Gemeinde, und ein hochbeiniger Feuerkessel werden auf dem Altar angeordnet. Eine Anzahl von roten Schnüren vervollständigt die Vorbereitungen.

Das Grundritual der Einleitung

Die Hohepriesterin trägt die Schale mit den Eiern in die Kreismitte, wo sie diese absetzt, bevor sie ihren Stab vom Altar holt und sich im Süden des Kreises hinstellt. Nun nimmt der Hohepriester den Feuerkessel, in

dem sich noch nicht angezündetes Holz und Stroh befindet, und trägt ihn
ebenfalls in die Kreismitte, um ihn dort über der Schale abzustellen, bevor
er im Osten Aufstellung nimmt.

Priesterin:

*Wir entzünden heute das Feuer, in Gegenwart der Mondin, Isis,
Astarte und all ihren anderen Namen, auf daß die Flamme mit
Wärme und Licht das Weltenei ausbrütet. Wir entzünden heute
das Feuer, als Symbol für Lebensrad, Fruchtbarkeit und
Lebenslicht. Wir entzünden heute das Feuer, als Symbol für
Sonnenrad und Sternenkleid.*

*Oh Große Mondin, entzünde du nun auch das Feuer in unseren
Herzen, damit die liebenden Flammen in uns nie verlöschen und
wir sehen, erkennen und lieben, in Vergangenheit, Gegenwart
und Zukunft.*

Den hochgestreckten Stab in ihrer Rechten umschreitet die Hohepriesterin viermal den Kessel, bevor sie vor dem Hohepriester stehen bleibt.

Priesterin:

*Oh Sonnengott, mein Gefährte, spende uns nun dein Feuer, denn
es ist der Zeitpunkt, wo deine Kraft wieder wächst, und du die
Dunkelheit besiegst.*

Mit diesen Worten übergibt die Hohepriesterin den Stab, Symbol für das
Feuer, an den Hohepriester, der ihn erst zum Gruß hoch in die Luft streckt,
damit die ganze Gemeinde ihn sehen kann, bevor er ihn an seine Lippen
legt und küßt, ein symbolischer Akt des Lebeneinhauchens. Gemessenen
Schrittes wendet sich der Hohepriester zum Altar, legt dort den Stab nieder
und entzündet an der rechten Altarkerze eine neue Kerze, mit welcher er
an den Kessel tritt und den Inhalt entzündet.

Wenn das Feuer brennt, tritt die Hohepriesterin an den Altar, nimmt halb
so viele rote Schnüre, wie Hexen an der Feier teilnehmen, und verknotet
sie in der Mitte, bevor sie zu einem Platz nördlich des Feuerkessels geht.
Der Hohepriester steht ihr gegenüber im Süden, und der Rest des Coven
ordnet sich so an, daß sich immer eine Frau und ein Mann gegenüber stehen. Jeder erhält nun von der Hohepriesterin ein Schnurende, und es wird
soweit zurückgetreten, daß die Schnüre, straff gespannt, den Knoten über
dem Kessel, ein Rad ergeben. Erst langsam, dann immer schneller werdend, beginnt im Uhrzeigersinn der dem Sonnenkreislauf nachempfundene Kreis- oder Radtanz. Ausgelassenheit, Lachen und fröhliche Rufe er-

wecken das Rad vollends zum Leben, erst wenn die Hohepriesterin *"Nieder!"* ruft, setzen sich alle auf die Erde und ruhen sich aus.

Nach einer Verschnaufphase wird der Kessel vom Hohepriester neben die Ostkerze getragen, während die Hohepriesterin das Schnurrad einsammelt und zum Altar trägt, wo sie auf das Eintreffen des Hohepriesters und der Frühlingskönigin wartet.

Die Frühlingskönigin stellt sich zwischen Priesterin und Priester und läßt sich von beiden einen Kranz aus Frühlingsblumen, die Frühlingskrone, aufsetzen. Alle Drei blicken nach Süden, die Gemeinde versammelt sich locker in der Kreismitte. Dem Hohepriester folgend treten nacheinander alle männlichen Hexen vor die Frühlingskönigin, um ihr den Fünffachen Kuß zu geben:

Gesegnet seien deine jugendlichen Füße, die dich hierher brachten. (Kuß rechts, links)

Gesegnet seien deine weichen Knie, die vor dem Altar niederknien. (Kuß rechts, links)

Gesegnet sei dein fruchtbarer Schoß, ohne den kein Leben währe. (Kuß)

Gesegnet seien deine festen Brüste, in Stärke und Schönheit geformt. (Kuß rechts, links)

Gesegnet seien deine zarten Lippen, welche die Namen und Worte der Götter aussprechen. (Kuß)

Die bei diesem Fünffachen Kuß zusätzlich eingefügten Worte stehen stellvertretend für die junge, fruchtbare Natur der Erde.

Nachdem alle männlichen Hexen der Frühlingskönigin ihren Respekt gezollt haben, bekommt sie von der Hohepriesterin den großen Blumenstrauß überreicht, der auf dem Altar liegt.

Erneut wird der Kessel in die Mitte des Kreises getragen, und alle folgen der Frühlingskönigin, einzeln oder zu zweit, überspringen den Kessel und wünschen sich dabei etwas.

Damit ist der zeremonielle Teil des Frühlingsfestes vorbei, mit Kerzen oder Fackeln wird ein großes Rad gesteckt, bevor sich alle zum Schmausen, Eierverzehren und Trinken zusammensetzen.

Das Grundritual der Auflösung

Beltane, 1. Mai

Beltane, Fest des keltischen Bel oder Baal, Herr bedeutend, ist heute besser unter dem Namen Walpurgis bekannt. Die früheren Bel-Feuer wurden auf den umliegenden Bergspitzen der Dörfer entzündet und läuteten damit das Fest des Fleisches und der Fruchtbarkeit ein. Orgiastische, berauschende Feste zu Ehren des Hirtengottes Pan oder des Waldgottes Cernunnos, beide mit Gehörnen, Symbolen männlicher Phalluskraft, geschmückt, riefen die christliche Kirche auf den Plan, und letztendlich ist es ihr zu verdanken, daß das ohnehin von der Bevölkerung, aus verständlichen Gründen, gern gefeierte Beltane-Fest unter dem Begriff der Walpurgisnacht zu dem wohl bekanntesten Hexensabbat der heutigen Zeit heranwuchs. Vielerorts sind in der Nacht zum ersten Mai immer noch Fragmente unseres ursprünglichen Fruchtbarkeitskultes zu sehen: Tanz in den Mai, das Maifeuer und der Feuersprung sind nur einige davon. Auch der altdeutsche Spruch "der Mai ist gekommen, die Bäume schlagen aus", bezieht sich auf das Urwissen unserer Vorfahren, die noch nahe der Naturzyklen lebten und um die Zusammenhänge von Sonne, Mond und Fruchtbarkeit wußten.

Besonders im Harz, wo der Brocken, der oft als Hexenberg bezeichnete Blocksberg, liegt, treibt die Tourismusindustrie Blüten, die jede wirkliche Hexe zwischen lautem Lachen und Weinen hin und her reißen. Zum einen ist es traurig, wenn Tausende makeupverschmierter und mit Plastiknasen behängte Pseudohexen die alte Kultur mit Füßen treten, zum anderen ist es doch auch ein Zeichen, daß der christlichen Kirche die Ausrottung und Einverleibung der vorchristlichen Traditionen bis heute nie ganz geglückt ist.

Das Grundritual der Einleitung

Hinweis: Bevor die Hohepriesterin die Gemeinde in den Kreis einläßt, stellt sie den Feuerkessel mit brennender Kerze darin auf den vorher aufgestapelten Holzstoß, beides muß später in der Mitte des Magischen Kreises sein.

Während der Coven sich im Kreis verteilt geht der Hohepriester zum Altar und nimmt den dort bereitliegenden grünen, dünnen Stoff (mindestens 1m x 1m) und dreht ihn so zusammen, daß er letztendlich einen grünen Schal in den Händen hält. Kaum bewegt sich der Hohepriester in

Richtung der Hohepriesterin, setzt das Händeklatschen des Covens ein, und während sie den Hohepriester mit ihrem Zeigefinger zu sich winkt, entfernt sie sich doch rückwärts. Der Hohepriester verfolgt sie auf ihrem Weg durch den umherstehenden Coven, wobei ihm die weiblichen Hexen gelegentlich in den Weg treten, um ihre Hohepriesterin vor dem Einfangen zu schützen, doch letztendlich läßt sich diese doch den Schal über den Oberkörper werfen und küssen. Der Schal wird nun vom Hohepriester an eine andere männliche Hexe weitergegeben, der daraufhin seine Partnerin auf die selbe Weise jagt. Erst wenn auch das letzte Paar sich gefangen hat, bekommt der Hohepriester den Schal zurück. Erneut, diesmal aber mit gemessenen Schritten, folgt der Hohepriester der Hohepriesterin, welche ihn diesmal eher lockt als neckt. Beide werden auch nicht von anderen behindert, irgendwann endet die Jagd, wenn die Hohepriesterin mit dem Gesicht nach Norden, etwas entfernt vor dem Altar stehen bleibt und sich den Schal überwerfen läßt. Sie umarmen sich feierlich und nach einem langen Kuß sinkt der Hohepriester zu Boden. Die Hohepriesterin winkt zwei weibliche Hexen heran, die ihr dabei helfen, den grünen Schal, der jetzt wieder zum Tuch wird, wie ein Leichentuch über den Kopf des zwischen ihnen knienden Hohepriesters zu senken. Mit kurzem Nicken schickt die Hohepriesterin die beiden Hexen zurück und winkt erneut, worauf die zwei bezeigten männlichen Hexen herantreten und die Altarkerzen löschen. Alle, außer dem toten Hohepriester, versammeln sich nun um den Kessel und knien nieder, die Hohepriesterin bläst die Kesselkerze aus.

Priesterin:

Das Beltane-Feuer ist verloschen, der Eichenkönig ist tot. Doch wenn der Eichenkönig tot ist, sterben auch alle Felder und jedes Leben, nichts wächst und bekommt Junge, sagt, was sollen wir tun?

Coven:

Das Beltane-Feuer neu entfachen.

Priesterin:

So sei es.

Die Hohepriesterin nimmt ein Wachslicht und erhebt sich, um es an der Erdkerze zu entzünden, worauf sie zum Kreismittelpunkt zurückkehrt und den Holzstoß anzündet, der Kessel wurde inzwischen vom Coven beiseite gestellt. An diesem neuen Feuer entzündet jeder seine mitgebrachte Beltane-Kerze, vielfach handelt es sich dabei um Teelichter, die in einer Lampe später nach Hause getragen werden, damit das Beltane-Feuer auch in die Wohnung Einzug findet. Die zwei Hexen, welche die Altarkerzen gelöscht haben, entzünden sie nun mit dem neuen Feuer. Die Hohepriesterin, sie trägt zwei Wachslichter, geht, gefolgt von den zwei anderen Hexen, zum Hohepriester, und sie lüften gemeinsam das Tuch. Erst wenn die beiden Hexen zum Rest der Gemeinde zurückgekehrt sind, hält die Hohepriesterin dem Hohepriester eines ihrer Wachslichte hin.

Priesterin:

Komm zurück, Eichenkönig, damit die ganze Natur wieder fruchtbar sein möge.

Erst nach diesen Worten rührt und erhebt sich der Hohepriester um das angebotene Wachslicht anzunehmen.

Priester:

Ich bin das Licht und die Wärme, ich bin die Luft und das Wasser, ich bin die Fruchtbarkeit der Erde, ich bin der Strahl der Sonne und wenn ich bin, mehret sich alles.

Jeder eine Hand des anderen haltend, mit der anderen die Lichter tragend, beginnt das Priesterpaar, gefolgt vom Coven (auch paarweise), das Beltane-Feuer zu umtanzen.

Gesang:

Dies ist die Beltane Nacht, wo unser Zauber das Feuer bewacht. Den Eichenkönig aus Totenreich, hexten wir Leben aufs Neu' sogleich. Dies ist die Beltane Nacht, wo jede Hexe übers Leben wacht. So war es und wird immer sein, solang' Hexen singen den Zauberreim.

(gefolgt von triumphierendem Gelächter)

Später fassen sich alle bei den Händen und wirbeln in ausgelassenem Tanz, den Hexenreim stets aus Neue in die Nacht rufend.

Anschließend folgt der Große Ritus, wobei jeder darauf achtet, das sein Beltane-Licht nicht ausgeht.

Fröhliches Feiern beendet das Fest. Das Feuerlöschen nicht vergessen!

Das Grundritual der Auflösung

Mittsommer, 21. Juni

An Mittsommer hat die Sonne ihren höchsten Stand und die meiste Kraft. Die Anrufung des Sonnengottes, mit der Bitte, besonders große Fruchtbarkeit über das Land zu bringen, ist der letzte Auftakt, bevor der Eichenkönig sein Zepter an den Stechpalmenkönig, Herrscher des abnehmenden Jahres, abgibt. Als Ausgleich zur sengenden Kraft der Sonne wird innerhalb des Mittsommer-Festes die Große Göttin in ihrem Aspekt des Wassers angerufen. Nur das richtige Verhältnis von Sonne (Licht und Wärme) und dem zum Wachstum nötigen Wasser läßt dem Schoß der Mutter Erde neue Fruchtbarkeit und Ernte entsprießen. Selbst in den alten Hochkulturen der Mayas und Azteken, beide solar orientiert, war dieser Punkt des Jahreszyklus besonders heilig und gehörte damals zum größten Fest des ganzen Jahres.

Ähnlich der Vielfältigkeit der Gestaltung des Jul-Festes innerhalb der verschiedenen Wicca-Coven, macht es auch die Gestaltung des Mittsommer-Festes äußerst schwierig, einen wirklich allen Aspekten dieses Festes gerecht werdenden Ritualvorschlag anzuführen. Bei einigen Coven trägt die Hohepriesterin innerhalb der Zeremonie eine silberne Perücke und ein ebenfalls silbernes Gewand. Beide Attribute symbolisieren das der Mondin zugeordnete Wasserelement. Auch die Herstellung der Kronen für den Stechpalmen- und Eichenkönig erweist sich, zumindest wenn man selbstgesammelte Blätter zur Verzierung benutzen möchte, als ein Unterfangen, das schon recht frühzeitig in Angriff genommen werden muß, da nicht immer beide Laubsorten in der Nähe des Tempelplatzes zu finden sind. Da bei vielen Coven die Kronen stets zu jeder Verwendung neu geschmückt werden, sollte man sich im Herbst einen Eichen- und Stechpalmenblättervorrat zulegen, ansonsten kann man auch aus blattbestickten Bändern die Kronen zum Fest herstellen. Der Hohepriester trägt diesmal zu Ehren des Sonnengottes eine goldfarbene Krone, und sowohl Hohepriesterin, als auch Maid, schmücken sich mit auf den Kopf gesetzten Blumenkränzen.

Das Grundritual der Einleitung

Wieder hält die Hohepriesterin einen Losbeutel, in dem sich so viele Nußschalen befinden, wie männliche Mitglieder an diesem Fest anwesend sind, ohne den Hohepriester mitzurechnen, jeder der männlichen Hexen hin. Wer die Nuß mit der Eichel oder dem Stechpalmenblatt darin zieht, wird im folgenden Ritual den entsprechenden König darstellen.

Priesterin:

*Du bist der Gott des zunehmenden Jahres, aus Eichenlaub ist
dein Kleid und auch deine Krone. Eichenkönig, dein ist das Reich
der äußeren Kraft, mit dem Aufsetzen deiner Krone begrüße ich
dich.*

Die Priesterin setzt dieser Hexe die Eichenkrone auf. Gegebenenfalls
erhält auch der Eichenkönig einen Stab, das Eichenzepter.

Priesterin:

*Du bist der Gott des abnehmenden Jahres, aus Stechpalmenlaub
ist dein Kleid und auch deine Krone. Stechpalmenkönig, dein ist
das Reich der inneren Einkehr, mit dem Aufsetzen deiner Krone
begrüße ich dich.*

Die Priesterin setzt dem, der das Stechpalmenblatt gezogen hat, die
Stechpalmenkrone auf. Bei einigen Coven erhält der Stechpalmenkönig
zusätzlich noch einen unterarmlangen Ast, das Stechpalmenzepter.

Gemeinde:

*Stechpalmenkönig und Eichenkönig, ihr zwei Brüder, wie sie
verschiedener nicht sein können, wir grüßen euch. Der eine
Herrscher über das zunehmende Jahr, der andere Herrscher über
das abnehmende Jahr, dies ist eine der zwei Nächte im Zyklus,
wo ihr euch trefft, wir grüßen euch.*

Gemeinde und Priester nochmals zusammen:

Ihr Könige, wir grüßen euch.

Die Hohepriesterin und Hohepriester stehen mit dem Rücken zum Altar,
einen mit Feldblumen geschmückten Wasserkessel zwischen sich.

Priesterin:

*Die Sonne steht in voller Kraft, mit ihren Strahlen die Ernte sie
schafft. Der Sonnengott auf dem Gipfel der Macht, hat wieder die
Pracht hervorgebracht. Das zunehmende Jahr ist nun vorbei, das
abnehmende Jahr kommt, einerlei. Der Zyklus ist wie ehedem,
nur wenn das Rad sich dreht, wird's weitergehen.*

Die 2 Könige:

*Wir wurden von euch gerufen, gekrönt und begrüßt, prächtiger
Sonnengott, wir grüßen auch dich.*

Die beiden Könige treten in die Kreismitte. Der Eichenkönig steht dabei mit dem Gesicht nach Westen, der Stechpalmenkönig mit dem Gesicht nach Osten. In einer langsamen, fließenden Bewegung legt der Stechpalmenkönig seinem Bruder, dem Eichenkönig, die Hände auf die Schulter, worauf sich dieser zu Boden sinken läßt und von der Maid mit einem schwarzen Schleier bedeckt wird, bevor sie und der Stechpalmenkönig sich zum Rest der Gemeinde gesellen.

Die Hohepriesterin geht mit ihrem Dolch auf den unter dem schwarzen Schleier verborgenen Eichenkönig zu, um ihn im Uhrzeigersinn zu umtanzen.

Priester:

Seht, die Göttin umtanzt das Eichengrab, in dem der König schlafen mag. Ein halbes Jahr im Erdenschoß, damit er zurück kommt kräftig und groß. Seht, die Göttin tanzt zu Stechpalmenkönigs Erwachen, ihn zu begrüßen erklingt ihr Lachen. Ein halbes Jahr im Erdenschoß, kam er zurück kräftig und groß. Seht die Göttin tanzt zu Sonnengott's Ehren, in dessen Glanz die Pflanzen grüner werden. Mit ihrem Dolche in der Hand, ruft sie die Sonne zu segnen das Land.

Coven:

Tanz Göttin, tanz Göttin, im Silberlicht, zu Ehren der Sonne, ohne die wir nicht. Beständig hat sie deinen Schoß gewärmt, ihr Licht stets von deiner Weisheit geschwärmt. Tanz Göttin, tanz Göttin, im Silberrad, zu Ehren des Eich-Königs, der ermüdet und matt, in deinem Schoße zum Ausruhen liegt, damit er am Halbjahresende den Bruder besiegt. Tanz Göttin, tanz Göttin, im Silberkleid, zu Ehren des Bruders, der selbstlos bereit, den eigenen Bruder zu Bett zu zwingen, damit das Rad dreht zum guten Gelingen.

Der Sprechgesang des Coven wird mehrmals und immer schneller aufgesagt, bis die Hohepriesterin nur noch als blitzendes Silberrad in der Kreismitte zu erkennen ist, erst wenn der Hohepriester seinen Dolch hochstreckt, verstummen alle und die Hohepriesterin bleibt stehen.

Nach einer Phase des Verschnaufens führen die Hohepriesterin und die Maid den Eichenkönig, der noch immer unter dem Schleier verborgen ist, zur Westkerze, wo die im Schleier verborgene Eichenkrone niedergelegt wird und die männliche Hexe als ganz normales Coven-Mitglied in die Gesellschaft zurückkehrt.

Westlich und östlich des Kreiszentrums werden von der Maid und dem Stechpalmenkönig zwei Kerzen oder besser, zwei Mittsommerfeuer entzündet. Anschließend stellt sich die Maid mit dem Dolch des Hohepriesters, Gesicht nach Osten, an das westliche Mittsommerfeuer, und der Stechpalmenkönig geht mit dem Kelch der Hohepriesterin zum östlichen Mittsommerfeuer, Gesicht nach Westen. Daraufhin begeben sich Hohepriesterin und Hohepriester zwischen die zwei Feuer und vollziehen den großen Ritus. Später wird der Kelch herumgereicht und, angeführt vom Hohepriester, beginnt der Tanz (außen) um die beiden Feuer. Jeder, der vor dem Kessel entlangkommt, wird von der Hohepriesterin unter Zuhilfenahme eines Zweiges besprengt. Abschließend laufen alle, das Priesterpaar zum Schluß, zwischen den zwei Feuern hindurch und wünschen sich etwas, mit Tanz und Feier klingt das Fest aus.

Das Grundritual der Auflösung

Lughnasadh, 31. Juli

In einigen Coven wird dieses Fest auch unter der schottischen Bezeichnung Lammas gefeiert. Obwohl der in diesem Fest gefeierte Gott Lugh ein Feuergott ist, bestehen doch enge Beziehungen zum Erntemythos, Pflug, Saat und Mahd.

Das Grundritual der Einleitung

Während der Coven sich im Kreis verteilt, geht der Hohepriester zum Altar und nimmt den dort bereitliegenden grünen, dünnen Stoff (mindestens 1 m x 1 m) und dreht ihn so zusammen, daß er letztendlich einen grünen Schal in den Händen hält. Kaum bewegt sich der Hohepriester in Richtung der Hohepriesterin, setzt das Händeklatschen des Covens ein, und während sie den Hohepriester mit ihrem Zeigefinger zu sich winkt, entfernt sie sich doch rückwärts.

Der Hohepriester verfolgt sie auf ihrem Weg durch den umherstehenden Coven, wobei ihm die weiblichen Hexen gelegentlich in den Weg treten, um ihre Hohepriesterin vor dem Einfangen zu schützen, doch letztendlich läßt sich diese doch den Schal über den Oberkörper werfen und küssen. Der Schal wird nun vom Hohepriester an eine andere männliche Hexe weitergegeben, der daraufhin seine Partnerin auf dieselbe Weise jagt. Erst wenn auch das letzte Paar sich gefangen hat, bekommt der Hohepriester den Schal zurück. Erneut, diesmal aber mit gemessenen Schritten, folgt der Hohepriester der Hohepriesterin, welche ihn diesmal eher lockt als neckt. Beide werden auch nicht von anderen behindert, irgendwann endet die Jagd, wenn die Hohepriester mit dem Gesicht nach Norden etwas entfernt vor dem Altar stehen bleibt und sich den Schal überwerfen läßt. Sie umarmen sich feierlich und nach einem langen Kuß sinkt der Hohepriester zu Boden.

Die Hohepriesterin winkt zwei weibliche Hexen heran, die ihr dabei helfen, den grünen Schal, der jetzt wieder zum Tuch wird, wie ein Leichentuch über den Kopf des zwischen ihnen knienden Hohepriesters zu senken. Mit kurzem Nicken schickt die Hohepriesterin die beiden Hexen zurück. Der Coven verteilt sich nun entlang des inneren Kreisrandes. Vom Altar einen kleinen Brotlaib nehmend geht die Hohepriesterin in die Kreismitte und hebt ihn hoch.

Priesterin:

*Oh mächtige Mutter, Königin der Felder und Ernte, du
Fruchtbare, Hervorbringerin aller Stämme und Arten, gib uns
die Ernte, die wir benötigen, damit unser Stamm groß und stark
bleibt. Oh mächtige Mutter, wir rufen dich und bitten dich,
übernimm den Leib deiner Priesterin, die als Symbol den Laib
deines Schoßes trägt.*

Die Hohepriesterin beginnt einen Tanz, der am Ende neben dem toten
Hohepriester endet.

Priesterin:

*Kinder der Erde, ich rufe euch zu uns, kommt zu mir und meinem
toten Gefährten.*

Hier wartet sie, bis der gesamte Coven sich um sie und den Hohepriester
versammelt hat.

Priesterin:

*Schaut, der Stechpalmenkönig ist tot, doch da der
Stechpalmenkönig auch der Kornkönig ist, ist alles tot, alle
Felder und jedes Leben, nichts wächst und bekommt Junge, sagt,
was sollen wir tun?*

Coven:

Gib uns das Brot des Lebens.

Priesterin:

So sei es.

Die Hohepriesterin bricht nun den Brotlaib in kleine Stücke, so daß jeder eines erhält, auch sie selber ißt ein Stück. Hohepriesterin und die zwei
anderen Hexen lüften gemeinsam das Tuch. Erst wenn die beiden Hexen
zum Rest der Gemeinde zurückgekehrt sind, hält die Hohepriesterin dem
Hohepriester ein Stück Brot hin.

Priesterin:

*Komm zurück, Stechpalmenkönig, damit die ganze Natur wieder
fruchtbar sein möge.*

Erst nach diesen Worten rührt und erhebt sich der Hohepriester, um das
angebotene Brot anzunehmen.

Priester:

*Ich bin das Licht und die Wärme, ich bin die Luft und das
Wasser, ich bin die Fruchtbarkeit der Erde, ich bin der Strahl der
Sonne und wenn ich bin, mehret sich alles.*

Jeder eine Hand des anderen haltend, mit der anderen die Lichter tragend, beginnt das Priesterpaar, gefolgt vom Coven (auch paarweise), zu tanzen.

Gesang:

*Dies ist die Lammas Nacht, wo unser Zauber das Feuer bewacht.
Den Stechpalmenkönig aus Totenreich, hexten wir Leben aufs
Neu' sogleich. Dieses ist die Lammas Nacht, wo jede Hexe übers
Leben wacht. So war es und wird immer sein, solang' Hexen
singen den Zauberreim.*

(gefolgt von triumphierendem Gelächter)

Später fassen sich alle bei den Händen und wirbeln in ausgelassenem Tanz, den Hexenreim stets aufs Neue in die Nacht rufend.

Anschließend folgt der Große Ritus, fröhliches Feiern beendet das Fest.

Das Grundritual der Auflösung

Herbsttagundnachtgleiche, 21. September

Die Herbsttagundnachtgleiche ist das Erntedankfest der Hexen. Während Lammas die Fülle der Ernte behandelt, stellt die Herbsttagundnachtgleiche den Zeitpunkt dar, wo alle Felder abgeerntet und die Ernten eingebracht sind. Die dunkle Jahreszeit, gleichbedeutend mit innerer Einkehr steht bevor. Während die Frühlingstagundnachtgleiche sich mit der bevorstehenden irdischen Fruchtbarkeit beschäftigt, weist die Herbsttagundnachtgleiche auf die bevorstehende, geistige Fruchtbarkeit hin. Um das besser zu verstehen, muß man sich in den Lebenszyklus unserer Vorfahren zurückversetzen. In der hellen und warmen Jahreszeit wurden Felder und Gärten gepflegt, aber nach dem Einbringen der Ernte hielt man sich oft im Haus auf, beschäftigte sich mit Handwerk und hatte dabei genügend Zeit, das bis dahin Erlebte zu überdenken und Revue passieren zu lassen. Gelegentlich stellten sich auf diese Art, im Gespräch mit anderen, neue Erkenntnisse ein. Die oft körperliche Schwerstarbeit des Sommers findet im Spätherbst und Winter ihren Ausgleich in körperlicher Ruhe.

Der Altar ist zu dieser Nacht besonders prachtvoll, mit allem geschmückt, was die Natur zu bieten hat. Baumzapfen, Eicheln, und Nüsse liegen neben blauen Kornblumen und rotem Klatschmohn. In der Mitte des Altares steht eine mit einem weißen Tuch abgedeckte Schale, in der sich zumeist eine einzelne Ähre oder eine andere Feldfrucht befindet.

Das Grundritual der Einleitung

Nachdem die Maid, oder eine andere weibliche Hexe, die Schale in die Mitte des Kreises getragen und dort abgesetzt hat, beginnt die Hohepriesterin.

Priesterin:

*Ein letztes Mal in diesem Jahr sind die Göttin und Gott gleich
lang. Die Mondin erblickt ihren Gefährten, wohlwissend, daß er
schwächer wird. Ein heiliges Paar, daß schon so viele Zyklen
gemeinsam durchlaufen hat, in der Vergangenheit, wie
hoffentlich auch in der Zukunft. Ihre Liebe zueinander birgt die
Weisheit der Alten, und obwohl die Göttin die schwächer
werdende Kraft des Gottes sieht, spiegelt sich im Glanz des*

*Mondes das Bild seiner Wiederauferstehung. Alles was geht,
kommt auch wieder, darum tanzt mit mir das Rad der Wiederkehr.*

Hand in Hand tanzt der ganze Coven, angeführt von der Hohepriesterin, entgegengesetzt der Richtung des Sonnenlaufes, diesmal jedoch bleibt der Kreis offen. Spiralförmig führt die Hohepriesterin immer weiter in die Kreismitte, bis sie schließlich nördlich der Schale verhält. Alle setzen sich in einem Kreis um die Schale und nach kurzer Zeit innerer Einkehr entfernt die Hohepriesterin das Tuch. Jeder vertieft sich in die in der Schale liegende Frucht, bis sie aus allen heraus reflektiert wird.

Die Hohepriesterin erhebt sich und geht zur Ostkerze, während der Hohepriester zur Westkerze geht, beide schauen sich an.

Priesterin:

*Lebewohl mein Gefährte, Sonne meines Herzens, Licht meines
Geistes und Sperma meines Schoßes. Lebewohl mein Gefährte,
der du nun in das Reich ewiger Jugend gehst, um dich für mich
zu verjüngen. Lebewohl mein Gefährte, Gehörnter, Cernunnos
und Pan, als welcher du uns ein Jahr mit Fruchtbarkeit beglückt
hast.*

Priester:

*Lebewohl meine Gefährtin, du, die du der Sonne eine gute
Geliebte, Mutter und Weise warst. Lebewohl meine Gefährtin, du,
die du ewig zeitlos, schön und stark bist, in deiner vollendeten
Dreigesichtigkeit. Lebewohl meine Königin und beschütze
meinen Schlaf, bis ich wieder erwache und dir ein guter Gefährte
sein kann.*

Beide heben die Arme und segnen sich, es ist ein Abschied in Wehmut, doch ohne Hoffnungslosigkeit, denn beide wissen, daß sie sich wiedersehen werden.

Beide Hohepriester kehren zum sich erhebenden Coven zurück, und jetzt führt die Hohepriesterin den Spiralreigen von der Mitte nach außen. Wenn die Hohepriesterin meint, es sei an der Zeit, faßt sie die letzte Hexe im Reigen bei der Hand, und der so geschlossene Kreis beginnt schneller und freudiger zu tanzen, bis die Hohepriesterin durch ein Zeichen den Tanz beendet. Daraufhin begibt sich die Maid zur Schale und trägt sie zum Altar zurück. Dem Großen Ritus folgen Wein und Kuchen. Mit Spielen und Feiern wird das Fest beendet.

Das Grundritual der Auflösung

Das Handfasting

Das Handfasting ist eine Wicca-Form der Hexenheirat. Wer als Götter Aradia, die Mondin und Karnayna ansieht, dem kann eine Eheschließung vor anderen als den eigenen Göttern nichts bedeuten. Da alle Handfasting-Rituale erst in neuerer Zeit entwickelt wurden, besitzt fast jeder Coven eine eigene Zeremonie. Im Gegensatz zu den Coven, wo der Hohepriester die Braut und die Hohepriesterin den Bräutigam in den Kreis führt, gibt es auch einige Coven, wo das Hereinführen gleichgeschlechtlich stattfindet. Vergleicht man die zu dieser Thematik gemachten Ausführungen, so können beide Möglichkeiten als durchaus begründet angesehen werden, deshalb möchte ich an dieser Stelle kurz anführen, warum ich mich für die unten beispielhaft aufgeführte Form des Handfasting entschieden habe.

Die Braut, als eine Stellvertreterin der Göttin, und besonders unter ihrem Aspekt als Gebärerin der zukünftigen Generationen, hat einen Stellenwert inne, der über dem des Mannes, in diesem Zusammenhang des Bräutigams, liegt. Unter diesem Gesichtspunkt empfinden es viele Coven als logische Konsequenz, daß gerade bei der Hochzeit die Braut ausschließlich von der Hohepriesterin der Göttin vorgestellt wird.

Der Kreis wird diesmal mit Blumen oder bunten Bändern geschmückt, einzig der Einlaß wird freigelassen.

Das Grundritual der Einleitung

Das Priesterpaar begrüßt das Brautpaar mit je einem Kuß und führt es in den Kreis, bevor dieser geschlossen wird. Während die Hohepriester vor dem Altar Aufstellung beziehen, die Blicke zum Kreismittelpunkt, begibt sich das Brautpaar genau dorthin, der Coven steht am Kreisrand.

Priesterin:

Liebe Schwester ______, im Namen der Göttin begrüße ich dich.

Braut:

Hab Dank.

Priester:

Lieber Bruder ______, im Namen des Gottes begrüße ich dich.

Bräutigam:

Hab Dank.

Coven:

Bruder und Schwester, die ihr euch in dieser Nacht vereinigen wollt, wir begrüßen euch.

Brautpaar:

Habt alle Dank, auch wir grüßen euch und danken euch für euer Hiersein.

Die entsprechenden Gegenstände werden hochgehalten und dann wieder auf den Altar niedergelegt.

Priesterin:

Seht den Stab, das geheime Zepter, sein Element ist die Luft und damit Wissen und Weisheit. Hiermit verleihe ich eurem Handfasting die Kraft des Geistes.

Priester:

Seht den Dolch, Waffe, Freund und flammendes Schwert, sein Element ist das Feuer und damit Licht und Energie. Hiermit verleihe ich eurem Handfasting die Kraft des Willens.

Priesterin:

Seht den Kelch, Symbol des Sammelns und Vereinens, sein Element ist das Wasser und damit Liebe und Leben. Hiermit verleihe ich eurem Handfasting die Kraft der Intuition.

Priesterin:

Seht das Pentakel, Schild und Schutz, sein Element ist die Erde und damit der Schoß, der die Zukunft birgt. Hiermit verleihe ich eurem Handfasting die Kraft der Beständigkeit.

Kurze Pause, dann an den Coven gewendet.

Priesterpaar:

Seht das Paar hier vor uns, gemeinsam haben sie sich entschlossen sich Gefährten zu sein in Liebe wie in Gefahr. Verbunden wie der Mond und die Sonne wollen sie ihre Bahn ziehen, unbestimmt in Zeit und Raum. Bitten wir die Mondin und ihren Gefährten, daß dieses Paar sie spiegelt auf ewige Zeit, damit die Götter ewig unter uns weilen.

Coven:

Wir bitten die Göttin und ihren Gefährten, mögen sie dies Paar schützen und ihnen alle Kräfte verleihen, die sie für ihren gemeinsamen Weg benötigen.

Nachdem das Brautpaar vorgetreten ist, faßt der Hohepriester die rechte Hand des Bräutigams, während die Hohepriesterin die Rechte der Braut faßt und sie mit folgenden Worten die Hände ineinanderlegen.

Priesterpaar:

Alles ist letztendlich eines. So wie wir Mond und Sonne, Aradia und Karnayna sind, so sind wir doch eins. Die zwei Seiten einer Sache, Nacht und Tag, Schwarz und Weiß, keines könnte ohne seinen zweiten Pol bestehen. So seid ihr von nun an als Frau und

*Mann auch eins, bis daß der eine Gefährte dem anderen seine
Hand entzieht, mögen die Götter helfen, daß dies nie geschieht.*

Brautpaar:

*Mit diesem Handreichen wollen wir uns gute Gefährten sein, den
Segen der Götter haben wir erhalten, das Wohlwollen des Covens
haben wir erhalten und so, wie unsere Hände, sind auch unsere
Herzen verschmolzen.*

Priesterpaar:

*Im Angesicht der Götter, im Beisein eurer Familie, Kraft unseres
Amtes segnen wir euer Handfasting, im Namen der Mondin und
ihres gehörnten Gefährten. Wir segnen euch 7 mal 7 mal.*

Alle:

So sei es, 7 mal 7 mal, so sei es.

Die Hohepriesterin legt den Besen vor dem Brautpaar auf den Boden,
und die beiden springen Hand in Hand darüber, alle klatschen. Nachdem
das Brautpaar den Großen Ritus vollzogen hat, beginnt eine ausgelassene
Feier.

Das Grundritual der Auflösung

Das Abschiednehmen

Wenn ein Covenmitglied das Irdisch-Zeitliche segnet und in das Gött-
lich-Zeitlose eingeht, so herrschen meist zwiespältige Stimmungen im
Coven. Zum einen ist da der Verlust eines Gefährten, Familienmitgliedes,
einer Hexe, zum anderen weiß man um die vollendete Umdrehung eines
Lebenszyklus, dem Ziel eines jeden Lebens. Auch Trauer und Freude sind
zwei Pole der selben Sache. Während des Abschiedrituals werden beide
Aspekte des Lebens gezeigt, jeder trägt sein Inneres außen.

Das Grundritual der Einleitung

Während die Hohepriesterin die auf dem Altar bereitgestellte Tonschale
holt, entzündet der Hohepriester den Holzstoß in der Mitte des Kreises. Im
Norden des Kreises beginnend trägt die Hohepriesterin die Schale, im
Uhrzeigersinn, entlang des am Kreisrand aufgestellten Coven. Jeder, an
dem die Hohepriesterin feierlich vorbeischreitet, legt ein Korn, eine Blüte
oder kleine Frucht, mit folgendem Gruß, in die Schale.

Gruß:

Lebewohl, Willkommen.

Wieder im Norden angekommen gesellt sich der Hohepriester zur Hohepriesterin und sie tragen die Schale gemeinsam eine weitere Runde, bevor sie sich zum Feuer wenden. Die Hohepriesterin steht nördlich, der Hohepriester südlich, während sie die Schale zwischen sich übers Feuer
halten.

Priesterin:

*Oh, Große Göttin, Mutter Erde, du, die du alles Leben gebierst,
nimmst es auch wieder in dir auf, um es erneut zu gebären.
Eine/r von uns ist gegangen, eine/r von uns ist angekommen,
darum lautet der Gruß Lebewohl, Willkommen.*

Priester:

*Oh, Großer Gott, feuriger Amboß, alles Leben entspringt deiner
Glut, alles Leben nimmst du auch wieder auf. Eine/r von uns ist
gegangen, eine/r von uns ist angekommen, darum lautet der
Gruß Lebewohl, Willkommen.*

Beide setzen die Tonschale in die Flammen.

Coven:

*Von der Göttin geboren, von der Sonne gezeugt, so dreht jedes
Rad, jede Minute, jeden Tag. Und da das Ende eines Zyklus stets
der Anfang eines neuen, lautet der Gruß Lebewohl, Willkommen.
Lebewohl, 7 mal 7 mal, Lebewohl.*

Alle warten, bis die Tonschale im Feuer zerspringt.

Alle:

Willkommen, 7 mal 7 mal, Willkommen !!! (jubelnd)

Es folgt ein Mahl mit Kuchen und Wein, wobei ein Teller mit einem
Stück Kuchen und ein Becher mit Wein an der Ostkerze, der Richtung der
Wiedergeburt, abgestellt wird.

Das Grundritual der Auflösung

Freie Hexen

Die im folgenden aufgeführten Anrufungen und Feiern sollen denjenigen Hexen als Anregung dienen, die sich keinem Kult zugehörig fühlen und das Hexentum nur aus ihrem tiefsten Inneren heraus leben. Es handelt sich um im Laufe von Jahrzehnten auf meinem Weg entwickelte oder weiterentwickelte Rituale, die sich zum größten Teil auf die in meiner Familie weitergegebene Tradition zurückführen lassen.

Treffen und Feiern

Im Gegensatz zum herkömmlichen Hexentum herrscht in unserer Tradition die Überzeugung, daß für eine Hexe die Natur und alle in ihr herrschenden Kräfte unsere Familie darstellen. Deshalb gibt es auch keinen Magischen Kreis, in den man sich zu den Ritualen hineinbegibt und sich von den Hütern der Elemente schützen läßt, so wie es beim Wicca-Hexentum praktiziert wird. Die Mondin ist die Große Mutter oder auch Großmutter, Hüterin aller spirituellen Geheimnisse, allen Wissens und aller Weisheit. Die Sonne ist ihr Gefährte, der Große Vater beziehungsweise Großvater, Träger körperlicher Vitalität, Kraft und animalischer Instinkte. Feuer, Erde, Wasser und Luft sind ihre Kinder, die auf der Erde wohnen, wo auch wir uns in diesem Leben aufhalten. Somit verstehe ich die Elemente als meine Geschwister und natürlich kann ich sie jederzeit um Hilfe bitten, doch nie in meinem Leben habe ich Rituale als Feste verstanden oder gar erfahren, bei denen man sich von vornherein gegen mögliche negative Kräfte von außerhalb schützen muß. Als Hexe sehe ich jede natürliche Umgebung als mein Zuhause, alles stellt somit auch einen Teil von mir

dar, und jede Art von Erfahrung, auch wenn sie manchmal im ersten Augenblick unangenehm erscheint, birgt letztendlich eine Grundlage, sich weiterzuentwickeln. Würde der Mensch sich nur mit Angenehmem und Bekanntem auseinandersetzen und umgeben, so würde damit ein evolutionärer Stillstand stattfinden, welcher am Ende in absolutem Stillstand und damit absolutem Tod enden würde.

Die meisten Treffen und Feiern in unserer Familientradition finden in unserem großen, grünen Tempel, der Natur, statt. Auch wenn wir die Natur nicht mehr für so heil halten, wie wir es uns aus der Vergangenheit wünschen, so ist sie doch immer noch so heil und damit heilig, wie wir sie in ihrer Gesamtheit als Menschen nie schaffen könnten. Wer kann sich da anmaßen, innerhalb eines großen heiligen Bezirks eine bestimmte Ecke als noch heiliger zu kreieren? Nichtsdestotrotz bereite ich einen Platz, an dem eine Feier oder Zeremonie stattfinden soll, auch vor. Da werden heruntergebrochene Äste beiseite geräumt, Steine um die Feuermulde gelegt und der Waldboden gefegt, damit man später beim Tanz nicht die im Laub lebenden Tiere zertritt. Die Zeit der Inneren Einkehr, in welcher sich unsere Vorfahren in die Höhlen des Erdschoßes zurückzogen, haben sich verändert, heute finden die Rituale und Feiern, die in die kalte Jahreszeit fallen, innerhalb von Wohnungen statt. Dazu wird entweder ein besonders schöner Raum, meist ist es inzwischen die Stube, früher waren es oft die großen Küchen oder ein extra dafür eingerichteter Tempelraum, gereinigt und geschmückt.

Bei im Haus durchgeführten Feiern und Zeremonien schaffen an der Decke aufgehängte, duftende Kräuterbüschel, heimische Topfpflanzen, Gegenstände aus Holz und die liebevolle Anordnung eigener Kraftsteine die Verbindung zur Natur. Zwar sind selbst die besten Zimmertempel nur ein blasses Abbild, im Vergleich zu den Plätzen in der freien Natur, es fehlt die ungehinderte Berührung mit den Elementen, doch besser ein Zimmer mit etwas Leben und Ausstrahlung, als ein chromblitzend durchgestyltes Zimmer, das zwar klinisch steril, aber tot ist.

Jedes Hexentreffen, jede Feier wird bei uns mit folgenden oder ähnlichen Hymnen begonnen, wobei die weiblichen Hexen die Hymne an die Mondin und die männlichen Hexen die an den Gott sprechen. Die Hymne an die Geschwister wird gemeinsam aufgesagt.

Hymne an die Mondin

Nuits Leib, am Firmament gebeugt,
das Licht der Mondin die Sterne zeugt.
Der Spiegel der Isis zeigt das Dreigesicht,
das Wissen der Göttin verblaßt niemals nicht.

Drum treffen sich in der Vollmondnacht,
die Schwestern der Hexe, die immer wacht,
Aradia ist ihr geheimer Name,
die Tochter Dianas zieht in ihren Banne.

Sie ist die einzige Königin,
um sie dreht sich das mitternächtliche Singen.
Gehoben die Kelche, Symbole von einst,
Zeichen der Göttin und keines ist meins.

Und trotzdem bin ich ein Teil von ihr
Sie ist in mir und ich bin in ihr
gemeinsam spiegeln die Welten wir
Sie im Licht des Mondes und ich auch in mir.

Aber da wir sind aus zweien eins
ist nichts ihres und auch nichts meins
gemeinsam, zusammen, im Einklang zu Zwei'n
da schaffen wir zwei ein Drittes gemein'.

Drum nennt uns die Menschheit die Dreigesichtige
die Mondin, Gefährtin und Hexe.
Einst sprangen zuhauf wir über den Besen,
das ist der Vorteil der Vergangenheit gewesen.

Doch heute fehlt uns zum Paarungstanz
der nötige Partner, welch eine Balance.
Die Zeiten sind anders, Gefährten sind rar,
die Männer von einst sind kaum noch da.

Und trotzdem sucht stetig die Hexe von heut
den Mann den als Gefährte die Aufgabe freut,
der einzig zur Freude der Göttin übt aus
das Priesteramt sei es im Wald oder Zuhaus.

Denn nur wer stetig im Herzen Glück fühlt
ohne zu wissen ob es nun wärmt oder kühlt
wird Zugang zu Zyklen und Welten erhalten
wo die Gesichter der Göttinnen Leben verwalten.

Drum suchen wir Hexen in deinem Namen,
oh Göttin, oh Mondin hab doch erbarmen,
den Priester zu zeugen in heiliger Nacht,
auf daß dein Kult stets aufs Neue erwacht.

Und hat er gezeugt in heiligem Schoß
und wächst in dem Kelch der nächste Sproß,
so werden verbergen wir wieder das Wissen
um das der Mann glaubt uns betrügen zu müssen.

Wir schenken die Jagd ihm und die Felder,
die Tiefen der Haine, die Tempel der Wälder
so mag er jagen bis wir bereit
bis daß die Mondin aufs neue scheint.

Und wenn der Reigen fängt von vorne an,
sind wir es die jagen und fangen den Mann.
Oh Mondin, oh Mondin, was für ein Spiel,
der Männer Arten gibt's doch so viel.

Wie sollen wir zaubern gegen die Ignoranz,
beim einen im Kopfe, beim andern im Schwanz,
wann endlich wird die Sonne es lernen
zuviel Hitze ist tödlich, Licht kommt von den Sternen.

Drum hilf uns oh Mondin, oh Mondin, bis es soweit,
bis er erkennt, daß er lebt außer Zeit,
bis er einsieht, daß sein Weg falsch,
gib ihm Erleuchtung, gib sie ihm bald.

So stehen wir hier und tanzen den Reigen,
um Göttin und Gott unser Wissen zu zeigen,
drum werden wir zaubern bis alles ist eins,
bis alles ist göttlich, es gibt kein, dieses ist meines und jenes ist deins.

Erst wenn die Zyklen verschmolzen und Sonne und Mond
nebeneinander am Himmel thront
ist alles zuende, ist alles erreicht.

Das Rad dreht aufs Neue, der Zyklus beginnt,
die Sphäre wird höher, die Erde verschwindt'.
Oh Mondin, oh Mondin, gib uns die Kraft,
auf daß Aradias Wissen dies alles schafft.

Wir bitten dich hier um Dianischen Segen,
um Aradias Schutz auf all unseren Wegen,
und schicke uns Lichter 13 per Jahr,
auf daß wir sehen wieviele noch da.

Und hilf uns beim Zeugen in heiligen Nächten,
damit unser Volk die Zukunft kann richten
und lasse die Feuer die lodern bei Nacht
unsere sein und nicht die der Macht.

Wir hüten dein Wissen und schützen es stets,
auf daß der Kelch wird kein Dolch,
der Gral wird kein Grab,
der Mann keine Frau, und der Hase kein Rab'.

Nun enden wir hier mit althexischem Gruß,
dem Freunde ein Kuß und dem Feinde Verdruß.

Eko, Eko Azarak
Eko, Eko Zamalak
Eko, Eko Aradia
Eko, Eko Karnayna

blessed be

Hymne an den Gott

Oh Gott, Gehörnter, schaue uns an,
wir sind allen Alters, von Knabe bis Mann,
wir baden im Mondlicht in dieser Nacht
und wissen um Güte mit der die Mondin bewacht,
die Vertreter ihres Gefährten,
den Gast in der Nacht.

Oh Gott, Gehörnter, schaue uns an
und gib uns Kraft in die Lenden dann,
heiß wie die Sonne soll er pulsieren,
lustvoll im Kelche der Göttin verlieren,
was einzig aus einem macht zweie birgt drei,
nur Sonne und Mond, beides macht frei.

Oh Gott, Gehörnter schaue uns an
und gib uns die Stimmen der Tiere dann
damit wir circen und zaubern und rufen
die Frauen der Nacht, mit Fell und mit Hufen,
denn erst wenn göttliches animalisch sich paart
entsteht eine Hexe, entsteht unsere Art.

Verbannt in die Wälder, die Wiesen und Auen
mit Aussehen von Böcken und Satyrn und Faunen,
so beten Gehörnter wir dich hier an,
du bist Cernunnos, halb Hirsch und halb Mann,
so bitten wir nochmals, gib uns das Beste,
vom Hirsche die Lust und vom Manne die Reste.

Kommt Brüder, nun ist es Zeit,
nun ist es wieder endlich soweit,
lasset uns nach den Waldfrauen sehen,
den weiblichen Nixen, den schlankfüßigen Feen,
ihr aller Geweih ist ein silberner Mond,
der uns von Weitem schon zeigt, daß das Jagen sich lohnt.

Dies ist die Nacht der Berechtigung,
lasset uns Jagen, nur das hält uns jung
und wenn wir dann fangen eine der Frau'n
sie muß uns geben dem Faun was dem Faun.

Erst wenn ihr Grunzen und Gluckern uns zeigt,
daß sie beherrscht unsere Sprache, ist es soweit,
wir werden ihr spenden Cernunnos Saft,
obwohl es uns schwächt, entzieht unsere Kraft,
wir geben ihr alles, was wir bereit,
ab in den Kelch, dann sind wir befreit.

Und wenn wir ermattet am Boden liegen,
das Mondlicht erhebt sich und wird uns besiegen,
dann lassen wir kühlen den dampfenden Schweiß
oh Gott, welche Jagd, oh Gott, welcher Preis.

Nun enden wir hier mit althexischem Gruß,
dem Freunde ein Kuß und dem Feinde Verdruß.

Eko, Eko Azarak
Eko, Eko Zamalak
Eko, Eko Aradia
Eko, Eko Karnayna

blessed be

Hymne an die Schwestern und Brüder

Schwester Erde, wir laden dich ein.
Die, die du uns Mutter, in Form von Gebären,
Geliebte, Gefährtin, in Form der Jagd
und Weise im Grab.
Schwester Erde, wir laden dich ein.

Schwester Luft, wir laden dich ein.
Die, die du uns Odem und Wort,
den Samen im Winde,
den Namen zum Kinde.
Schwester Luft, wir laden dich ein.

Bruder Feuer, wir laden dich ein.
Der, der du uns leuchtest
und wärmest bei Nacht,
als loderndes Herz, als Verlangen der Nacht.
Bruder Feuer, wir laden dich ein.

Schwester Wasser, wir laden dich ein.
Die, die du uns schaukelst im Mutterleib,
Labsal für alle,
Zeichen des Weib'.
Schwester Wasser, wir laden dich ein.

Abschlußspruch

Nun sind wir zusammen, die Familie vereint,
am Ende der Tafel, die Mondin sie scheint.
Brüder und Schwestern, beim Treffen der Nacht,
der Gott mehr im Verborgenen wacht.

Nun enden wir hier mit althexischem Gruß,
dem Freunde ein Kuß und dem Feinde Verdruß.

Eko, Eko Azarak
Eko, Eko Zamalak
Eko, Eko Aradia
Eko, Eko Karnayna

blessed be

Dient ein Hexentreffen der praktisch-magischen Arbeit, wird im Anschluß Wasser und Brot geteilt, handelt es sich um eine Feier, wird Wein und Kuchen gereicht. Es wird immer etwas von beidem für Göttin, Gott und Geschwister aufgehoben, um es im Garten oder Wald zu opfern.

Der Brauch besagt, daß immer die Hexe die Nacht leitet, die gerufen oder eingeladen hat, es steht ihr jedoch frei, diese Aufgabe an jede andere Hexe weiterzugeben, von der sie meint, daß sie für diese Aufgabe besser geeignet ist.

Einweihung

Der Ablauf dieser Weihe ist geheim, jedoch werden bei der Weihe vielfach heilige Eide gesprochen, mit denen die jeweilige Hexe ihre Zugehörigkeit zum Hexenkult beschwört. Beispielhaft ist etwa der folgende:

Aradias Eid

Hiermit schwöre ich, _______ feierlich, Aradia, Königin aller Hexen, ewigwährende Treue. Im Geheimen will ich praktizieren und lehren, ihre Religion, Riten und Zauber.

Für mich gibt es als oberste Gottheiten die Große Mondin und den Gehörnten, jetzt und immerdar.

Heilige Feste und kraftvolle Esbats, in Gemeinschaft oder allein, in all diesen Nächten will ich Aradia's sein. Zu singen die Lieder, zu sprechen den Bann, in deinem Sinn will ich tun, was ich kann. Nicht senken in Demut das Haupte am Tag, sondern tragen es aufrecht, selbst tief in der Nacht. Und treff ich auf jene, die schmähen dein Reich, so werd' ich beginnen zu zaubern sogleich. Und will einer Böses, zum Eigennutz, so werd' ich ihn bannen, deiner Liebe zum Schutz. Und treff ich auf Reiche, die treten die Armen, so werden sie betteln schon bald um Erbarmen. Doch treff ich auf Arme, die suchen das Glück, werd' ich sie führen zu Dir zurück. Und treff ich auf Mütter, die weinen in Not, werd' ich ihnen zaubern Wasser und Brot. Ich will sein dein Spiegel, wenn's muß hart gegen hart, damit jeder bekommt, was ihm zusteht in seiner Art.

Die in manchen Schriften angeführten Blutpakte entspringen wohl eher der Verbindung zum Teufelspakt, welcher mit Blut unterzeichnet wird. Hexen sagen in der Regel ihren Eid mündlich auf, ersatzweise wird er in einigen Coven auch niedergeschrieben, von der Hexe laut vorgelesen, unterzeichnet und dem Feuer übergeben. Manche Hexengruppen haben auch eine sogenannte *Hexenrolle*, in welcher sich alle in diesen Coven aufgenommenen und eingeweihten Hexen eintragen, meistens befindet sie sich im Anhang des entsprechenden *Buches der Schatten*.

Die 8 Jahresfeste

Für die Durchführung der 8 Jahresfeste gibt es keine starren Vorgaben, lediglich die inhaltlichen Bedeutungen und Bezüge stehen fest. Da sich jedoch bei einigen der Feste bestimmte Bräuche von Jahr zu Jahr wiederholen, sind sie, an entsprechender Stelle, kurz umrissen aufgeführt.

Samhain, 31. Oktober

Jede Hexe bringt Rispen, Körner oder Früchte mit, die sie in Feld, Wald und Garten sammelt. Der Treffplatz liegt meist auf einer freien Bergkuppe, wo der Wind leichten Zugang hat. Um Mitternacht wird das Mitgebrachte ins Feuer geworfen, um Gevatter Winter milde zu stimmen.

Jul, 22. Dezember

Wird das Fest im Freien gefeiert, so bringt jede Hexe eine Handvoll Kerzen mit, ansonsten eine entsprechende Anzahl bunter Teelichte. In der Mitte des Treffplatzes wird der Julleuchter gestellt, um ihn herum wird mit den Kerzen ein 8-speichiges Lichterrad aufgebaut. Finden in dieser Nacht Tänze statt, so bewegen sich alle Hexen am äußeren Rand des Rades.

Imbolg, 2. Februar

Die Imbolg-Feier findet immer am Ufer eines Sees oder Baches statt. Schon am späten Nachmittag wird genug umherliegendes Bruchholz zu einem großen Holzstoß zusammengetragen. Jede Hexe hat neben ihren Ritualgeräten und Nahrung auch mindestens ein großes Handtuch im Gepäck. Spät am Abend werden die Hymnen intoniert. Während man bis zur Mitternacht zusammen sitzt und Informationen austauscht, sich über den vorangegangenen Winter mit dessen Ereignissen unterhält, oder den anwesenden Kindern Geschichten erzählt, kauert man nur um kleinere Feuer, das Hauptfeuer bleibt aus. Schlag Mitternacht entkleiden sich alle Hexen und gehen in den Bach oder See, um sich von allem Vergangenen zu reinigen, wer möchte, kann natürlich auch eine Runde im noch eiskalten Wasser schwimmen. Nach Beendigung des Bades wird das Hauptfeuer entzündet, und in seiner Wärme trocknen auch die letzten Körperstellen, welche die Handtücher nicht vollkommen trocken bekommen haben. Zur

Anregung des Kreislaufes wird dabei gemeinsam getanzt, gelegentlich wirft die eine oder andere Hexe reinigende Kräuter wie Kampfer oder Lorbeer in die Flammen.

Frühlingstagundnachtgleiche, 21. März

In Erinnerung an das Weltenei färben die Hexen schon vor der Nacht Hühnereier unter Zugabe von Zwiebelschalen, die sie mit in das Kochwasser geben. Die rötlich erdene Farbe, welche die Eierschalen dadurch erhalten, symbolisiert den Fruchtbarkeitsaspekt der Göttin. Alle Kerzen, die in dieser Nacht entzündet werden, bestehen aus Bienenwachs, dessen tiefe gelbe Farbe die von jetzt an zunehmende Kraft der Sonne symbolisiert. Um Mitternacht werden die Hymnen intoniert, bevor eine Feier stattfindet, in dessen Verlauf neben den mitgebrachten Getränken und Nahrung auch die Eier verzehrt werden, alle Schalen werden sorgsam gesammelt und in der Erde vergraben. Die Gespräche drehen sich um das bevorstehende Erntejahr und die Kraft der Sonne. Um Mondin und Sonne zu ehren, findet das Fest einen rauschvollen Verlauf, innerhalb dessen sich die Hexen vereinigen, wie immer sie wollen. Das Ende des Festes wird erst dann erreicht, wenn die Sonne am Morgen ihr erstes Licht schickt.

Beltane, 1. Mai

Zu Ehren der männlichen Götter findet nach Mitternacht Jagen und Fangen statt. Alle weiblichen Hexen, die einen Stab in Phallusform an ihrem Gürtel tragen, zeigen dadurch, daß sie bereit sind, sich jagen und besteigen zu lassen. Dem Ausleben animalischer Uraspekte des Gottes folgt gemeinsames Schwelgen in am Feuer frisch gebratenem Fleisch und einer maßlosen Fülle berauschender Getränke. Die innerhalb des Beltane-Festes gelebte Maßlosigkeit symbolisiert zum einen den männlichen Aspekt und zum anderen wird dadurch die innerhalb der anderen Feste betonte geistige Überlegenheit der Göttin besonders herausgestellt. Die Beltane- oder Walpurgisfeuer leuchten bis in den frühen Morgen, Rufe, Gelächter und neckendes "Hui, Hui" schallt provozierend weit durch den Wald. Hexen, die während dieser Nacht Hand in Hand übers Feuer springen, sind für ein Jahr ein Paar, da die Kraft des Maifeuers für ausgeprägte Fruchtbarkeit steht, springen auch diejenigen Hexen über die Flammen, die eine Empfängnis wünschen.

Mittsommer, 21. Juni

In Anlehnung an die dreitägigen Feste unserer Vorfahren beginnt unser
Mittsommer-Fest bereits in der Mittagshitze des 20. Juni und endet erst am
Mittag des 21. Juni. Um das Feuerelement der Sonne auszugleichen, findet dieses Fest immer an einem See oder Bach statt, so wird dem weiblichen Wasserelement der Mondin genügend Rechnung getragen. Der ganze Ablauf gestaltet sich mehr wie eine große Party, Schwimmen, Tanzen,
Spiele und Gespräche bilden einen guten Rahmen zwanglosen Beisam-
menseins. Einzig die um Mitternacht vorgetragenen Hymnen und
Anrufungen stellen einen etwas ernsthafteren Teil der Feier dar.

Lammas, 31. Juli

Zum Festplatz wird ein Ort zwischen Feldern und Wald gewählt, wo
man möglichst ungestört ist. Alle bei diesem Fest verzehrte Nahrung und
Getränke haben hauptsächlich mit dem Korn zu tun, da gibt es Brot, Stu-
ten, Bier und Korn, aber kein Fleisch, Fisch oder Wein. Sonne und Mond
haben gemeinsam die Ernte aus dem Schoß der Erde hervorgebracht, die
Felder stehen in voller Blüte und sind bereits vereinzelt dabei, abgeerntet
zu werden. Korn bedeutet zugleich Vorrat für den Winter und Saat für das
nächste Jahr. Das Lammas-Feuer fällt bei uns immer etwas kleiner aus, damit die Aufmerksamkeit der meist nahen Dörfer nicht auf uns gelenkt wird
und wir die Nacht ungestört verbringen können.

Herbsttagundnachtgleiche, 21. September

Alle Felder sind abgeerntet, die Vorratskammern zum Bersten gefüllt.
Schwer beladen mit allerlei Schleckereien ziehen wir uns in die Tiefen des
Waldes zurück. Da die meisten Nächte zum 21. September schon äußerst
kühl sind, wird mit dem Holzsammeln bereits am Nachmittag begonnen.
Auf ausgelegten Decken stehen Schalen, Krüge und Körbe, angesichts
dieser überschäumenden Fülle herrscht eine fröhlich ausgelassene Stimmung. Geselligkeit, Tanz und Erzählungen lassen die Zeit bis Mitternacht
rasch verfliegen. Die meisten der Hexen besprechen bereits jetzt, welche
gemeinsamen praktischen Arbeiten, wie Handarbeiten, Salben kochen
oder Zauber wirken, sie in den nächsten Wochen tun wollen. Mit einset-
zender Dämmerung wird das Feuer entzündet und, wenn nötig, immer
wieder nachgelegt. Um Mondin und Sonne zu ehren, findet das Fest einen
rauschvollen Verlauf, innerhalb dessen sich die Hexen vereinigen, wie im-

mer sie wollen. Im Gegensatz zur Frühlingstagundnachtgleiche endet das
Fest bereits mit hereinbrechender Morgendämmerung, damit wird an den
bereits fortgeschrittenen Zeitpunkt im Jahreszyklus erinnert.

Die Verabschiedung

In heutiger Zeit, wo es uns nicht mehr freisteht, unsere Toten nach unserer Tradition zu beerdigen, stellt die Verabschiedung nur noch ein Abbild eigentlicher Totenfeiern dar. Trotzdem hat sich eine rituelle Verabschiedung entwickelt, die in den meisten Fällen wie folgt vonstatten geht.

Alle, die an der Verabschiedungs-Feier teilnehmen wollen, gehen einzeln oder in kleineren Gruppen an den vorher bekanntgegebenen Platz. Meist handelt es sich hierbei um einen auf einer Anhöhe gelegenen, abgestorbenen Baum, befindet sich ein Bach oder See in der Nähe, umso besser. Jede Hexe bringt etwas mit, das für sie eine bestimmte Verbindung mit dem Gegangenen darstellt, dabei kann es sich um eine seiner Lieblingsspeisen, Getränke, oder irgendein anderes Teil aus seinem Leben handeln. Gemeinsam wird am Fuße des abgestorbenen Baumes eine Feuermulde ausgehoben und Brennholz gesammelt. Ein Familienmitglied füllt ein Gefäß am nächsten Wasser. Wenn das Feuer brennt, bilden die Hexen einen Kreis, Hand in Hand, um Feuer und Baum. Eigentlich sollte der folgende oder ein ähnlicher Text von der übriggebliebenen Gefährtin oder Gefährten gesprochen werden, doch wenn diese sich dazu nicht in der Lage fühlen, können sie diese Aufgabe auch an jedes andere Mitglied der Hexenfamilie übertragen.

> *Bruder Feuer, wir rufen dich, verzehrender Liebe Geburt,*
> *reinigender Flammen Tod, geleite unsere/n Schwester/Bruder*
> *_______ zu unseren Eltern.*

> *Schwester Luft, wir rufen dich erster Odem und letztes Wort,*
> *führe den Rauch deines Bruders, geleite unsere/n*
> *Schwester/Bruder _______ zu unseren Eltern.*

An dieser Stelle werden alle mitgebrachten Gaben dem Feuer übergeben und die Hexengemeinde verharrt in Schweigen und innerer Einkehr, bis alles verbrannt ist.

> *Schwester Wasser, wir rufen dich, die, die du die erste Flüssigkeit*
> *im Leben warst, sollst du auch die letzte sein, geleite unsere/n*
> *Schwester/Bruder _______ zu unseren Eltern.*

Bei diesen Worten wird das Gefäß mit Wasser über dem Feuer ausgegossen, bis die Flammen erloschen sind.

Alle knien nieder und füllen mit der ausgehobenen Erde die Feuermulde, bis sie ganz geschlossen ist.

Bis Mitternacht wird trauernd, schweigend oder sich leise unterhaltend in der Runde gesessen, dann trägt die Hexe, die schon vorhin gesprochen hat, Folgendes vor.

Im Anschluß folgt eine kleinere Feier zu Ehren von Göttin und Gott.

Die Esbats

Als Esbats werden die Vollmondtreffen bezeichnet, sie dienen der praktischen Hexenarbeit und dem Wirken von Zauber. An vorher bestimmten Plätzen treffen sich meist die Hexen der örtlichen Region und tauschen zuerst wichtige Neuigkeiten und Persönliches aus. Rituelle Gegenstände werden nur insoweit mitgeführt, wie sie für die vorgesehenen Arbeiten notwendig sind. Besonders das Tausammeln, was später zum Hexenweihwasser wird oder gemeinsame Herstellung von Salben, Tinkturen und Getränken, sowie die Zusammenstellung von Räuchermischungen finden in der Abgeschiedenheit dieser eher kleinen Treffen statt. Dazu führten vorwiegend zwei Gründe, zum einen konnten befreundete Hexen auf diese Weise ihre Rezepte für sich behalten und zum anderen wird durch die Esbats die Herstellung vieler Rezepte überhaupt erst möglich. Schon früher war es oft sehr aufwendig, bestimmte Pflanzen, Harze und andere Zutaten zu besorgen. Da gab es zum einen die von der Natur vorgegebenen Ernteperioden und zum anderen wuchsen manche der Kräuter in oft kilometerweit entfernt liegenden Regionen. Um alles zum richtigen Zeitpunkt zusammenzubringen, verteilten die Hexen schon immer die Ernte so aufwendig zu besorgender Kräuter untereinander. Sicher haben heutige Hexen den Vorteil, daß sie mit Bus, Bahn und Auto in relativ kurzer Zeit auch größere Entfernungen überbrücken können, doch dafür wächst immer mehr das Problem, das bestimmte Pflanzen jetzt schon nahezu ausgestorben sind oder nur noch der streng reglementierten Pharmaindustrie zugänglich gemacht werden. Alles in allem haben sich die Zeiten zwar geändert, doch die Probleme für ernsthaft arbeitende Hexen sind keinesfalls geringer, sondern eher noch größer geworden.

Hexenwerkzeuge für Wicca- und andere Hexen

In diesem Kapitel wird eine große Auswahl klassischer Hexenwaffen, Ritualgewändern und sonstigen Hilfsmitteln beschrieben. Jede Hexe muß sich selber ihr Repertoire an Ausrüstung zulegen, oft ergibt sich das, von der unsichtbaren Hand der Göttin geleitet, wie von selbst, im anderen Fall muß jede Hexe für sich entscheiden, welche Werkzeuge und Zubehör sie für die sich selber gestellten Wege und Aufgaben benötigt. Da jede Gruppe, jeder Coven und jede Hexe für sich selber manche Werkzeuge entwickelt oder zu den aufgeführten hinzufügt, ist es letztendlich nicht möglich, wirklich alle Hexenwerkzeuge aufzulisten. Wer jedoch dieses Kapitel durcharbeitet, verfügt über das nötige Wissen und Rüstzeug, um sich selbst innerhalb der verschiedenen Hexengruppen zurechtzufinden und die meisten der dort durchgeführten Rituale zu verstehen.

Der Kelch

☆ Bedeutung: passives Prinzip, sammeln, feminine Kraft, Göttin

☆ Element: Wasser

☆ Himmelsrichtung: Westen

☆ Planet: Mond

☆ Weihedatum: zunehmender Mond

Fast innerhalb jeder Hexenfeier trifft man auf den Kelch, mal in seiner Funktion als besonders prunkvolles oder gar mit Edelsteinen geschmücktes Zeremonialgefäß, bis hin zu Becher oder Tasse, aus denen rituelle Getränke gereicht werden. Obwohl es nicht das Material ist, das den spirituellen Wert eines Zeremonialgegenstandes ausmacht, sollte der Kelch doch gleichzeitig durch besonders schöne Form oder Verziehrungen die Bedeutung von Wasser in seiner Form von Erfrischung, Labsal und Lebenskraft zum Ausdruck bringen. Schon vor der körperlichen Geburt spielen Flüssigkeiten im Leben eine große Rolle, da ist die Samenflüssigkeit des Vaters, die im Blut getragenen Informationen vergangener Generationen, der Schutz des Fruchtwassers, vergangener Regen, der die Entwicklung bis zum heutigen Zeitpunkt überhaupt erst möglich gemacht hat, und viele Flüssigkeiten mehr.

Der Kelch, stetes Symbol für Sammeln, ist auch in anderen Kulturen als der Hexenlehre bekannt. Schon die Gralsritter verfolgten die Spuren des spirituellen Kelches, des Grals. Für sie bedeutet der kelchförmige Gral einen Gegenstand oder auch nur ein Symbol für das gesammelte Wissen, die Erleuchtung. Bis in die heutige Zeit ist nicht vollkommen klar, ob es sich bei den Überlieferungen der Gralsmythologie um ein materielles Relikt früherer Kulturen oder eine ausschließlich mystische Symbolik auf dem Weg zu tieferem Wissen handelt.

Bei den Hexen wird der Kelch dem Mond zugeordnet, dessen vielschichtige Bedeutungen unter anderem Wasser, Liebe und das unermeßliche, zeitlose Wissen der Mondin repräsentieren. Unter dem Fruchtbarkeits- und Polaritätsaspekt von männlich und weiblich stellt der Kelch die weibliche Vagina und den Schoß der Mutter Erde dar, beides materielle Orte, an denen sich die lebensspendenden Flüssigkeiten, Sperma und Wasser, sammeln, um neues Leben durch ihre Kraft hervorzubringen.

Die Materialien der zum Hexenkelch erwählten Gefäße reichen von Silber, beziehungsweise silberfarben, begründet in der Analogie zum Mond,

über Zinn, einem mystischen Material, dessen Tiefe bereits zum großen
Teil in Vergessenheit geraten ist, Holz, ein natürliches, günstiges Material,
das sich leicht selber verarbeiten läßt, bis hin zu Ton, dem Material der
Erde und auch aus deren Schoß. Jeder mag für sich selber entscheiden, zu
welchem der Materialien er sich besonders hingezogen fühlt, und das er
sich leisten kann. Die Ergründung, sowohl der Kelchform, wie auch des
Materials, begeht man am besten innerhalb eines Vollmondrituals. Einsam
oder im Kreise Gleichgesinnter läßt man sich in einer der Vollmondnächte
an einem Seeufer nieder, begrüßt die Mondin und versucht mit ihr mental
spirituell zu verschmelzen. Spürt man in sich, daß die mystische Verbindung hergestellt ist, so beginnt man sich einen Kelch vorzustellen. Der eigene Geist, verbunden mit Intuition und Imagination macht es möglich,
Zugriff auf sämtliche möglichen Formen und Materialien zu erhalten. Irgendwann bleibt dann ein Kelch vor dem geistigen Auge stehen, der alle
persönlichen Anforderungen, sowohl in Form wie auch in Material erfüllt,
diesen gilt es nun im materiellen Leben zu finden oder zu schaffen.

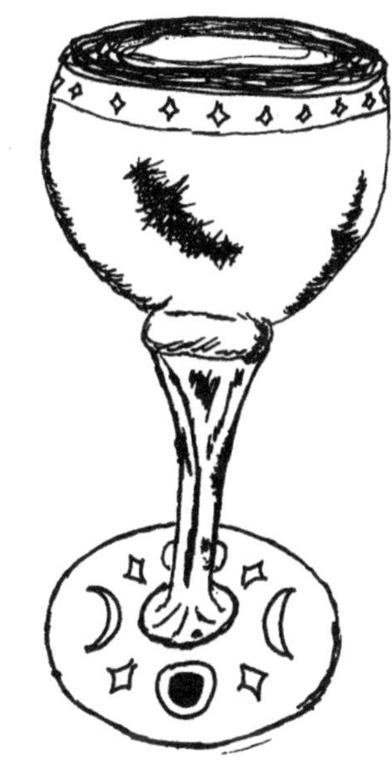

Die Kelchweihe

Vorbereitung: Bienenwachskerze im Norden, Kelch und Räucherschale im Westen, der Kelch randvoll mit Weihwasser gefüllt.

Weihe: Die Hexe kniet, mit segnend ausgestreckten Händen vor ihrem Kelch und ruft die Göttin an.

*Oh Große Göttin Aradia, ich knie hier vor deinem heiligen
Kelch. Oh Mutter der grünen Erde, Spenderin des silbrigen
Mondlichts, Herrin über alles Leben, ich bitte dich, segne diesen
Kelch.*

Langsam wird die schon zur Hälfte durchgebrannte Räucherung in das Weihwasser des Kelches gegossen. Während der Dampf aufsteigt, imaginiert die Hexe ein warmes, silbriges Licht, mit einer Nuance grün, bis der Kelch in diesen Farben strahlend, und von ihnen umstrahlt, vor ihr steht.

Im Anschluß an die Weihe wird der Kelch ausgegossen, mit einem Wolltuch ausgewischt und in ein grünes Naturtuch eingeschlagen. Auf diese Weise wird er stets, zwischen den Ritualen, verwahrt.

Der Dolch

☆ Bedeutung: aktives Prinzip, gebend, maskuline Kraft, Gott

☆ Element: Luft

☆ Himmelsrichtung: Osten

☆ Planet: Mond

☆ Weihedatum: zunehmender Mond

Wer sich ernsthaft mit den Hexenritualien beschäftigt, wird schnell auf die Vielfalt der innerhalb von Ritualen verwendeten Dolche und den großen Bruder, das Schwert, stoßen. Dolche und Schwerter sind Phallussymbole der aktiven, männlichen Kraft und werden somit dem Element Luft zugeordnet. Im Gegensatz zum Kelch, der das Sammeln darstellt, stehen Dolche für das Trennen und Schneiden. Die Vielfalt der im Hexentum verwendeten Dolche und Schwerter beruht auf ihren sowohl praktischen, als auch symbolischen Verwendungsmöglichkeiten. Neben wirklichen Dolchen stößt man im Hexentum auch gelegentlich auf ausschließlich zu Ritualen verwendbare *Zierdolche*, die weder über eine scharfe Schneide, noch über eine besondere Stabilität verfügen. Dafür gibt es zwei Gründe: Zum einen haben viele Hexen heute überhaupt nicht mehr die Möglichkeit, ihre Dolche selber herzustellen und müssen deshalb improvisieren, wenn sie bestimmte Dolchsymboliken verwendet haben möchten, und zum anderen besteht bei stumpfen Ritualdolchen keine Gefahr, daß innerhalb nächtlicher Rituale jemand verletzt wird.

Inwieweit sich eine Hexe für die Anschaffung eines Dolches oder mehrerer Dolche für bestimmte Aufgaben entscheidet, oder sich gar ein Schwert zulegen möchte, liegt oft auch an ihrem Hexenweg. Innerhalb von Wicca-Coven finden mindestens ein Dolch mit weißem und einer mit schwarzem Griff Verwendung. Der Einsatz des Schwertes bleibt oft auf das Kreisziehen und die Funktion als Wächterwaffe beschränkt. Traditionelle Hexen dagegen begnügen sich meist mit einem feststehenden Messer, mit welchem sie auf ihren Wanderungen durch Feld, Wald und Flur schnitzen, graben und schneiden und es zugleich als Dolch innerhalb ihrer Rituale verwenden.

Das oder der Athamen

Auf Fotos, Zeichnungen und in der einschlägigen Hexenliteratur wird der Hexendolch, vielfach in Coven auch mit dem englischen Begriff "Athamen" bezeichnet, meist als zweischneidiges Messer mit Stahlklinge und verzierten Backen dargestellt.

Besonders diese Symbolvariante ist in Wicca-Coven beliebt: Zwei Halbmonde stehen für die auf- und absteigende Mondin, Kugeln rechts und links symbolisieren die zwei Sonnenspitzen im Jahreskreislauf.

Da die Hörner des Großen Gottes oft auch als zwei zueinander geneigte Mondsicheln gezeichnet werden, ist es äußerst schwierig, abschließend zu entscheiden, ob es sich bei dieser Grifform um die Zuordnung zum Element Feuer, dem männlichen Aspekt, oder um die Symbole der Mondin, des weiblichen Aspekts, handelt.

Neben den Verzierungen hat vielfach auch die Farbe des Griffes eine bestimmte Bedeutung. So werden bei einigen Hexen Dolche mit schwarzem Griff ausschließlich zu rituellen und Dolche mit weißem Griff zu praktischen Arbeiten verwendet. Die Verwendung eines ausschließlich für Rituale eingesetzten Dolches hat insofern seine Berechtigung, da viele Hexen ihren Dolch dem männlichen Aspekt, dem Großen Gott, weihen und mit dieser Reliquie keine profanen Arbeiten erledigen möchten. Außerdem wird bei Ritualen die Dolchklinge in den mit Ritualwein gefüllten Kelch getaucht, die symbolische Vereinigung von Vagina und Phallus, Göttin und Gott, und insofern sollte die Dolchklinge schon ohne Rückstände anderer Arbeiten sein.

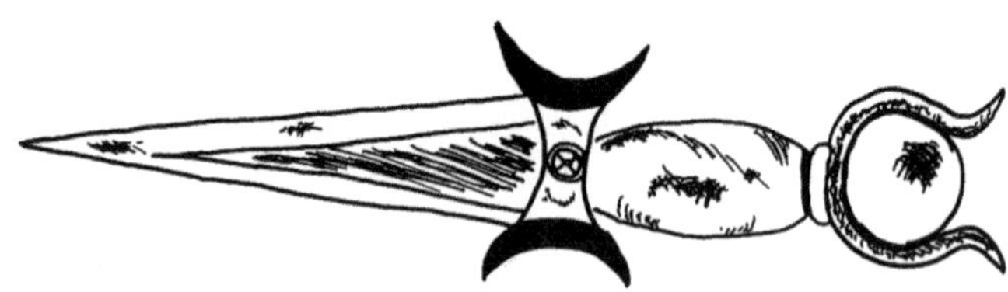

Die Dolchweihe

Vorbereitung: Bienenwachskerze und Räuchergefäß im Osten, die Klinge des Dolches mit hochprozentigem Alkohol reinigen.

Weihe: Die Hexe kniet vor dem Räuchergefäß und nimmt den Dolch in die rechte Hand, um sich leicht in den linken Unterarm zu ritzen, so daß ein Blutstropfen die Dolchspitze benetzt, dann steht sie auf und hält den Dolch mit ausgestrecktem Arm in Richtung Osten.

Oh Großer Gott Karnayna, gehörnter Gott des Waldes, du kräftiger Sturm, zu Dir wende ich mich in dieser heiligen Stunde und bitte um deinen urgewaltigen Segen, auf daß dieser Dolch auf alle Zeiten geweiht ist.

Die Dolchklinge wird mehrmals durch das Feuer der Kerzenflamme geführt, bevor der Dolch erneut Richtung Osten gestreckt wird. Nun imaginiert die Hexe eine blauleuchtende Lohe, bis sie einen Flammendolch in ihren Händen hält.

Abschließend wird der Dolch mit Weihwasser gereinigt und in ein blaues Tuch eingeschlagen.

Das Pentakel

- ✮ Bedeutung: konstruktiv, Schutz und Konzentration
- ✮ Element: Erde
- ✮ Himmelsrichtung: Norden
- ✮ Planet: Erde / Venus
- ✮ Weihedatum: zunehmender Mond

Das Pentakel, Vorgänger heute immer noch vielfach verwendeter Amulette und Talismane, stellt für die Hexe einen Spiegel dar. Durch die Verwendung verschiedener Materialien und Symbole schafft sie einen Kraftgegenstand und zugleich ein Tor zu bestimmten Sphären. Die meist auf einer Scheibe eingeritzten oder eingravierten Symbole, Siegel und Sigillen stellen eine Art Sprache dar, mit der bestimmte Kräfte gerufen und an dieses Pentakel gebunden werden.

Da das Hexenpentakel die Kraft der Erde herbeiführen soll, wird als Material Holz, Ton oder, zur besseren Haltbarkeit, Kupfer verwendet. Da Kupfer dem Planeten Venus und damit hauptsächlich der Liebe zugeordnet wird, muß an dieser Stelle auf die Analogie näher eingegangen werden. Wer Kupfer einfach nur mit der lebensspendenden Kraft der Liebe gleichsetzt und dieses Resultat auf das Erdelement überträgt, arbeitet oberflächlich. Liebeskraft und Erdkraft sind zwar beide starke Lebensenergien, dennoch mit einem gravierenden Unterschied: Liebe unterliegt nicht direkt dem Zeitfluß, während die Erdenergie dem Ablauf der Jahreszyklen stark unterworfen ist. Betrachten wir Kupfer deshalb lieber unter seinem Aspekt als Energieleiter. Kupfer findet besonderen Einsatz in elektrische Adern, es transportiert Ströme, ohne ihnen einen besonders großen Widerstand entgegenzusetzen, überträgt man jetzt diese Eigenschaft auch auf den feinstofflichen Bereich, so bietet sich Kupfer als Leiter wesentlich eher an, als die der Erde zugeordneten Stoffe Holz und Ton.

Die Pentakelweihe

Vorbereitung: Bienenwachskerze und Räuchergefäß stehen im Norden. Die vorher ausgewählten Symbole wurden schon die Pentakelscheibe eingeritzt oder eingebrannt.

Weihe: Die Hexe kniet vor Kerze und Räuchergefäß, das Gesicht nach Norden. Sie legt das Pentakel vor sich auf den Boden und bestreut es dünn mit Salz, bevor sie ihre Hände segnend darüber hält.

Im Namen der Alten Götter, Aradia und Karnayna, hiermit rufe ich euch und weihe dieses Pentakel, auf daß es seinem Träger ein unüberwindlicher Schutz, sowie eine nie versiegende Quelle von Inspiration sein möge.

Die Hexe hält nun das Pentakel, mit beiden Händen ausgestreckt, nach Norden und imaginiert eine ockerbraune bis hellgelbe Scheibe.

Wenn die Scheibe richtig strahlend pulsiert, wird sie noch einige Zeit aufgeladen, bevor das Pentakel in ein gelbes Tuch eingeschlagen wird.

(Die Hexe kann sich das Pentakel aber auch um den Hals hängen, wichtig hierbei ist nur, daß das Pentakel seine größte Kraft auf nackter Haut entfaltet.)

Der Stab

☆ Bedeutung: passives Prinzip, Wille, Weisheit

☆ Element: Feuer

☆ Himmelsrichtung: Süden

☆ Planet: Sonne

☆ Weihedatum: zunehmender Mond

Im weitesten Sinne stellt der Hexenstab, vielfach auch als Zauberstab bezeichnet, ein Szepter dar. Seine Inhalte sind sowohl Macht und Wissen, als auch die Kraft der Umsetzung in die materielle Ebene. Die Geschichte der Stäbe der Macht und Weisheit reicht von Priester- über Königs- und Militärgenerationen, von Tambourmajoren bis hin zum Aeskulapstab, dem Symbol der Medizin. Überall, in den verschiedensten Kulturen und Zeiten, waren Stäbe Herrscherzeichen, die Medizinmänner und Häuptlinge der Indianer trugen als weit sichtbares Symbol ihres Standes lange, geschmückte Stäbe, dem deutschen Hirtenstab der Schafhirten nicht unähnlich, bei sich. Die dem Stab oft hinzugefügten Symboliken, wie ein Bogen, ein Adler oder ein anderes Kraftzeichen zeigte der restlichen Bevölkerung stets, welche Kraft, Ziele oder Götter mit dem Träger des Stabes in einer besonderen Verbindung standen.

Der Hexenstab ist zumeist eher schlicht, die in seinem Zusammenhang verwendeten Symbole bestehen manchmal aus einer goldenen Kugel auf der einen und eine silberne Mondsichel auf der anderen Seite, einige Hexenstäbe ziert auch nur ein Stern, Zeichen der Sternenkönigin, oder ein Pentagramm an einem der Enden. Das traditionelle Material, aus dem ein Hexenstab hergestellt werden sollte, ist Esche, Weißdorn, Eiche oder Weide. Dazu geht die Hexe in einer Vollmondnacht in den Wald und horcht solange in sich hinein, bis sie von einem Baum sich gerufen fühlt. Klappt das nicht bei der ersten Vollmondnacht, so muß bis zum weiteren Fortgang eine der nächsten Vollmondnächte abgewartet werden. Von diesem Baum schneidet sich die Hexe einen circa 50cm langen Holzstab ab, bedankt sich ehrfürchtig beim Baum für seine Spende und wickelt ihn in ein mitgenommenes rotes Tuch. Inwieweit die weitere Bearbeitung des Stabes in der gleichen Nacht im Wald oder daheim irgendwann später im Zimmertempel stattfindet, liegt ganz im Ermessen jeder einzelnen Hexe.

Die Stabweihe

Vorbereitung: Im Norden des Weiheortes wird eine Bienenwachskerze aufgestellt, das Räuchergefäß findet im Süden seinen Platz.

Weihe: Die Hexe kniet, den Stab in beiden Händen haltend, vor dem Räuchergefäß und streicht ihn mehrmals durch den aufsteigenden Rauch, dann erhebt sich die Hexe und streckt den Stab, immer noch mit beiden Händen haltend, nach Süden.

Oh Aradia, Schwester der Mondin, Königin aller Hexen, ich bitte Dich, bitte weihe diesen Stab mit all deiner Kraft, auf das er mir stets ein gutes Zepter sein kann, zu herrschen über die Lebendigen und die Toten, zum Erreichen aller meiner Ziele.

Oh Karnayna, gehörnter Bruder des Waldes, Sonnengefährte der Mondin, ich bitte Dich, weihe auch du diesen Stab, auf daß er all die körperliche Kraft und Verlangen beinhalte, die der männliche Aspekt so in sich trägt.

kurze Pause

Hiermit weihen die Götter diesen Stab, auf daß er seinem Träger immer ein gutes Werkzeug sein mag.

Die Hexe bleibt stehen und imaginiert nun ein rotes Licht, bis der Stab von innen heraus kraftvoll leuchtend pulsiert. Dann wickelt sie ihn in das rote Tuch.

Bei einigen Wicca-Coven findet man einen besonderen Stab. Er wird aus einem am Mittwoch, bei Vollmond, geschnittenem Haselnußzweig hergestellt. Während am einen Ende ein Bergkristall oder Mondstein und einige Wicklungen Kupferdraht den Stab lunar aufladen, bilden der Bernstein und die Stahldrahtwicklungen am anderen Stabende den solaren Pol. Beide Pole und die dazwischen eingeritzten Planetensymbole ergänzen den Stab zu einem äußerst machtvollen Hexenutensil. Ersatzweise können anstatt der Drähte auch je ein Ring aus Silber und einer aus Gold auf die Stabenden geschoben werden.

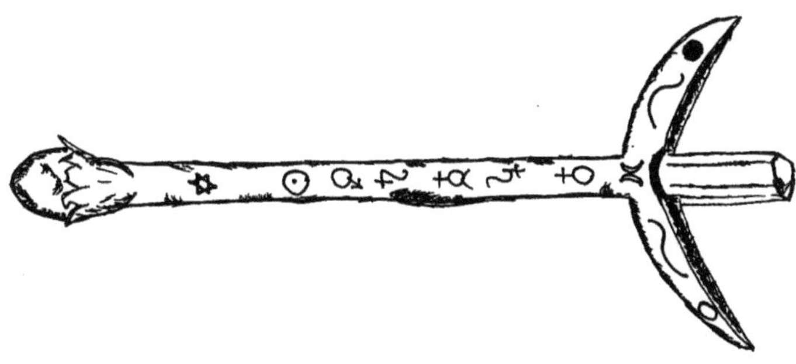

Das Räuchergefäß

☆ Bedeutung: aktiv-, passives Prinzip, Transformation, Information

☆ Element: Feuer / Luft

☆ Himmelsrichtung: Südosten

☆ Planet: Venus / Sonne

☆ Weihedatum: zunehmender Mond

Ein Räuchergefäß hat immer die Aufgabe, das Feuer der Räucherkohle und die damit verglimmende Räuchermischung mit dem Element Luft zusammenzubringen, damit der Rauch und der Geruch durch die Luft transportiert werden können. Deshalb vereint jedes Räuchergefäß stets das männliche und das weibliche Prinzip gleichermaßen. Die analogische Zuordnung zu einem Planeten läßt sich am besten anhand des für das Gefäß verwendeten Materials treffen. Ist das Räuchergefäß aus Messing, ordnet man es der Sonne zu, ist es, und das trifft bei den Hexen in den meisten Fällen zu, aus Kupfer, so wird es der Venus zugeordnet. Obwohl die Auswahl des Materials letztendlich jeder Hexe selber obliegt, sollte man sich jedoch über den Vorteil von Räuchergefäßen aus Kupfer bewußt sein. Kupfer und damit die Venus stehen für Liebe und Harmonie, der weiche, anheimelnde Glanz von Kupfer bewegt das Herz, er symbolisiert das liebevolle Vereinen und Verschmelzen der beiden Geschlechter und Prinzipien. Auch die dem Räuchergefäß zugeordnete Himmelsrichtung, Südosten, hat eine ganz besondere Bedeutung. Während der Osten die Richtung der Wiedergeburt ist, bezeichnet Süden die Richtung der Transformation, in einem Feuer wird stets die Energie des *verbrennenden* Materials in reine, freie Energie, Licht und Wärme umgesetzt, durch die Aufstellung des Räuchergefäßes im Südosten, also genau in der Mitte zwischen den beiden Attributen Wiedergeburt und Transformation soll das direkte Ineinanderübergehen besonders hervorgehoben werden.

Schon seit Menschengedenken gehören Düfte und Gerüche zum täglichen Leben. Mit feinsten und edelsten Düften versucht man, ein Ritual, einen Raum oder eine Person zu etwas ganz Besonderem zu machen. Düfte können eine anregende, reinigende, inspirierende, beruhigende oder auch berauschende Atmosphäre schaffen, um nur einige Möglichkeiten zu nennen. Außerdem vermögen Düfte sogar die Erleichterung, Linderung oder gar Auflösung organischer Körperstörungen (Krankheiten) zu bewirken.

Redewendungen wie "Ich kann dich nicht riechen." bezeichnen, meistens jedenfalls, eine Schwingungsebene. Ein derartiger Ausspruch bezieht sich nicht auf den Körpergeruch, sondern vielmehr auf den feinstofflichen Körper des Betreffenden. Treffen die eigenen feinstofflichen Schwingungen mit denen anderer Menschen zusammen, so kann man diese als harmonisch oder auch als disharmonisch empfinden. Im ersten Fall fühlt man sich zum anderen hingezogen, im zweiten Fall abgestoßen, ohne daß hierfür äußerlich erkennbare Gründe vorliegen. Dieses Wissen ist nicht neu, es ist vielmehr schon sehr alt, und ihr verdanken Parfümhersteller ihre Existenz. Die Menschen kaufen sich Körperdüfte, von denen sie annehmen, daß sie so harmonischer auf andere wirken.

Räucherungen und Düfte finden ihren Einsatz sowohl im häuslichen, als auch im hygienischen und rituellen Bereich. All diesen Bereichen liegt eine Gemeinsamkeit zugrunde, die Harmonie. Manchmal sucht man in erster Linie die Harmonie mit sich selber, ein anderes Mal mit der Gesellschaft, dem Coven oder seinen Geistern.

Räuchern bedeutet das Verbrennen oder Verglimmen von Harzen, Blättern, Hölzern oder Ölen, zumeist auf Kohle. In dem Augenblick, wo sich die Materie auflöst und nur noch Duft bleibt, welcher frei entfaltet den Göttern entgegenstrebt, entsteht eine erhabene Atmosphäre, die schon alte Kulturen zu ihrer Götterverehrung nutzten. Es gibt kaum ein würdigeres Schauspiel als die Transformation von stofflicher Existenz in den feinstofflichen Bereich.

Ein weiterer Vorteil von Räucherungen und Düften ist es, daß sich im eigenen Inneren ein immer klarer werdendes Bild einprägt, je öfter, bewußter oder intensiver man einen Duft mit einer bestimmten Stimmung oder Situation erlebt. Dieses Wissen wird auch bei Ritualen und an heiligen Plätzen genutzt. Je mehr sich ein Duft mit der Erinnerung an schon einmal Erlebtes deckt, desto leichter fällt ein Ritual, es ist ein direktes Nachhausekommen. Nach und nach laden sich Orte so stark auf, daß man nur noch den Geruch wahrzunehmen braucht, oder gar nur die verbliebene Schwingung, um Vergangenes wieder zum Leben zu erwecken.

Besonders bei Anrufungen, als Stimulans des Sehens und der Reinigungen, werden Räucherungen abgebrannt. Der eigene Geist folgt den Schwingen der Pflanzenseele, die sich im feinen Rauchduft entfaltet und dorthin schwebt, wo ein materiell verhafteter Geist allein nie hingelangen würde. Nicht umsonst bezeichnet man Räucherungen und Düfte als die Transportmittel der Götter und Geister.

Die Räuchergefäßweihe

Vorbereitung: Bienenwachskerze im Norden, Räuchergefäß und Behälter mit Weihwasser im Südosten

Weihe: Die Hexe kniet vor dem Räuchergefäß und besprenkelt es, unter Zuhilfenahme eines kleinen Zweiges, mit einigen Tropfen Weihwasser, dann hält sie die Hände segnend darüber.

*Im Namen der Alten Götter, Aradia und Karnayna, segne ich
dieses Räuchergefäß, mögen die ihm entströmenden Düfte stets
die Götter erfreuen, die Elemente des Feuers und der Luft, sowie
die Kräfte anwesender Hexen vereinen.*

Die Hexe entzündet nun im frisch geweihten Gefäß eine besonders erhabene Räucherung, bevor sie ein Lichterspiel von blau und rot, bis hin zu violett und lila rund um das Räuchergefäß imaginiert und erstrahlen läßt und abschließend das ausgekühlte Räuchergefäß in ein entsprechend farbiges Tuch einschlägt.

Das Weihwasser

☆ Bedeutung: passives Prinzip, Reinigung, Stärkung

☆ Element: Wasser

☆ Himmelsrichtung: Norden

☆ Planet: Mond

☆ Weihedatum: Vollmond

Das innerhalb vieler Hexenrituale verwendete Weihwasser nimmt unter den Hexenwerkzeugen einen besonderen Stellenwert ein. Obwohl das Weihwasser kein direkt materielles Werkzeug darstellt, ist es doch eines der heiligsten Reliquien jeder Hexe. Manche Hexen verwenden zur Bezeichnung lieber das Wort "Hexenwasser", da sie mit der Bezeichnung Weihwasser zuviel Kirchenanerkennung verbinden, doch letztendlich bedeutet Weihwasser ja lediglich das einer bestimmten Gottheit oder Kraft geweihte Wasser, weshalb die meisten Hexen auch bei der Bezeichnung bleiben.

Für Weihwasser gibt es innerhalb der Hexenreligion viele Anwendungsmöglichkeiten. Neben der Reinigung, Weihe und Segnung von Ritualgeräten wird es vielfach auch zur Verstärkung des Magischen Kreises und der Reinigung von Tempeln genutzt. Als Verdünnungsmittel für Hexentinkturen findet es heute allerdings kaum noch Verwendung.

Viele der verbreiteten Anleitungen, Weihwasser herzustellen, verweisen unter anderem auf die Verwendung von potenziertem, metallisch flüssigem Silber, was jeder, der sich intensiver mit der Geschichte des Hexentums befaßt hat, als Fehlinformation auffassen wird. Hexen, besonders diejenigen in *neuerer* Zeit und in unserer Kultur, dürften wohl niemals der Versuchung erlegen sein, ihr weniges Geld in den Kauf derartig teurer und auffallender Bestandteile zu investieren, vielmehr drängt sich hier die Vermutung auf, daß es sich bei derartigen Rezepturen um Falschinterpretation oder einen Fehler in der mündlichen Überlieferung handelt. Derartige Zutaten findet man ansonsten nämlich nur in den Aufzeichnungen der Alchemie.

Die beste und wohl auch älteste Methode, sich Weihwasser herzustellen, ist wohl folgende: Die Hexe begibt sich in einer Vollmondnacht mit einem Gefäß, einer Schnur und etwas Stoff in die freie Natur, wo sie den Stoff an den Faden bindet und über taunasses Gras zieht. Immer, wenn der Stoff genügend Feuchtigkeit gesammelt hat, wird er in das Gefäß ausgewrungen, bis man genügend Flüssigkeit gesammelt hat. Da ein derartiges Sammeln einige Zeit in Anspruch nimmt, sollte man das Gefäß fest verschließen und in dunklen Stoff zuhause bis zum nächsten Vollmond in einen Schrank einschließen oder zumindest in eine Braunglasflasche umfüllen und kühl und dunkel lagern.

Die Weihwasser-Weihe

Vorbereitung: Außer dem Gefäß mit dem zuvor gesammelten Wasser muß die Hexe eine Schale, am besten silbern, eine Kerze, etwas Salz und eine neue Flasche mitnehmen.

Weihe: Rechtzeitig vor Vollmond geht die Hexe an einen vorher dafür ausgesuchten Platz, der zumindest an einem Bach oder besser noch an einer Quelle liegt. Die Schale wird nun eine ganze Zeitlang ins Wasser gestellt, damit das fließende Wasser alle in ihr vorhandenen Schwingungen fortspülen kann. Vorsichtig, mit einem Tuch, wird die Schale aus dem Wasser gehoben und am Ufer, vor der inzwischen angezündeten Kerze, abgesetzt. Die Hexe kniet jetzt vor ihren ausgebreiteten Gegenständen, mit dem Gesicht nach Norden, gießt das Wasser aus dem Behälter in die Schale[1], streut einige Salzkristalle hinein und spricht die Weiheformel:

Oh, Große Mondin, die, der dein Planet alle Wasser dieser Erde beherrscht, ich bete zu dir in deinem vollsten Angesicht, bitte weihe dieses Wasser, auf das es alle negativen Einflüsse stets von den von ihm berührten Gegenständen und Orten fernhalten wird.

Oh, Große Mondin, ich bitte Dich, weihe dies vor mir stehende Wasser mit all deiner Kraft, damit seine reinigende und segnende Kraft mich bei all meinen Arbeiten unterstützen kann.

Die Hexe hebt nun mit beiden Händen die Schale dem Mond entgegen und imaginiert ein kräftig leuchtendes, blaues Licht, bis das die ganze Schale zu strahlen scheint. Ein andächtiges *"Göttin, ich danke dir für dei-*

---

1   Um die Wirkung des Weihwassers noch zu verstärken, legen einige Hexen etwas Silber und einen kleinen Mondstein in die Schale. Wer diesen Weg beschreitet, muß daran denken, daß beide Teile später auch durch den Flaschenhals passen sollten, eventuell kann man ja von einem alten Silberring etwas abfeilen, dabei müssen jedoch die Späne, bevor sie in die Schale gegeben werden, ebenfalls im fließenden Wasser von allen Einflüssen gereinigt werden.

nen Segen!" beschließt das Weiheritual und das Weihwasser wird nun vorsichtig in die neue Flasche gefüllt und dick in blauen Stoff eingewickelt.

Anmerkung: Manche Hexen ziehen es vor, das Weihwasser auch im Namen des Gehörnten Gottes zu weihen und es so mit seiner Vitalkraft anzureichern.

Bei der Aufarbeitung dieser Thematik stößt die eingeweihte Hexe jedoch recht schnell auf die Undurchführbarkeit einer derartigen Weihe, zum einen haben Wasser und Mond eine derart starke Verbindung, daß sie durch die Sonne nur gestört werden könnte und zum anderen ist das auch nicht nötig, da die Große Mondin alle Aspekte, weiblich wie männlich, in sich vereint.

> **Während die bisher aufgeführten Werkzeuge auch unter der Bezeichnung Hexenwaffen bekannt sind, gehören die folgenden Utensilien eher in den Bereich des rituellen Beiwerks, was aber innerhalb bestimmter Zeremonien und Ausrichtungen nichts über deren Wert beziehungsweise Wichtigkeit aussagt.**

Der Hexenkessel

Die Zeiten, in denen die meisten Hexen ihre Zauber- und Heiltränke, sowie Pasten und Salben selber hergestellt haben, sind fast in Vergessenheit geraten. Sicher ist diese Tatsache nicht zuletzt auf die immer weiter fortschreitende Reglementierung durch neue Gesetze zurückzuführen. Fast alles, was heute in Zusammenhang mit Heilkräutern gebracht werden kann, darf ausschließlich von Medizinern und Heilpraktikern verordnet werden. Rauscherzeugende Getränke, Mixturen, Kräutermischungen und Salben unterliegen der steuergierigen Staatsmacht. Sie allein möchte diktieren, welche Rauschmittel ihr genehm und gewinntüchtig sind. Zu all diesem Übel stellt das Zurückgehen heimischer Pflanzen, die Belastung durch Umweltgifte und das nahezu in Vergessenheit geratene Kräuterwissen viele der heutigen Hexen vor zusätzliche Probleme. Hexen-Coven, welche den Hexenkessel innerhalb ihrer Rituale nur zum Aufbewahren von Feuer oder Kerzen benutzen, degradieren damit den Kessel zu einem nicht mehr benötigten Relikt einer vergangenen Epoche. Um das zu vermeiden, müssen sich wieder mehr Hexen mit der Kesselthematik auseinandersetzen.

Einst war der Hexenkessel ein Tiegel, in welchem sich die verschiedensten Kräuter, Mineralien und andere Wirkstoffe vereinigten, um ein ganz bestimmtes Resultat zu erreichen. Hierbei ging es den Hexen nicht nur um die, wie von der klassischen Medizin, verwendeten, materiellen Wirkstoffe, sondern die Alte Hexengilde verfügte vielmehr über profundes Wissen betreffs der Pflanzenseelen, immaterielle Kräfte, die einzelnen Symbolen oder Materialien anhaften, und noch vielem darüber hinaus. Da ging es zum Beispiel um die Kraft der Farben, bestimmte Ernteperioden und Ernteritua, man braucht dazu nur in die inzwischen wieder häufiger veröffentlichten Mondbücher zu schauen, oder auch um Duft- und Wasserqualitäten. Nur eine Hexe, die selber kocht, weiß auch wirklich genau um den Inhalt ihres Kessels und kann daraus lernen.

Der Totenkopf

Einst, vor gar nicht allzulanger Zeit, war ein Totenkopf stiller Ritualbegleiter fast jeder Hexe. Doch in Zeiten von Friedhofsschändern und Grabräubern, was ich an dieser Stelle energisch ablehnen möchte, verschwinden die Totenschädel von immer mehr Hexenaltären. Eine ersatzweise, gleichstarke Symbolik wurde meines Wissens noch nicht wieder eingeführt. Der Totenkopf symbolisiert zum einen die für alle Lebewesen zutreffende Vergänglichkeit des Körpers und zum anderen ist er ein altes Hexensymbol, das auf die Kräfte der Hexe hindeutete, welcher mit ihren Ritualen und Zaubern ein gewisser Einfluß auf die Schönheit, Jugend und Gesundheit von Körpern zugesprochen wurde. Als Zeichen der Vergänglichkeit stellt ein Totenkopf einen ganz speziellen Teil des Lebenszyklus dar. Vielfach ist es Brauch, daß wenn jemand gestorben ist, er vergraben wird. Nachdem die Fäulnisprozesse Fleisch und Innereien zersetzt und in Erde umgewandelt haben, bleibt nur noch das Knochengerüst, das Skelett, übrig. In dieser Phase kann der Schädel entnommen werden, bevor auch die anderen Knochen sich in Erde verwandeln. Nicht ohne Grund sind Abbildungen und Zeichnungen von Menschenschädeln besonders in den Bereichen Religion, Medizin und Literatur besonders oft vertreten. Der Schädel gilt als Sitz für Intellekt, Gefühl und Geist. Obwohl die ihm zugeschriebenen Kräfte letztendlich nicht wissenschaftlich belegbar dem Kopf zugeordnet werden können, ist diese Auffassung zumindest soweit verbreitet, daß man sie als gültige Symbolik durchaus übernehmen kann.

Statt eines Totenkopfes, uraltes Symbol des Erdelementes, verwenden einige Hexen kleine Stoffsäckchen mit Wald- oder Friedhofserde, andere wiederum legen einen Tierschädel oder Knochen im Norden ihrer Kreise nieder, und manchmal werden sogar Kunststofftotenschädel verwendet. Obwohl ich selber strenger Anhänger von ausschließlich in der Natur vorkommenden Materialien bin, neige ich doch zur Überzeugung, daß ein im Ritual verwendeter Totenkopf eine ganz besonders starke Kraft ausstrahlt. Wer sich also nicht in der Lage sieht, einen Totenkopf aus Ton oder Holz zu besorgen oder selber herzustellen, der sollte in diesem Fall auf medizinisches Lehrmaterial zurückgreifen und sich dort einen Kunststoffschädel besorgen. Nur ein echter, oder zumindest annähernd echter, Menschenschädel stellt ein genügend starkes Symbol dar, um die teilnehmenden Hexen an ihre eigene Vergänglichkeit, zumindest den körperlichen Bereich betreffend, und die im Weltenbestehen kaum meßbare winzige Zeitspanne zu erinnern, in der sie wirken können.

Die Geißel

Nur wenige Hexen verwenden heutzutage noch eine Geißel, meist ist dies in Wicca-Coven bei der Aufnahme der Fall. Eine Geißel ist eigentlich nichts weiter als eine Peitsche mit mehr als einer Schnur. Die meisten der im Hexentum verwendeten Geißeln haben 4, 5 oder 7 Leder- oder Seidenschnüre. Der zum Teil vorgenommene Austausch der ehemaligen Lederriemen durch Seidenschnüre ist wohl eher als Vorsichtsmaßnahme zu verstehen, damit die mit der Geißel geschlagenen und somit symbolisch gereinigten Hexen keine ernsthaften Verletzungen davontragen.

Wer sich jedoch tiefer in die Hexengeschichte und Kultur begibt, wird schnell feststellen, daß die Geißel im Hexentum nicht immer als symbolisches Reinigungsgerät verwendet wurde. Im Ursprung, und das gilt nicht nur für das Hexentum, wurden die durch Geißeln und Knotenschnüre hervorgerufenen Schmerzen als Weg in andere Bewußtseinszustände genutzt. Zum einen demonstriert eine echte Selbstgeißelung die Herrschaft des Willens über den Körper und die Seele, welche auch unser ganz persönliches Schmerzempfinden beinhaltet, und zum anderen lernt derjenige, der sich selber richtig geißelt, irgendwann seinen Schmerz aufzulösen, also nicht mehr wahrzunehmen. Eine derartige Erfahrung, daß nämlich Schmerz durch die Kraft des Willens als nicht existent erfahren werden kann, zeigt vielen Hexen, wie stark ihre Macht sich auch innerhalb der realen Welt nutzen läßt.

Derartig, wie es die normalen Gesellschaftshexen inzwischen empfinden, harte Methoden und Übungen werden heute kaum noch genutzt und das, weil inzwischen viele Hexen das Hexentum eher als eine Naturreligion, als einen Weg, magische Fähigkeiten zu erlangen, sehen. Die Gründe früherer Hexengenerationen, sich zu geißeln, sich wach zu halten, keine Kälte mehr zu spüren oder sich gar in Trance zu versetzen, werden heute meistens durch die Einnahme von Kaffee, Tee oder Alkohol zu erreichen versucht. Der Nachteil dieser Methode besteht darin, daß diese Hexen sich weiter von der materiellen Welt abhängig machen und zugleich ihre eigenen inneren Möglichkeiten nicht trainieren und somit letztendlich vergessen.

Der Hintergrund einer, heute mit einer Geißel durchgeführten Reinigung, liegt in den beiden Worten Strafe und Schmerz begründet. Durch die freiwillige Übernahme von Schmerzen übernimmt die Hexe die Verantwortung und Strafe für ihr Fehlverhalten im bisherigen Leben. Diese Einstellung entspringt eher jüngerem Datum. Wer ganz weiträumig urteilt, mag sie eventuell auf den Einfluß der Kirche zurückführen, die ja schon immer mit der Schmerz- und Strafterminologie der Hölle gearbeitet hat. Ich selber pflichte in diesem Zusammenhang eher der Gruppe von Menschen bei, die der Auffassung sind, daß jeder Mensch nur für Taten bestraft werden sollte, von denen er im Vorhinein wußte, daß sie schlecht sind. Auf dieser Überzeugung basierend, bin ich der Auffassung, daß man vielmehr die Möglichkeiten der Geißel als Test, ob eine Hexe über die nötige Willenstärke und Imaginationskraft verfügt, und als Weg zum Erreichen eines Trancezustandes nutzen sollte.

Der Leuchter

Leuchter, Symbole für Licht, Erleuchtung und lebensspendende Wärme findet man fast in allen Tempeln und bei allen Zeremonien. Die dabei verwendete Palette reicht von der Kombination mehrerer einzelner Kerzenständer, bis hin zu mehrarmigen Tischleuchtern, Standleuchtern und Deckenleuchtern. Im Einzelnen auf die Varianten einzugehen, ist müßig, deshalb beschränke ich mich an dieser Stelle auf die Beschreibung des traditionellen Jul-Leuchters.

Der Jul-Leuchter, zumeist aus Ton, dagegen seltener aus Metallen, stellt eine besonders schöne und wie für das Hexentum gemachte Leuchterform dar. Durch die hinten offene Rückwand stellt man eine Kerze in sein Inneres und kann sie später auch leicht anzünden. Die auf der Oberseite angebrachte Vertiefung gibt bei den beiden Sonnenwendfeiern die Möglichkeit, die schon fast heruntergebrannte Kerze aus dem Inneren oben auf den Leuchter zu stecken, an ihr eine neue Kerze zu entzünden und diese nach unten zu stellen. Richtig feierlich zelebriert ist dies bereits ein beeindruckendes Ritual, das nicht nur die Wiedergeburt der Sonne und des Lichtes, sondern auch den nie endenwollenden Zyklus des Lebens darstellt. Die Ornamentik der Jul-Leuchter verschafft nicht nur Aussparungen, durch welche das Licht der innen stehenden Kerze besser nach außen fallen kann, sondern sie bereichert und verstärkt die Kräfte der durch den Leuchter vermittelten Bilder in ihrer eigenen Qualität. So gibt es zum Beispiel und das ist wohl der am weitesten verbreitete Jul-Leuchter, die Herz über der innerhalb eines Kreises befindlichen Hagall-Rune-Symbolik. Hierbei stellt das Herz nicht, wie meist irrtümlich angenommen, Liebe und Gefühl dar, sondern das Herz ist ein uraltes Symbol der weiblichen Genitalien und des Gesäßes. Auch die Hagall-Rune, deren Bedeutung unter anderem Ursame und Urkeim beinhaltet, weist auf die sexuell-fortpflanzende Bedeutung des Jul-Leuchters hin, zumal sich das Wort Jul mit Rad, an dieser Stelle gleichbedeutend mit Lebens- und Jahresrad übersetzen läßt.

Die Kronen

Hiermit werden im Hexentum keinesfalls nur edelmetallene Kopfzierden bezeichnet, es ist vielmehr ein Sammelbegriff für die meisten der im Hexentum verwendeten Kopfschmucke. Egal, ob man zu den Darstellungen der Inkas, Indianer, Ägypter, Schamanen oder in den weltlichen Bereich schaut, überall tragen viele Menschen zu aus ihrem Leben herausragenden Zeitpunkten einen besonderen Kopfschmuck. Dem Ursprung, daß nur geistig besonders reife, und über das Maß des normalen hinaus entwickelte, Menschen durch das Anlegen einer Krone besonderes Augenmerk auf ihre inneren Werte lenken, sind längst vorbei. Die kunst- und wertvollen Kronen der Vergangenheit sind, am materiellen Wohlstand der heutigen Zeit gemessen, nichts mehr wert; sie haben fast nur noch symbolischen oder traditionellen Wert.

Die von Hexen getragenen Kronen erhalten ihren Wert auch nicht durch die Verwendung besonders wertvoller Materialien, sondern durch die in ihnen enthaltene Symbolik. So drücken Blumenkronen oder Kränze Lebenskraft, Zeitpunkte im Jahreszyklus oder die Schönheit der Trägerin aus, während die beim Wicca-Ritual des Handfasting verwendeten Kronen das Trägerpaar zum einen als Vertreter der beiden Gottaspekte und zum anderen als Zugehörige zu einer königlichen Religion *sichtbar* werden lassen. Besonders zweimal in jedem Jahr finden bei fast allen Hexen-Coven Kronen rituelle Verwendung, und zwar an den beiden Zeitpunkten, wo Eichen- und Stechpalmenkönig ihre Herrschaft wechseln. Gelegentlich schmücken einige Hexen ihre Stirn auch mit einem Band, auf das besondere Symbole oder Erkennungszeichen gestickt wurden, oder um ein Amulett auf der Stirn, an der Stelle des Dritten Auges, zu befestigen. In diesem Sinne sind die Stirnbänder nichts anderes als *kleine* Kronen.

Herrschaftliche Kronen als Zeichen der Übergeordnetheit über die anderen Mitglieder des Covens gibt es unter den Hexen nicht. Das würde der Selbstverantwortung und persönlichen Entfaltung der einzelnen Hexe widersprechen. Trägt eine Hexe oder Priesterin während einer Zeremonie ihre Mondkrone, so stellt diese lediglich nach außen die während dieses Rituals besondere Verbindung zwischen der Trägerin und der Großen Mondin dar. Die ihr dabei entgegengebrachte Achtung bezieht sich nicht auf die Priesterin als Person, sondern auf die in ihr verkörperte Große Göttin. Nach Ablegen der Krone wird die ehemalige Trägerin wieder als vollkommen normal und gleichberechtigt angesehen.

Die Hexenkleidung

Die Kleidung jeder Hexe unterliegt in erster Linie ihrer ganz persönlichen Empfindung, manchmal auch dem Coven, dem sie zugehört und doch kann man in unzähligen Hexenbüchern die verschiedensten Anregungen nachlese. Warum das alles?

Aufgrund meines jahrzehntelangen Weges innerhalb der Hexen- und Schamanenreligion bin ich zu der festen Überzeugung gelangt, daß es gerade die Kleidung, Ritualgewänder oder die Frage der rituellen Nacktheit sind, welche die meisten Unstimmigkeiten unter dem Hexenvolk hervorruft. Doch warum? Einer der Gründe der Meinungsverschiedenheiten ist sicher in der über Generationen andauernden falschen Erziehung unseres Schamgefühls zu finden. Angst und Beklemmung - so wie ich aussehe, kann ich mich doch nicht nackt zeigen - treiben sicher viele Hexen dazu, sich Roben oder andere Ritualkleidung zuzulegen. Derartige Gedanken sind völlig überflüssig, wenn man auf richtige Hexen trifft, da diese eher auf die ausstrahlende Kraft und das Innere Wesen der anderen Hexen achten und sich für die Orientierung an momentan gültigen Schönheitsidealen herzlich wenig interessieren. Mit dieser Begründung kann auch der Einwand, "Ich möchte Andere ja nicht auf falsche Gedanken bringen!", ausgeräumt werden, immer vorausgesetzt, man befindet sich im Kreise wirklicher Hexen, ansonsten ist dieser Einwand bestimmt berechtigt.

Daß das sogenannte Skyclad, das Sternen- oder Himmelsgewand - damit wird unter Hexen die rituelle Nacktheit bezeichnet - besonders für Hexen, die ihre Feste in der freien Natur vollziehen, sicher nicht bei jeder Witterung die richtige Bekleidung darstellt, ist ohne Frage, denn zumindest Hexenneulinge werden es kaum schaffen, sich bei jeder Witterung so einzustimmen, daß sie sich stets wohl und angenehm warm fühlen und auch später keine Erkältungen davontragen. Die Begründung, alle Hexen sollen sich, ohne Standessymbole, offen und ehrlich, ganz ohne sich zu verstecken, beziehungsweise zu verkleiden, vor den Göttern treffen, bezieht sich nach meiner Erfahrung eher auf die Ehrlichkeit und Aufrichtigkeit jeder Hexe als auf die Kleidung.

Ein gleiches Gewand für alle, ist gleichbedeutend mit aller Nacktheit. (Zitat: Guardians Handbuch)

In einigen Hexengruppen scheint die Frage der Gewandung auch eine Frage der Macht zu sein. Während die Priester und Wächter bekleidet sind, manche offenherziger, andere weniger, nimmt der Rest der Gemeinde nackt an den Ritualen teil. Ein derartiges Verhalten entspringt sicher nicht der Hexentradition, und von solchen Gruppen sollte man als ernsthafte Hexe Abstand halten.

Wichtig bei allen Gewändern ist lediglich eins, ein Ritual, der Kontakt mit Göttern und Kräften ist stets etwas Besonderes, keine Hexe sollte in verschwitzter oder dreckiger Alltagskleidung daran teilnehmen, und wenn man sich vor jeder rituellen Zusammenkunft nur wäscht und frischgewaschene Kleidung anzieht.

Für all jene, die sich ihre Ritualgewänder selber herstellen möchten, hier zwei Anleitungen.

Das Gewand

Für die Herstellung des folgenden Gewandes, das für Frauen und Männer gleichermaßen zugeschnitten werden kann, werden nur der Stoff, Nadel, Faden und einige Abstecknadeln benötigt. Die Auswahl des Stoffes sollte ganz auf die während des Tragens existierenden Temperaturen abgestimmt sein. Wer sich zum Beispiel sein Gewand nur für Herbst- und Winterzeremonien im Freien nähen möchte, sollte möglichst dicken und schweren Stoff wählen, währenddessen für Frühjahr- und Tempelrituale eher ein leichter, nicht allzu warmer Stoff, zu bevorzugen ist.

Vorder- und Rückenteil

Um die entsprechenden Maße zu ermitteln - ein magisches Gewand liegt nicht wie Modekleidung hauteng, sondern locker fallend an - mißt man zuerst von der entsprechenden Person die Strecke von der Mitte der Schulter bis zum Boden a) und zählt 15cm hinzu . Siehe auch die Abbildungen auf der folgenden Seite. Die Breite ergibt sich aus der Entfernung von Schulter zu Schulter b) mal 3. Die Teile werden bis auf die Ausschnitte, die man einschneidet, umlegt und umsäumt, genau gleich zugeschnitten. Die unteren Kanten der beiden Teile werden ungefähr 2 cm umgeklappt und festgenäht, sodaß sie nicht ausfransen können. Nun können die beiden Hälften mit den Seiten, die später außen liegen sollen, aufeinandergelegt und an den Kanten, bis auf die Ärmelaussparungen zusammengenäht werden.

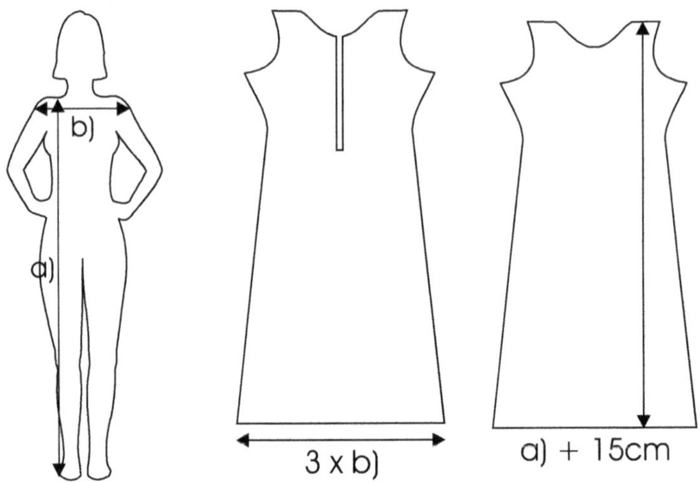

Die Ärmel

Die beiden Ärmel werden in Trapezform zugeschnitten, wobei die Länge c) die Strecke Schulter bis Handgelenk zuzüglich 10 cm beträgt. Die obere Ärmelbreite d) beträgt Oberarmumfang mal 2 plus 5 cm, die untere Ärmelbreite e) beträgt Handgelenkumfang mal zwei. Nachdem die beiden Ärmel zugeschnitten sind, werden sie je auf der Armlänge doppelt gelegt und an der Kante f) zusammengenäht. Die unteren Ärmelkanten werden 2cm umgeschlagen und festgenäht, damit sie nicht ausfransen.

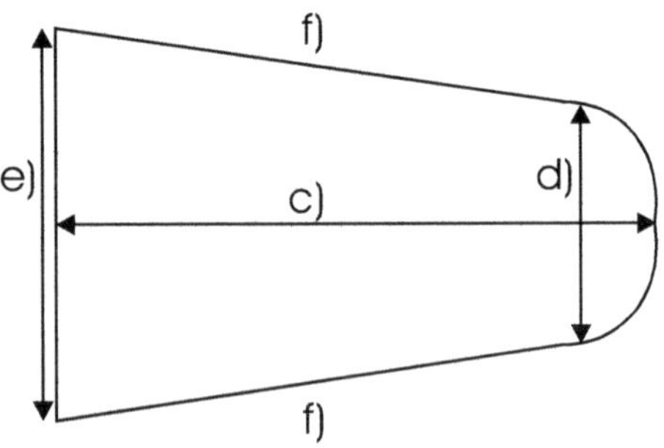

Nun braucht man nur noch die oberen Ärmelenden in die Aussparungen, vom bereits zusammengefügtem Vorder- und Rückenteil zu nähen und das gesamte Gewand einmal umzustülpen. Wer möchte, kann die Säume abschließend mit einer schönen Borte verzieren und fertig ist das Hexengewand. Zu diesem Gewand trägt man entweder eine farbige Kordel oder einen besonders schönen Gürtel.

Der Umhang

Als besonders praktisch empfinden manche Hexen einen Wendeumhang. Die eine Seite besteht oft aus warmem, weichem und auch etwas unempfindlicherem Stoff in den Farben grün oder braun, während die andere Seite zumeist aus mit Symbolen oder Bildern bedrucktem dünnerem, glatterem Stoff in blau besteht. Auf diese Weise kann die Hexe ihren Umhang schon auf dem Weg in den Wald tragen, ohne die besondere Aufmerksamkeit von Bauern, Förstern oder Wanderern befürchten zu müssen. In der Abgeschiedenheit ihres Ritualplatzes wendet die Hexe dann den Umhang und legt somit die Symbole der bis dahin inneren Seite offen. Zusätzlich kann der Umhang gut als Decke oder Kissen verwendet werden und läßt sich außerdem auch noch sehr einfach selber herstellen. Neben ihrem Nähzeug benötigt die Hexe nur Stoßband und zwei entsprechend große Stoffstücke, deren Maße man wie folgt ermittelt:

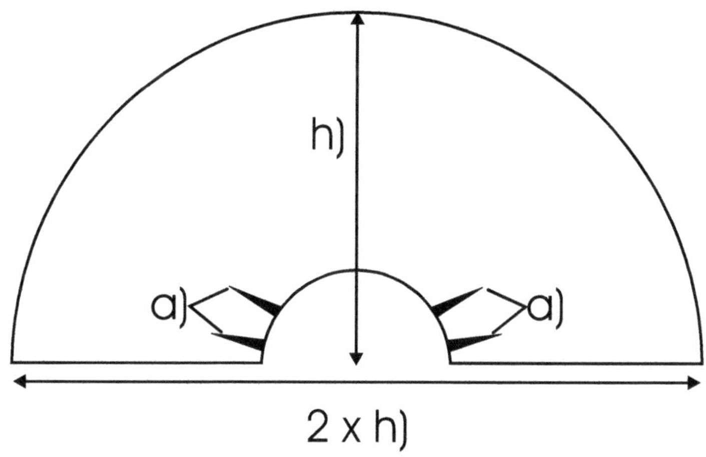

133

Man mißt die Strecke vom Halsansatz bis zur Mitte der Wade und zählt
5 cm hinzu, das ist die Stoffbreite h), dies Maß mal zwei ergibt die Länge
des Stoffes. Beide Stoffe werden aufeinandergelegt und in einem Halb-
kreis ausgeschnitten. Um dem Umhang später einen besseren Halt zu geben, werden zusätzlich vier kleine Keile a) herausgeschnitten, worauf die
Stoffe an den Keilkanten jeweils wieder zusammengenäht werden. Danach können die Ränder circa 1cm umgeschlagen und mit dem in der
Mitte gefaltetem Stoßband umnäht werden.

**Ein kleiner Tip. Wer möchte, kann an dem Punkt b) eine Kor-
delschlaufe und an c) einen entsprechenden Knopf annähen, so läßt
sich der Umhang vorn besser schließen.
Auch auf der Innenseite ist das möglich.**

Der Magische Kreis

Die Notwendig- oder Zweckmäßigkeit bei Ritualen, einen magischen Hexenkreis zu ziehen, führt selbst innerhalb von Coven zu Kontroversen. Jeder versucht, seine Einstellung zu erläutern, aber da Kult und Religion auch stets etwas mit Gefühl zu tun haben, habe ich mich dazu entschieden, einige Magische Kreise aufzuzeigen. Obwohl derartige Schutzkreise durchaus mit Schwert-, Dolch-, Finger- oder Astspitze nur in die Luft gezeichnet oder sogar nur imaginiert zu werden brauchen, erleichtert eine materielle Anordnung die Arbeit doch sehr. Klar sichtbare Begrenzungen, verständliche Siegel, Symbole und Namen - all das fügt sich im Idealfall zu einem Gesamtbild zusammen, das den rituell arbeitenden Hexen Schutz gewähren kann.

Wer zum Beispiel das Buch "Hexensabbat" von Eric Maple durchblättert, wird sehr schnell erkennen, daß selbst die anerkanntesten Hexen heute nicht mehr unbedingt jedesmal ihren Magischen Kreis neu zeichnen, sondern ihn auf ausgesägten Teilkreisstücken aufmalen und diese vor dem Ritus immer wieder neu zusammenlegen und dann nur noch weihen brauchen. Neben der einfachen Handhabung dieses Systems kommt noch hinzu, daß solche vorbereiteten Kreise immer ihre exakte Form behalten, und daß nach ihrer Entfernung auf dem Boden kaum Spuren hinterlassen werden. Ein nicht unerheblicher Nachteil besteht allerdings im Gewicht, der Sperrigkeit und der unebenen Unterlage in der Natur, welche die Teile und die meist auf ihnen angeordneten Kerzen zum Kippeln bringt. Eine von allerdings nur wenigen Hexen angewandte Methode, den Kreis auf ein Tuch aufzuzeichnen, halte ich nur in soweit für praktikabel wie das Kreisinnere ausgeschnitten wird, damit die Hexen mindestens innerhalb des Kreises den Erdboden mit ihren Füßen berühren und damit den Kontakt zu diesem Element herstellen können.

Der Magische Kreis wie auch ein Tempel werden oft als Orte zwischen den Welten bezeichnet, derartige Anordnungen sind vergleichbar mit Toren zu anderen Ebenen.

Tempel & Altäre

Das eigentliche Heiligtum jeder Hexe ist ihr Tempel, wobei es in erster Linie gar nicht darauf ankommt, wo er liegt, sondern wie er gestaltet und damit auch zu einem gewissen Prozentsatz aufgeladen ist. Nicht alle Hexen vergöttern im Hauptaspekt die Große Mutter oder Mondin, ihre Ausrichtungen sind genauso vielschichtig wie es die ganze Menschheit ist. Um den dieses Buch lesenden Hexen eine verschiedenartige Auswahl von Anregungen zu präsentieren, weise ich den aufgeführten Tempeln bestimmte Hauptattribute zu. Sicher kann jede Hexe ihren eigenen Stil entwickeln, oder aus mehreren Richtungen eine Verschmelzung oder Symbiose herstellen.

Der Grundgedanke jeden Tempels oder Altars ist das kosmische Gesetz: "Wie oben, so auch unten." Jede Anordnung, die im Kleinen, zum Beispiel innerhalb eines Rituals oder eines Tempels, dargestellt wird, trägt in sich selbst die Kraft, sich zu verwirklichen. Der Weg der Transformation von Geist und Seele zu der Welt des Körpers, der sogenannten Realität ist oft kürzer, als wir es wahrhaben wollen.

> **Der Altar ist der Thron der Götter.**
> **(Deshalb wird er von Priesterinnen und Priestern, als deren Vertreter auch oft als Thron (Sitzgelegenheit) genutzt.)**

Wer sich nur einen Tempel, Altar oder eine kleine Auswahl von Ritualgeräten und Symbolen zulegen möchte, der sollte sich im Vorfeld darüber ganz klar werden, was er erreichen möchte. Ein Tempel der Mondin, zum Beispiel, öffnet besonders die Tore zu den ihr zugeordneten Wahrheiten und Erfahrungen und somit auch zu den Kräften und Energien, die genau dieses Wissen umzusetzen in der Lage sind. Ein Elementartempel oder -altar dagegen benutzt besonders die in ihm verstärkt auftretenden Kräfte des Elements, dem er geweiht und zugeordnet wurde. Bei der Frage, für welchen Tempel sich eine Hexe entscheiden muß, kann nur darauf hingewiesen werden, daß sich die einmal gewählte Tempelausrichtung im Laufe der eigenen Entwicklung durchaus öfter ändern und somit dem tatsächlichen Leben anpassen kann. Darum sollte die erste eigene Tempelwahl auch nicht von der Angst einer Fehleinschätzung überschattet werden. Man braucht als Hexe nur in aller Stille in sich hineinzuhorchen und wird sich zu der ersten Tempelform hingezogen fühlen, nach der man sich in diesem Augenblick, oder besser Entwicklungsstadium, sehnt, die einem momentan fehlt, um sich ganz zu fühlen.

Da ein Tempel einen ganzen Raum darstellt, auch wenn dieser sich für den Uneingeweihten nicht materiell begrenzt in der Natur befinden kann, während man unter dem Begriff des Altars volkstümlicherweise nur den Götter- und Opfertisch versteht, werden im Folgenden verschiedene Tempel und nicht Altäre vorgestellt. Der eingeweihten Hexe ist jedoch vollkommen klar, daß ein Altar die Anordnung im Kleinen und ein Tempel dieselbe Anordnung in einem etwas größeren Rahmen darstellen kann.

Zimmertempel haben in der Regel einen gravierenden Vorteil gegenüber Naturtempeln, sie sind besser abzuschotten. Während man seine Tempelanordnungen in der freien Natur nur schwer vor unliebsamen Besuchern oder Randalierern zu schützen in der Lage ist, außer man verfügt über eingezäuntes Privatgelände, kann man die Aufbauten und Anordnungen in einem Zimmertempel auch über längere Zeit stehen lassen, da man letztendlich selber entscheidet, wer diesen Raum betreten darf. Nachteil und damit auch das größte Defizit eines Zimmertempels ist die Abgeschiedenheit von den freien Naturkräften. Weder Wind und Wetter, noch Sonne können in die Räume richtig frei hineinströmen, selbst wenn man die Fenster öffnet. Unter den Füßen der sich in einem derartigen Tempel treffenden Hexen ist nicht die Mutter Erde, wie wir sie aus dem Wald kennen, über den Köpfen ist nicht der freie Mondhimmel und trotzdem entscheiden sich immer mehr Hexen zu der Einrichtung von Zimmertempeln. Woran das liegt, ist eigentlich sehr leicht zu erklären. Zum einen gibt es im Jahreskreislauf immer wieder Zeiten, wo man sich auch als Hexe aufgrund der Witterung zu den Feiern und Ritualen nicht hinaus in die Natur begeben möchte, und zum anderen sind nächtliche Störungen heiliger Riten durch Förster, Wanderer und Staatsgewalt mehr die Regel, als die Ausnahme. Forst-, Feld-, Wald und Wiesengesetze, von denen die meisten Menschen nicht mal die Ahnung ihrer Existenz haben, verbieten Kampieren, Wandern und Feuermachen im Wald. Ungeachtet der gesetzlich verbrieften Religionsfreiheit in diesem Land wird somit die Religionsausübung von Hexen unterwandert und damit letztendlich immer noch unter Strafe gestellt.

Auf eine ähnliche Thematik trifft jede Hexe, wenn sie sich ihrem kulturellen Erbe, den heimischen oder auch importierten Rauschpflanzen widmet. Schon seit Anbeginn aller Zeiten wurden bewußtseinserweiternde Drogen zur Einstimmung, Erhöhung der Sensibilität und Wahrnehmung und als Kontaktmöglichkeit zu den Göttern genutzt. Räucherungen und Getränke waren schon immer ein fester Bestandteil großer Kulturen und damit Religionen. Auch hier gilt, daß derzeit bestehende Gesetze uns Hexen die vollständige Ausübung unseres Glaubens untersagen. Man kann nur hoffen, daß sich irgendwann einmal die Zeiten und Gesetze derart ändern, daß jeder Mensch auf der Erde sich seiner Religion ohne Einschränkung und Androhung von Strafe widmen kann.

Der Erd-Tempel

☆ Himmelsrichtung: Norden

☆ Farbe: Braun, Ocker

☆ Zugeordnete Götter: Mutter Erde, die Große Mondin, weiblicher Aspekt

Wer einen Erdtempel einrichten möchte, der sollte seinen Altar im Norden, der dem Element Erde zugeordneten Himmelsrichtung, aufbauen. Die hauptsächlich bei der Einrichtung verwendeten Materialien sollten Holz, Ton und Steine sein. Je tiefer die Hexe in die Mysterien der Erde, ihren Schoß, vordringen möchte, desto dunkler wird der Tempel. Eine dementsprechende Ausstrahlung, Energie, wird durch die Verwendung von zum Beispiel brauner Wand- und Deckenfarbe, dem Einsatz lichtundurchlässiger Gardinen oder zumindest dem Anbringen von in grün und braun gehaltenen Fensterbildern hervorgerufen. Die ganze Schwingung des Raumes, inklusive der verwendeten Musik, muß ein Abbild des dunklen, warmen und kaum hörbaren Erdrhythmus darstellen. Alle verwendeten Räucherungen sollten eine getragene Urheiligkeit und Ruhe vermitteln.

Erd-Tempel eignen sich besonders zur Meditation und Wissenserforschung betreffs der Themen Wiedergeburt, Ursprung der Menschheit und Kraft der Naturzyklen.

Wer das Element Erde vollständig erfahren und durchdringen will, der benötigt in den meisten Fällen auch eine entsprechende Antriebsenergie. Diese kann, in diesem Fall, am leichtesten durch dunkle monotone Töne und Gesänge, sowie durch den Einsatz von dem Herzschlag ähnlichen Trommeln geschaffen werden. Doch Vorsicht, auf der Wanderung durch die Erdmythologie wird man auf alle Kräfte, Mythen und Kulturen treffen, die ihre Eindrücke irgendwann einmal der Erde aufgedrückt und somit untilgbar hinterlassen haben, das kann eine sehr schöne und interessante oder auch sehr aufwühlende und verwirrende Reise werden. Erscheint es dem Anfänger schwieriger, in diesen Zeitfluß hinein zu kommen, als ihn zu verlassen, so wird schon bald die fortgeschrittene Hexe feststellen, daß es die Rückkehr in die reale Welt ist, die immer mehr Schwierigkeiten bereitet, je tiefer man in ferne und in der Vergangenheit liegende Welten vordringt.

Der Luft-Tempel

☆ Himmelsrichtung: Osten

☆ Farbe: Blau

☆ Zugeordnete Götter: Schwester Wind

Wer sich dem Element Luft zuwendet und ihm einen Tempel errichtet, der wagt sich damit auch zugleich an die feinstofflichste Kraft innerhalb der Elemente. Dem Uneingeweihten eher unscheinbar offenbart sich die Luft dem Eingeweihten in einer farbenprächtigen und äußerst facettenreichen Welt. Einmal sagte eine Hexe, ein Kind der Luft sei das Licht und letztendlich ist es ja auch so. Wir Menschen können das Licht erst sehen, wenn es uns durch die Luft erreicht. Luft ist überhaupt ein gutes Trägermedium für alle möglichen Arten von Energien. Kultische Verbrennungen oder Räucherungen wurden früher durch ihre Transformation von Materie zu Asche und Rauch oder Duft der Luft als Mittler übergeben, damit sie durch diese zum Himmel, dem Sitz der Götter geleitet wird. Der Klang alter Hörner, die ihre Nachrichten weit übers Land durch die Luft transportieren ließen - wir könnten keine Musik richtig wahrnehmen, wenn uns die Luft nicht die entsprechenden Schwingungen ans Ohr führen würde, und letztendlich, sicher nicht vollkommen unbedeutend, das Wort, unsere Sprache, die zwischenmenschliche Kommunikation, findet zum großen Teil erst durch das Element Luft die von uns gewohnte Informationsdichte.

Um sich einen Luft-Tempel zu errichten, benötigt man einen Raum, der mindestens ein Fenster in Richtung Osten hat, besser ist noch ein Raum, der über viele Fenster, durchaus auch in die anderen Himmelsrichtungen verfügt. Wände und Decke sollten in einer hellblauen Pastellfarbe gehalten sein, Fensterbilder mit einem hohen Blauanteil und ebenfalls blaue Gardinen runden das äußere Erscheinungsbild des Luft-Tempels ab. Als kurze Anmerkung möchte ich darauf hinweisen, daß die Gardinen ruhig dicht sein sollten, damit man bei Veranstaltungen und Ritualen sicher sein kann, daß man von außen nicht beobachtet wird. Das schafft Vertrauen und Harmonie. Für die weitere Tempelausstattung bieten sich Materialien wie Kork oder Korbgeflecht an, beides, sowie auch als Behälter verwendete Netze, sollten am besten aus luftdurchlässigen Materialien hergestellt sein.. Auch im Bereich der rituellen Kleidung sollte auf diese Art von Luftdurchlässigkeit geachtet werden. Leichte Schleierumhänge oder kompromißlose Nacktheit entsprechen dem Luftelement am ehesten.

Luft-Tempel eignen sich besonders zur mystischen Versenkung, Trance, Lichtarbeit, Körperübungen und Wiedergeburtserfahrungen.

Der Einstieg, in die vollständige Erfahrung des Luftelements gestaltet sich recht einfach: Winde, Orkane, laue Lüftchen oder auch die Kombination mit Licht, lassen sich von uns Menschen recht einfach wahrnehmen. Einmal soweit vorgetastet, fühlt man sich schon recht vertraut mit dem Luft-Element und kann sich an die tieferen Schichten wagen. Obertongesänge, indianische Lieder, Schamanengesänge oder auch australische Didgeridoo-Musik lassen sich heute fast überall problemlos besorgen und können die forschende Hexe tiefer in die Mystik des Luftelementes entführen. Räucherungen und Rauch, eins in Duftform, das andere als materiell erkennbare Rauchfäden und -schwaden bieten dem Geist die Möglichkeit, sich mitreißen und aus sich selbst hinauskatapultieren zu lassen.

Der Feuer-Tempel

☆ Himmelsrichtung: Süden

☆ Farbe: Rot, Orange, Gelb

☆ Zugeordnete Götter: Baal, Sonne, Bruder Feuer, männlicher Aspekt

Feuer ist eines der bis in die heutige Zeit hinein am weitesten verbreitetsten Kulturelemente. Angefangen bei den dörflichen Osterfeuern und dem Silvesterfeuerwerk, über die romantische Kerzenbeleuchtung Verliebter, bis hin zum knisternden Kaminfeuer, Symbol zusammensitzender Generationen, die sich in Form von Geschichten und Märchen ihre Lebensweisheiten und Erfahrungen mitteilen. Obwohl sämtliche männlich orientierten Religionen immer eine starke Beziehung zu ihrem Element, dem Feuer, hatten und noch haben, sei es nun die versprochene Erleuchtung männlich dominierter Logen, die Flammen der Kirche oder gar die direkte Sonnenverehrung der alten Hochkulturen, so stehen die Möglichkeiten des Feuer-Elements doch beiden Geschlechtern gleichermaßen zur Verfügung. Die Tempelfarben eines Feuer-Tempels bieten ein großes Spektrum und damit auch die verschiedensten Möglichkeiten. Wer Rot als Farbe wählt wird sich damit auf die Verbindungen zwischen Körper, Seele und Feuer ausrichten. Berauschende Zeremonien, mit möglicher Verwendung von Alkoholika, Drogen oder Sex führen zu einer direkten Auseinandersetzung mit Wünschen und Trieben, die sich besonders in den Bereichen des körperlichen und seelischen Verlangens ansiedeln. Wärme, Geborgenheit und grenzenlose Befriedigung körperlicher Bedürfnisse, sind die obersten Aspekte der Farbe Rot. Im Gegensatz zu Rot bietet Orange sowohl die Erfüllung körperlichen Verlangens, als auch die Grundlagen einer spirituellen Erleuchtung. Als Farbe zwischen Rot und Gelb stellt Orange die Möglichkeit dar, Körper, Seele und Geist gleichberechtigt zu fördern. Gelb dagegen, die letzte der Feuer-Tempel Farben setzt sich ausschließlich mit der Mystik und Mythologie des Feuer-Elementes und dem Erleuchtetsein auseinander, die körperlichen Bedürfnisse werden hierbei vernachlässigt, wenn nicht gar unterdrückt.

Feuer-Tempel eignen sich besonders für Transformationsriten der verschiedensten Art, Nichtwissen zu Wissen, Bedürfnis zu Befriedigung oder Wunschtraum zu Erfüllung.

Neben der Auswahl der Ausrichtung des eigenen Feuer-Tempels stellen sich der Hexe besonders die Schwierigkeiten, dem Feuer-Element innerhalb eines Zimmertempels gerecht zu werden. Zwar gibt es die Möglichkeit, mit Kerzen, Glutschalen oder kleineren, meist in Gefäßen entzündeten Feuern, zu arbeiten, doch außer dem mehr als seltenen Fall, daß sich innerhalb des Zimmertempels gerade ein offener Kamin befindet, denke ich, daß es innerhalb geschlossener Räume nahezu unmöglich ist, das Feuer-Element in seiner Vollendung zu erfahren. Bei diesem Element bietet es sich geradezu zwingend an, höchstens die ersten Erfahrungen oder später nur kurze Auffrischungen im Zimmertempel zu zelebrieren.

Der Wasser-Tempel

☆ Himmelsrichtung: Westen

☆ Farbe: bläulich bis türkisgrün

☆ Zugeordnete Götter: Schwester Wasser, Mondin, weiblicher Aspekt

Direkt dem Element Wasser geweihte Tempel sind eher selten. Das mag letztendlich an der noch schwierigeren Umsetzung als beim Feuer liegen. Wasser legt seine größte Energie frei, wenn es relativ ungehindert fließen oder hervorsprudeln kann und derartiges läßt sich in Räumen nahezu niemals wirklich darstellen. Selbst kunstvoll arrangierte Zimmerbrunnen lassen zwar einen optischen Wasserfluß erscheinen, es fehlt jedoch an der wirklichen Kraft eines echten Energieflussest, da es sich entweder um einen begrenzten Wasserkreislauf handelt, oder das verwendete Wasser nicht einem naturgegebenen Fluß entspringt. Diese und andere Schwierigkeiten führen dazu, daß das Wasser-Element meist in Zusammenhang mit der Mondin verehrt wird.

Wasser-Tempel eignen sich besonders für den Zugang zum Wissen über den Energiefluß, den Zeitfluß, Reinigung und Weiblichkeit.

Wer sich trotz der aufgeführten Umständlichkeiten einen Wasser-Tempel bauen will, der sollte in ihm möglichst viele dem Wasser zugeordnete Symbole verwenden, um das Fehlen des natürlichen Wasserelements auszugleichen. Türkisfarbene Wände und Decke, mit Muscheln verzierte Fischernetze, die von der Decke hängen, eventuell ein oder mehrere Aquarien und stets eine saubere, dem Wasser angemessene Kühle im Tempel, schaffen es vielleicht, die Energie des Wasser-Elements real werden zu lassen. Zusätzlich sollte der Wasser-Tempel ausschließlich mit blauem oder grünlichem Licht beleuchtet werden. Alle verwendeten Räucherungen müssen helles Fließen ausdrücken und auf jeden Fall sollten, wenigstens bei Ritualen und Feiern, ein oder mehrere Gefäße mit in der freien Natur frischgeschöpftem Wasser herumstehen, damit alle Teilnehmer immer, wenn sie es möchten, in direkten Kontakt zum Wasser-Element treten können.

Die Reisen in die Tiefe des Wasser-Elements bergen auch mental einige besondere Schwierigkeiten. Da ist zum ersten die Angst vor dem Ersticken, die Logik des Menschen wird jeder Hexe, besonders am Anfang, versuchen mitzuteilen, daß sie ohne Luft nicht leben kann. Derartige Einschränkungen müssen ganz sacht nach und nach aufgeweicht und schließlich vollkommen aufgelöst werden, sonst wird es einem nie gelingen, in die wahren Tiefen des Wasserelements und dessen Mysterien vorzustoßen.

Der Mond-Tempel

☆ Himmelsrichtung: alle, Norden

☆ Farbe: Silber, Blau

☆ Zugeordnete Götter: die Große Mondin, Aradia, Hexen, der weibliche Aspekt

Viele der Hexentempel sind Mond-Tempel. Dadurch, daß der Mond beziehungsweise die Mondin zugleich auch die Symboliken von Aradia, Diana, Isis und somit die obersten Weiblichkeiten der Hexenreligion darstellt, beinhalten die Mond-Tempel eine äußerst umfangreiche und zugleich tiefgehende Bedeutung. Wände und Decken der Mondtempel tragen Farben wie Weiß, Hellblau und Nachtblau, oft sind sie zusätzlich noch mit Mond- und Sternensymbolen verziert. In Anlehnung an die alte Hexentradition rate ich zur Altaraufstellung im Norden. So können ohne große Umbauarbeiten sämtliche Hexenrituale auch gleich im Zimmertempel zelebriert werden. Die große Mondsichel, außen über der Tür, markiert auch für den Uneingeweihten den dahinter liegenden Raum als Mond-Tempel, da dem Mond in unserer Kultur schon immer besondere Kräfte, wenn nicht gar Zauberkräfte zugeschrieben wurden. Inwieweit die im Tempel verwendeten Materialien aus Chrom oder Silber bestehen, ist nicht nur eine Frage des Geldbeutels. Der Glanz von Chrom ist eher hart und kalt, während Silber oder silberne Farben einen weichen, liebevollen Glanz erzeugen.

Mond-Tempel eignen sich hervorragend zur Götteranbetung, sie können auch als Zimmertempel wirkliche, heilige Areale sein, Orte zwischen den Welten.

Zwei Punkte sind beim Bau eines Mond-Tempels von außerordentlicher Wichtigkeit: Erstens, ein Mond-Tempel erhält nur die richtige Schwingung, Energie, wenn bei den Zeremonien und Feiern in seinen Inneren mindestens eine weibliche Hexe als direkte Vertreterin der Mondenergie anwesend ist und zweitens der Tempel nur mit wenigen, daher aber die Konzentration um so mehr auf sich ziehenden Sachen, eingerichtet ist. Wer den Mond liebt, gibt ihm soviel Platz, wie er nur kann.

Die Reisen innerhalb eines Mond-Tempels sind immer friedlich und von einer wissensbefriedigenden Liebe durchzogen. Darin erfahrbare Mystik, Mythologie und Weisheit ist derart vielgestaltig, daß als Räuchervorschlag lediglich darauf verwiesen werden kann, immer die richtige Räucherung für die entsprechend vorhandene oder angestrebte Schwingung beziehungsweise Stimmung auszuwählen.

Der Aradia-Tempel

☆ Himmelsrichtung: alle, Norden

☆ Farbe: kraftvolle Farben, Rot, Grün, Schwarz

☆ Zugeordnete Götter: Aradia, Diana, die Große Mondin

Obschon der Mond-Tempel einen Hexentempel darstellt, geht der Tempel zu Ehren Aradias noch einen Schritt weiter. In den Aradia geweihten

Tempeln werden nicht nur die Hexengottheiten verehrt, sie dienen zugleich der praktisch magischen Arbeit. Angefangen bei den satten, vollen Farben, die Kraft ausdrücken und eine ganze Nuance härter scheinen, als die bisher zur Tempelgestaltung aufgeführten Farben, sind auch die im aradianischen Tempel erzeugten und verwendeten Energien von einer ganz anderen Qualität und einer ganz anderen Zielrichtung. In derartigen Tempeln wird nicht nur zu den Göttern gebetet, es werden auch ganz konkrete Zauber gewirkt, deren Auswirkung sich auf der materiellen Ebene, in der realen Welt, verwirklicht. Anhänger der Hexenkönigin Aradia suchen nicht nur geistige Erkenntnis oder seelischen Trost, sondern sie wollen aktiv ihr Leben gestalten und sind dazu auch bereit, ihre Fähigkeiten in jeder nur möglichen Art zu nutzen. Nach der Auffassung, was eigentlich auch der Wahrheit entspricht, daß jeder Mensch auf der Erde all seine Fähigkeiten dazu nutzt, sich das Leben möglichst in der ihm angenehmen Art zu gestalten, wollen sie ihre Fähigkeiten ebenfalls dergestalt für ihre Wünsche und Lebensziele nutzen. Ungehindert fluchen und zaubern sie in ihrem Leben, und auch in dem anderer Menschen, stets von Fall zu Fall und nur vor sich selbst entscheidend, ob dies in Aradias und ihrem Sinne ist.

Dieser Zweig der Hexenreligion mag dem Nichteingeweihten auf den ersten Blick geradezu abschreckend aggressiv erscheinen, doch bei näherem Hinsehen offenbaren sich vollkommen andere Einsichten. Solange der Druck von Teilen der Gesellschaft und dem Staat Hexen sowohl ihre kulturelle und religiöse Grundlage zu entziehen und mit allen Mitteln zu verbieten sucht, solange müssen sich wirkliche Hexen wehren, damit sie nicht völlig ausgerottet werden. Der Selbsterhaltungstrieb jedes Menschen und jeder Art gehört, wie es selbst die Wissenschaftler bestätigen, zu den ausgeprägtesten Trieben von Lebewesen. Wer will in diesem Zusammenhang aktiven Hexen vorwerfen, daß sie ihrer Vernichtung nicht tatenlos zusehen, sondern sich mit den ihnen zur Verfügung stehenden Mitteln dagegen zur Wehr setzen. Und wer einmal ganz objektiv die gegen Hexen und Andersgläubige eingesetzten Mittel und Energien zusammenrechnet, der kann eigentlich nur zu dem Schluß kommen, daß all diese Andersdenkenden zusammen weitaus weniger negative Energien einsetzen, als gegen sie selber eingesetzt werden.

Aradianische Hexen haben einen wunderbar negativen Erfahrungswert, sie jammern nicht, sie schwelgen nicht teilnahmslos in alten Zeiten, sie führen der Menschheit auch heute noch machtvoll vor Augen, welche Fehlverhaltensstrukturen noch immer nicht berichtigt sind, und noch besser, sie sind sogar stolz und ehrlich, ihre Religion, trotz des ihnen entgegengebrachten Widerstandes, weiter zu leben.

Der Heil-Tempel

☆ Himmelsrichtung: keine spezifische

☆ Farbe: hell, Weiß

☆ Zugeordnete Götter: verschiedene, darunter Licht und Liebe

Die Heil-Tempel in der heutigen Zeit nehmen immer mehr zu, auch wenn sie von der Gesellschaft als solche kaum noch irgendwelche besondere Beachtung bekommen. Als Orte positiver Kraft finden sich solche Tempel unter anderem unter den Bezeichnungen Lichttempel, schamanische Treffs, Tantratempel, Reikihäuser oder spirituelle Seminarzentren. Allen derartigen *Tempeln* ist eins gemein, sie finden ihre Erfüllung und Berechtigung darin, anderen Menschen zu helfen.

Jeder richtige Heiler, der diese Tätigkeit nicht darin versteht, Geld zu machen, sondern sie als wirkliche Berufung verspürt und diesen Unterschied wird jeder Kunde oder Teilnehmer äußerst rasch bemerken, muß über eine große Portion an Liebe und Lebenskraft, sowie eine unerschütterliche Achtung vor allen Lebens- und Energieformen in sich tragen.

Heiler sein bedeutet nicht nur, eine Auswahl von Techniken sich anzueignen, um anderen damit zu helfen, sondern es bedeutet vielmehr mit all seinen Sinnen sehen und Informationen aufnehmen zu können, die einem ermöglichen, Störungen im Gegenüber auszumachen. Viele Heiler arbeiten auch mit direkter Kraft- beziehungsweise Energieübertragung, doch dazu muß der Heiler überhaupt erst dazu in der Lage sein, seine eigenen Energien freizusetzen, beziehungsweise sie in entsprechendem Maß und Qualität überhaupt erst zu erzeugen.

Um derartigen Energien eine richtige Basis anzubieten, kann sich jeder dafür einen eigenen Heil-Tempel, oder wie immer er es nennen mag, einrichten.

Der Heil-Tempel sollte ein heller, gut belüftbarer und nicht zu verwinkelter Raum sein. Besonders wichtig bei der Raumauswahl ist es, darauf zu achten, daß je nach der für später geplanten Personenanzahl immer noch genug Platz bleibt, so daß man sich auf dem Boden ausgestreckt liegenden Hilfesuchenden von allen Seiten bequem nähern kann. Helle, harmonische Farben, es muß nicht immer weiß sein, da es bei vielen Menschen eine klare Härte assoziiert, ermöglichen es, sich innerhalb des Tempels leicht zu entspannen und sich wohl zu fühlen, beides sowohl für den Heiler wie auch den zu Heilenden äußerst wichtige Voraussetzungen, um sich einzustimmen und zu öffnen. Da es bei heil sein auch immer um die Lebenskraft geht, sollten bei der Tempeleinrichtung auch nur natürliche Materialien wie Holz, Ton, Stein und rein natürliche Stoffe verwendet werden. Wer schon einmal seinen Kopf auf ein echtes Schaffell und dann auf ein synthetisch hergestelltes Schaffell gelegt hat, wird meine Behauptung der unterschiedlichen Qualitäten und Energien nachvollziehen und bestätigen können. Auch bei der Verwendung von Räucherungen und Aromaölen gilt diese Gesetzmäßigkeit, deshalb ist in einem Heil-Tempel auch kein Platz für irgendwelche minderwertigen Parfümöle, auch wenn diese in der Anschaffung billiger sind.

Kraftsteine und andere persönliche Kraftgegenstände, die den Heiler stimulieren oder an denen er sich aufladen kann, runden die Heil-Tempel-Einrichtung ab.

Matratzen, Meditationskissen, Massageliegen oder anderweitige Sitz-, Steh- und Liegeunterlagen werden immer gesondert nach der Methode, die in dem Heil-Tempel praktiziert werden soll, ausgewählt.

Räucherungen

Während ein Feuer den Körper wärmt,
streichelt ein Duft die Seele.
Düfte und Räucherungen sind der angenehmste Weg,
sich mit den Schwingungen allen Seins zu vereinigen.

Es gibt wohl kaum ein Hexentreffen oder Ritual, bei dem nicht geräuchert wird. Räucherungen und Düfte erzeugen eine ganz individuelle Schwingung und können so reinigend, trancefördernd oder einfach auch nur wohltuend, stimulierend, sein. Die Zeiten, in denen man noch alle heimischen Kräuter unbedenklich vor der eigenen Haustür sammeln konnte, gehören vielfach der Vergangenheit an. Umweltbelastungen, wie zum Beispiel die in der Nachbarschaft verwendeten Pflanzenschutzmittel, stellen eine nicht zu unterschätzende Gefahr dar. Weiter kommt hinzu, daß in den meisten Gebieten viele der aufgeführten Räucherstoffe nicht mehr, oder nur noch in ganz kleinem Umfang, in ihrem natürlichen Lebensraum vorhanden sind. In diesem Fall sollte man als verantwortungsbewußte Hexe die benötigten Kräuter aus einer Drogerie oder einem Reformhaus beziehen und auf diese Weise die Natur schützen. Ein kleiner Tip: In den meisten Fällen sind Kräuter aus Drogerie und Reformhaus weitaus billiger, und oft sogar in besserer Qualität erhältlich, als in Esoterikläden oder bei Esoterik-Versendern. Allerdings verfügen derartige Fachversender meist zusätzlich über ein breitgefächertes Angebot an Räucherharzen und Hölzern aus den verschiedensten Regionen der Welt, weshalb sich der eine oder andere Kauf sicher nicht vermeiden läßt.

Das Räucherzubehör

Kohle

Handelsübliche Räucherkohle erhält man meist in Tablettenform, in einigen Fällen sind diese mit Salpeter durchsetzt, so daß sie sich leichter anzünden lassen.

Das Räuchergefäß

Allgemeinhin kann man zum Räuchern jedes genügend große Ton- oder Metallgefäß nehmen. Da beim Durchglühen der Kohle jedoch eine sehr große Hitze entsteht, bietet es sich an, das Gefäß zumindest auf einen nicht brennbaren Untergrund zu stellen oder es mit ausreichend Sand zu füllen, bevor man die Kohle hineinlegt.

Das Messer

Für kleinere Räucherungen können die Kohletabletten auch mit dem Messer zerteilt werden. Eine weitere Verwendung des Messers liegt im Zerschneiden und Kleinschaben von für das Gefäß zu groß geratenen Räuchergaben.

Der Dosierlöffel

Zum genauen Bemessen pulverartiger Räuchersubstanzen wird ein Dosierlöffel verwendet.

Die Feder

Um die Glut der Kohle anzufachen, oder den Rauch in eine bestimmte Richtung zu fächern, benutzt der Schamane meist eine oder mehrere Federn.

Die Kohleräucherung

Meist wird hierzu eine der im Handel erhältlichen Holzkohletabletten angezündet und in eine mit Sand gefüllte Schale gelegt. Sand, Kies oder zumindest ein dicker Untersetzer unter das Räuchergefäß sind unbedingt notwendig, da beim Durchglühen der Kohle sehr große Hitze entsteht und das Gefäß springen, oder, wenn es aus Metall ist, den Untergrund versengen könnte. Es dauert zwar einige Zeit, bis die Kohle richtig durchgeglüht ist, doch gerade bei Holzkohle mit Salpeterzusatz, dieser erleichtert das Anzünden der Kohle, ist es ratsam, zu warten, bis nur noch reine Holzkohleglut vorhanden ist. Nun füllt man mit einem kleinen Löffel oder durch vorsichtiges Schütten etwas von der Räucherung in die Mulde der Kohle. Nur wer sparsam dosiert, wird feststellen, wie intensiv eine Räucherung duftet. Wer innerhalb von Räumen räuchert, muß sowohl vor der Räucherung als auch danach ausgiebig lüften. Vorsicht, bei zu intensiver oder langer Räucherung können Kopfschmerzen entstehen.

Ist alles richtig vorbereitet, kann man sich jetzt vor die Schale setzen und den ihr entsteigenden Geruch genießen.

Räucherung und Kohle müssen so entzündet werden, daß sie genügend Luft erhalten, aber das Umfeld nicht entzünden können.

Ist kein Luftzug spürbar, um die Kohle zu entfachen, so fächert man ihr mit einer oder mehreren Federn etwas Luft zu.

Nach dem Ausbrennen der Räucherung und Kohle können Unterlagen und Gefäße noch lange Zeit eine hohe Hitze speichern. Am besten ist es deshalb, wenn man sie mit Wasser ablöscht und dann die Reste der Räucherung in einer Erdmulde vergräbt. (Aus der Erde ist alles gekommen, in die Erde kehrt alles Irdische zurück.)

Auf Kohle können die verschiedensten Substanzen und Mischungen verräuchert werden. Vielfach hat es sich auch durchgesetzt, eine einstimmende Grundräucherung fast "abbrennen" zu lassen, bevor man ein oder zwei Tropfen Jahresfestöl (natürlich ätherisch) darauf träufelt, dieser Duft wird dann sofort und sehr intensiv freigesetzt.

> **Ein kleiner Tip: Räucherungen sollten wegen ihres kräftigen Duftes und der starken Schwingungen nach Möglichkeit im Freien eingesetzt werden.**

Räucherstoffe

Thymiankraut

Eine der vielseitigsten heimischen Heilpflanzen. Beim Räuchern gibt Thymian einen kräftigen, aber nicht unangenehm warmen Geruch ab, der das Wohlbefinden steigert. Reinigend, erfrischend.

Myrrhe

Das Myrrhenharz wird aus dem gleichnamigen Strauch gewonnen und stellte im Altertum neben dem Weihrauch ein sehr kostbares Handelsgut dar. Myrrhe findet allerdings nicht nur als Räucherkraut Verwendung, sie ist zudem ein Küchengewürz und wichtiger Zusatz des Myrrheweins. Der Geruch von Myrrhe ist süß, beruhigend und kraftgebend.

Bernstein

Bernsteine sind fossile Harze, die vor sehr langer Zeit ins Meer gespült wurden. Größere Bernsteine werden vor der Räucherung besser zerklopft oder gemahlen, damit sich ihr kiefernartiger Duft beim Räuchern gleichmäßiger freisetzt.

Ingwerwurzel

Ingwerwurzeln wirken aromatisch, belebend und frisch. Ein Tee aus Ingwerwurzeln hilft gegen Magenkrämpfe und Unterleibsbeschwerden, außerdem stellt Ingwer ein altbekanntes Küchengewürz da.

Ritual

Eine Mischung verschiedener Harze nach einem altüberliefertem Rezept. Sein Geruch ist leicht berauschend und erhaben.

Naturell

Ein Olibanum-Weihrauch. Er wurde zur Reinigung und Heilung bereits im alten Ägypten verwendet. Er verfügt über ein süßes kiefernartiges Aroma.

Loban

Ein Benzoeharz mit einem sehr ernsten und doch sinnlichen Duft.

Jerusalem

Ebenfalls eine Mischung verschiedener Harze, jedoch unter Hinzufügung getrockneter Blüten, die das Aroma fruchtiger und leichter erscheinen lassen.

Lavendelblüten

Beim Räuchern werden Lavendelblüten meist nur als Bestandteil von Räuchermischungen verwendet. Sie haben einen hellen, leichten Geruch, der sich allein für eine Räucherung kaum eignet.

Eisenkraut

Selbst bei den Kelten und Druiden war das Eisenkraut als mächtige Zauberpflanze bekannt. Der Rauch erinnert an ein kräftiges Herbstfeuer. Eisenkraut wird vielfach Reinigungs- und Weissagungsmischungen beigegeben.

Rosmarin

Zusätzlich als kulturelle Räucherung war Rosmarin besonders im bäuerlichen Bereich weit bekannt. Mit abbrennendem Rosmarin wurden Stallungen und auch Wohnräume zur Reinigung ausgeräuchert.

Salbei

Salbeiräucherungen duften kräuterig und frisch. Salbei findet seine Anwendung besonders in den harmonisierenden Räucherungen der Wohnräume und heiligen Orte.

Eichenrinde

Wie fast alle Laubbaumrinden ist der Duft von geräucherter Eichenrinde warm, herbstlich und leicht trocken. Seine Wirkung ist anheimelnd, beruhigend.

Kalmuswurzel

Kalmus ist eine aphrodisische Pflanze, deren Geruch sowohl als aromatisch, als auch als erfrischend einzustufen ist. Trotz dieser Eigenschaften verbreiten geräucherte Kalmuswurzeln eine Atmosphäre von Ruhe und Ausgeglichenheit.

Wacholderbeeren

Wacholderbeeren verbreiten bei der Räucherung einen frischen, herben und leicht holzigen Geruch. Diesem waldähnlichen Duft verdankt der Wacholder, daß er besonders bei Räucherungen die Waldgeister betreffend eingesetzt wird.

Angelikawurzel

Angelikawurzel hat einen sehr schweren und herben Geruch. Sie ist eine starke Schutzpflanze und wird dazu genutzt, negative Einflüsse abzuwehren und spirituelle Kräfte zu verstärken.

Beifuß

Beifuß gehört zu den kräftigsten heimischen Kulturpflanzen. Er wird sowohl bei Heilungszaubern, als auch verstärkend bei Bindezaubern eingesetzt. Seine Wirkungen reichen von beruhigend über entspannend, bis hin zu wärmend-einschläfernd, weshalb Beifußräucherungen zumeist zur Abendzeit abgebrannt werden.

Hopfenzapfen

Hopfenzapfen oder Hopfendrüsen sind die weiblichen Blüten des Hopfens. Diese zapfenartigen Gebilde haben auf der Innenseite kleine Drüsen, in denen sich ein feinwürziges Pulver befindet. Geräuchert bewirken Hopfenzapfen Ausgeglichenheit und Beruhigung bis hin zur Schlafförderung.

Kampfer

Kampfer duftet klar, leicht streng und kühl. Er regt die Durchblutung an und befreit die Atemwege.

Zimtstangen

Zimtrinde, Zimt und Zimtstangen geben beim Räuchern einen wundervoll warmen Duft ab. In unserer Kultur ist der Zimtgeruch besonders in Zusammenhang mit dem Weihnachtsgebäck bekannt, er wirkt entspannend, beruhigend und anheimelnd.

Muskatnuß

Bei der Zugabe geriebener Muskatnüsse zu einer Räucherung ist Vorsicht geboten. Obwohl Muskat ein weitverbreitetes Küchengewürz ist, können hohe Dosierungen zu Rauschzuständen bis hin zu Vergiftungen führen. Nichtsdestotrotz erzeugt Muskat einen warmen, anregenden und äußerst angenehmen Geruch und wird - gerade wegen seiner Fähigkeiten - zu visionären Schauen und Traumreisen eingesetzt.

Sternanis

Sternanis verbreitet einen vollen süßen Duft, der sich hervorragend dazu eignet, Räuchermischungen mit besonders starken oder scharfen Düften abzurunden. Seine Wirkungen bestehen in der Entspannung nach geistiger Anstrengung und der Beruhigung bei starker Erregung.

Lorbeerblätter

Lorbeerräucherungen haben etwas Erhabenes, ihre Wirkung ist reinigend und klärend. Nicht umsonst trugen früher hohe Denker und Sieger Kränze aus geflochtenem Lorbeer auf ihren Häuptern. Beim Verbrennen oder Räuchern von Lorbeerblättern oder Zweigen tritt häufig eine Erweiterung der Sinne ein, alle Wahrnehmungen werden geschärft.

Nelke

Nelken verströmen beim Räuchern einen strengen, fast unangenehmen und heißen Geruch. Früher fanden Nelken bei Zahnschmerzen und Mundentzündungen Verwendung, man kaute einfach die getrockneten Blütenknospen der Gewürznelke, heute wird dafür in der Apotheke erhältliches Nelkenöl verwendet. Nelken wirken krampflösend, keimtötend und anregend.

Rosenblüten

Rosenblüten oder Rosenblätter haben einen süßen, üppigen Duft. Innerhalb einer Räucherung wirken sie besonders aphrodisisch, stark stimulierend und anregend. Das Gleiche gilt übrigens auch für das äußerst wertvolle, und nur sehr teuer in guter Qualität zu erstehende, Rosenöl.

Pfeffer, schwarz

Der Geruch von Pfeffer ist eher als feurig einzustufen, weshalb seine Anwendung zum größten Teil innerhalb planetarischer Räucherungen liegt. Die Wirkung ist klar und warm.

Kamillenblüten

Das Räuchern von Kamillenblüten wirkt beruhigend, der Geruch erinnert an eine duftende Feldblumenwiese im Frühsommer. Im Heilbereich findet Kamille vielfältige Verwendung. Kamillentee beruhigt und wirkt leicht entzündungshemmend. Als Kompresse hilft sie bei Verstauchungen, Entzündungen und Blessuren.

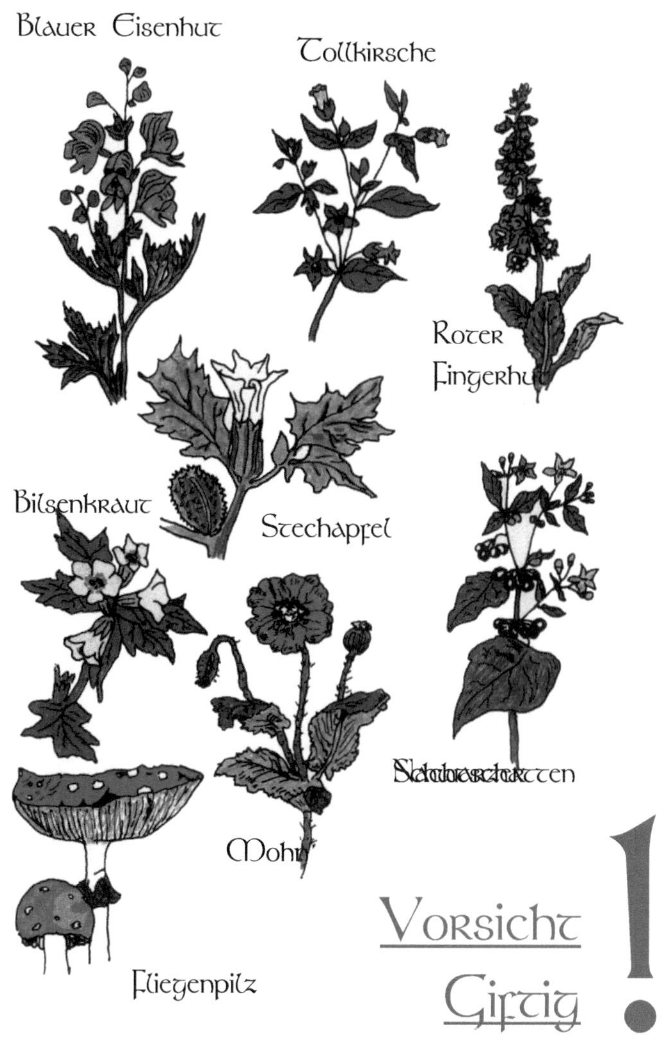

Blauer Eisenhut
Tollkirsche
Roter Fingerhut
Bilsenkraut
Stechapfel
Nachtschatten
Mohn
Fliegenpilz
Vorsicht Giftig !

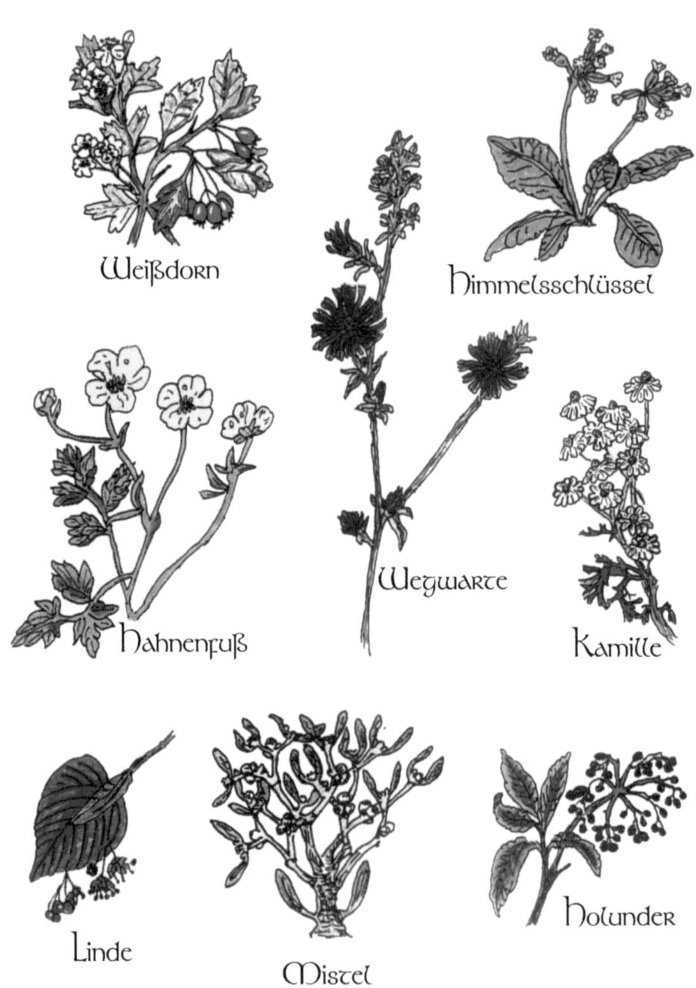

Weißdorn
Himmelsschlüssel
Hahnenfuß
Wegwarte
Kamille
Linde
Mistel
Holunder

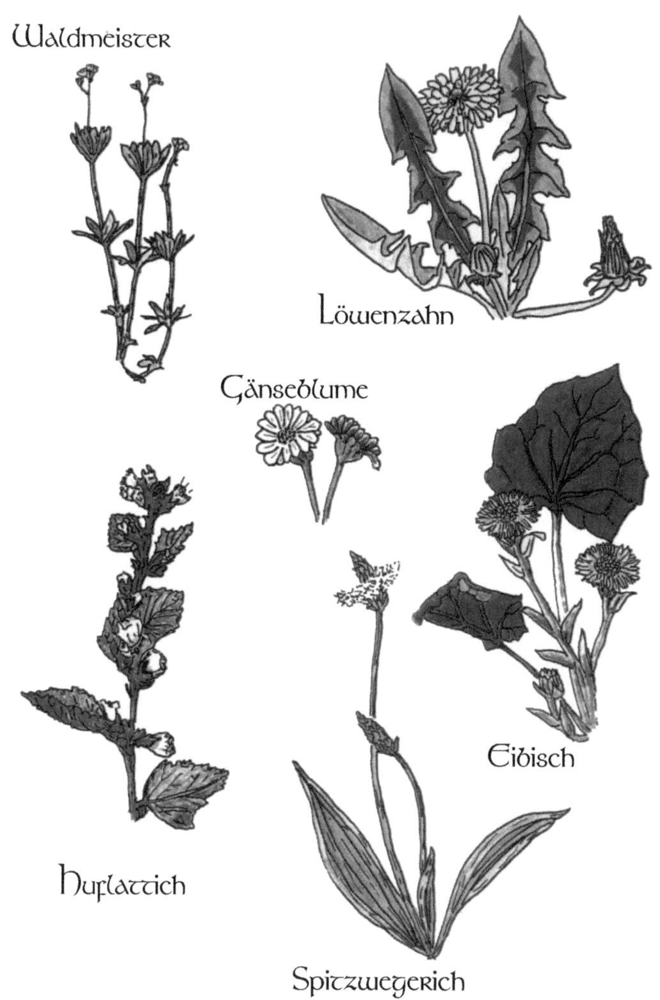

Waldmeister
Löwenzahn
Gänseblume
Eibisch
Huflattich
Spitzwegerich

Johanniskraut

Schafgarbe

Salbei

Schöllkraut

Hirtentäschel

Copal Gold

Beim Räuchern verströmt der bernsteinfarbene Copal Gold Weihrauch einen warmen, weichen und sehr feinen Duft. Schon bei den Mayas wurde mit diesem Weihrauch der Sonnenaufgang begrüßt. Er wirkt anregend und die Sinne öffnend.

Breuzinoharz

Das Breuzinoharz entstammt Bäumen und Sträuchern der Myrrhefamilie und ist besonders reich an aromatischen Ölen. Wegen seiner antibakteriellen Wirkung wird es besonders während Krankheiten und nach deren Ausklang, zur Reinigung, geräuchert.

Copal Weiß

Bei Copal Weiß handelt es sich um einen besonders leicht und citrusfruchtig riechenden Weihrauch. Er wird zur Einstimmung und Reinigung bei spirituellen Arbeiten oder zum Einklang von Zeremonien genutzt.

Pinienharz

Ein klassischer Waldduft, blumig, erdig und doch alles im Walde umschließend. Ansonsten wie alle Nadelpflanzen, ein leicht kräftiger Harzgeruch. Die Wirkung ist entspannend und tief beruhigend.

Zeder/Salbei

(Siehe auch Salbei) Zedernräucherungen unterstützen geistig-spirituelle Arbeiten, aber auch Liebeszeremonien. Der Geruch verräucherter Kiefer ist holzig, warm und tief. Von der Zeder können sowohl die Nadeln, Zapfen, trockene, geraspelte Rinde, als auch das Harz geräuchert werden. Die Nuancen reichen dann von leicht bis kräftig.

Kiefer

Kiefernnadeln als Räucherbeigabe verbreiten einen leicht harzigen, angenehmen Geruch. Die Wirkung ist stärkend und zugleich reinigend. Anstatt der Nadeln kann man auch Kiefernharz sammeln, trocknen und dann als Räucherharz verwenden.

Sweetgras

Das Sweetgras ist ein nordamerikanisches Sumpfgras. Meist bekommt man es zu Zöpfen geflochten, die beim Räuchern in der Hand gehalten werden. Die eine Seite des Zopfes wird entzündet, während man mit der anderen Hand, meist unter Zuhilfenahme einer Feder, Luft zufächert. Ihm wird heilende Wirkung zugeschrieben, so daß es sowohl bei Heilzeremonien, als auch beim Reinigen heiliger Plätze angewendet wird. Der Duft ist erden und windig.

Zauber

Unter dem Begriff Zauber verstehen die Menschen
Tätigkeiten und Aussagen, deren Zustandekommen
sie nicht nachzuvollziehen in der Lage sind.

Wer kennt nicht die Zauberkraft der Hexen? Schon in den Geschichten unserer Vorfahren, ihren Märchen, Mythen und Legenden werden wir häufig mit dem Wissen bekannt gemacht, daß Hexen zaubern können. Doch was ist Zauber überhaupt?

Einen Zauber zu wirken, bedeutet die gezielte Einflußnahme auf eine Situation in der realen Welt, hervorgerufen durch bestimmte rituelle Anordnungen im Kleinen, die Verwendung bestimmter Symbole und die Manifestation der Gedankenkraft, wie sie durch Imagination stattfindet. Ein Teil des Hexentums ist das Hexenhandwerk, darunter sind unter anderem die wohl bekanntesten Gebiete, Zauber zu wirken und in die Zukunft zu schauen. Sicher muß eine Hexe, wie es bei jedem anderen Handwerk auch üblich ist, eine lange Zeit lernen, in die Lehre gehen, bevor sie als Meisterin ihres Fachs Anerkennung findet. Fähigkeiten, Wissen und das Erkennen von Zusammenhängen und Gesetzmäßigkeiten erfordern viel Übung, bis sich letztendlich alles zu beeindruckender Reife entwickelt.

Wer zaubert, sorgt oft für eine mystische Stimmung an dem Ort, wo der Zauber gewirkt werden soll. Überhaupt leben die meisten Hexen von einer mystischen Schwingung und Welt umgeben, was allerdings nicht bedeutet, das sie die reale Welt nicht anerkennen, sondern vielmehr, daß sie ihr Bewußtsein und ihre Empfindungsebene um mehrere zusätzliche Welten erweitern. Die heute leider kaum noch weitervermittelte Mystik unserer Vorfahren hatte einst die Aufgabe, besonders wichtiges Wissen, Überlegungen und Erfahrungen, in einer entspannten, angenehmen Atmosphäre, von einer Generation an die nächste weiterzugeben. Die Mystik derartiger Geschichten sorgte für den nötigen Freiraum, so daß jeder Zuhörer die ihm angenehmen und verständlichen Bilder selber zu dieser Geschichte entwickeln konnte. Das ist auch heute noch der Grund, warum Hexen ihren Zauber seltener im Alltagsgetümmel einer vielbelebten Straßenkreuzung, als vielmehr an extra dafür hergerichteten Orten wirken. Die meisten Hexen verfügen dafür mindestens über zwei Orte. Der Grund dafür liegt zwar schon weit zurück, erfuhr aber in der Epoche der Hexenverfolgung wieder neue Berechtigung. Wer nach außen erkennbar als Hexe lebt, an den werden immer wieder Menschen, von außerhalb der Hexenreligion, herantreten und um die Herstellung eines Zaubers, oder die Sicht in ihre Zukunft bitten. Die Einkommensquelle aus solchen Arbeiten waren schon in den Zeiten, als Hexen noch Schamanen und Zauberer hießen und der Mensch in Höhlen lebte, ein wichtiger Bestandteil des *Hexenlebens*. Jede Hexe und jeder Schamane, die sich ernsthaft der Erforschung und Weiterentwicklung von Wissen und Riten widmen, benötigen für viele ihrer Übungen lange Vorbereitungszeiten. So reinigen sich auch heute noch einige wenige Hexen durch tagelanges Fasten und Einstimmungsübungen in der Natur, um ihre Kräfte richtig freizulegen, bevor sie Rituale durchführen oder an Zeremonien teilnehmen. Die kundige Hexe weiß, daß sie während dieser Einstimmungsperioden nicht durch Gedanken bezüglich der materiellen Lebensversorgung gestört werden darf, wenn sie ihr volles Kraftpotential erreichen möchte. Deshalb wird diese Hexe sich bereits im Vorfeld um derartige Notwendigkeiten kümmern. In fernen Ländern und anderen Kulturen ist es auch heute, im 20. Jahrhundert, noch vollkommen normal, daß die Inanspruchnahme von Hexen, Schamanen und Zauberdoktoren vom Hilfesuchenden eine große materielle Gegenleistung verlangt. Bei uns ist das leider anders. Diese Entwicklung ist auch einer der Gründe, warum es in unserer Kultur in der heutigen Zeit kaum noch richtige, praktizierende Hexen - der Begriff bezieht sich an dieser Stelle auf Hexen, die gegen gewisse Gegenleistungen Menschen, die nicht zu ihrer Religion gehören, durch die Herstellung von Zaubern oder die Durchführung von Ritualen, helfen - gibt. Bevor eine ernsthafte Hexe etwas tut, was vom Gegenüber nicht in angemessener Weise Anerkennung erfährt, tut sie lieber gar nichts. Ein derartiges Einstellen von Handlungen hat jedoch nichts mit Vorenthalten zu tun, es geht dabei vielmehr um das Wissen um den ewig währenden Energiefluß. Dieses Gesetz um den ewig währenden Fluß besagt, und das kann jeder aufmerksame Beobachter für sich selber in der Natur überprüfen, daß alles in Form von Kreisläufen passiert. Jede Form von Leben unterliegt dem Gesetz der Wandlung, will zum Beispiel eine Blume blühen, so muß sie den Bienen Nektar geben, damit diese ihren Samen weiterverbreiten. Will ein Baum sich zu stattlicher Größe entwickeln, so gibt ihm vermoderndes Holz den guten Humus, den er zu dieser Entwicklung benötigt. Wer also Billigzauber verteilt, unterbricht damit diesen Kreislauf und entzieht damit den wirklich ernsthaft arbeitenden Hexen eine ihrer Lebensgrundlagen. Solche Billighexen rotten mit ihrem verantwortungslosem Tun letztendlich das eigene Volk aus. Um Mißverständnissen vorzubeugen, muß an dieser Stelle darauf hingewiesen werden, daß Hexen die Höhe der Gegenleistungen für ihre Arbeit schon immer auch vom Reichtum und Einkommen der Hilfesuchenden abhängig gemacht haben. So kann es durchaus vorkommen, daß ein Armer nur einen selbstgebackenen Kuchen, ein Reicher jedoch eine größere Menge an Geld für ein und dasselbe Ritual geben muß.

Nun wieder zurück zu den verschiedenen Arbeitsplätzen einer Hexe. Wer über einen regen Kunden- oder Hilfesuchendenverkehr verfügt, steht meist vor dem Problem, daß er den Besucher nicht in seinem heiligsten Tempelzimmer oder an einem der Kraftplätze im Wald, an dem auch die Hexentreffen und Jahresfeiern stattfinden, empfangen möchte. Eigentlich ist ein diesbezügliches Verhalten auch völlig richtig, denn geweihte, heilige Areale dürfen nur von entsprechend Eingeweihten betreten werden, da fast nur solche Menschen über die nötige Ausstrahlung und Energie verfügen, um einen solchen Ort nicht zu stören beziehungsweise zu entweihen. Das Wissen um derartige Zusammenhänge führte bereits in der Vergangenheit dazu, daß Magie und Zauber betreffs Kunden vielfach in der Küche und nicht in den Göttern geweihten Arealen vollzogen wurde, was schließlich auch zu dem Begriff der Küchenmagie führte. Da heutige Küchen nur noch in den seltensten Fällen Leben, Gemütlichkeit und Geborgenheit ausstrahlen, sondern vielfach eher eine Anhäufung von sterilem Weiß, blitzenden, kalten Chromteilen und einem Wust von elektrischen Maschinen darstellen, müssen Hexen, die mit Kunden in einer entsprechend mystischen Atmosphäre arbeiten wollen, sich für diese Arbeit einen besonderen Platz einrichten.

Das Zauberzimmer

Unter Verwendung natürlicher Materialien, wie zum Beispiel alter Möbel, die von jeher schon immer eine gewisse Ausstrahlung aus der Vergangenheit in sich gespeichert haben, läßt sich jedes noch so kleine Zimmer in eine Art Zaubertempel verwandeln. Ein Tisch, zwei Stühle oder ein Sofa und ein Stuhl bilden die Voraussetzungen, um vor dem Hilfesuchenden den Zauber zu wirken. Alle für die verschiedenen Zauber notwendigen Gegenstände sollten im Raum vorhanden sein, damit durch den Transport von Gegenständen nicht die bei jedem Ritual freigesetzte Stimmung unterbrochen oder zunichte gemacht wird. Als Beleuchtung dienen Kerzen oder mit darübergehängten Tüchern abgedämpfte Lampen. Ebenfalls wichtig ist es, mindestens ein Fenster zum Einfall natürlichen Lichts und zur Belüftung im Raum zu haben. Wer die Stiche früherer Zauberer-, Hexen- und Alchemisten*küchen* aufmerksam betrachtet, wird sich über die darauf abgebildete Fülle an Beuteln, Tiegeln, Flaschen und vielem mehr vielleicht wundern, doch wer schließlich selber mit dem Zaubern anfängt, wird sehr schnell feststellen, daß die eigene Auswahl an Zauberingredienzien rascher einen größeren Umfang annimmt, als man es sich vorher vorgestellt hat. Da die meisten Hexen, auf ihren Wegen, also während ihres ganzen Lebens, viel sammeln und sich ihre Zutaten nur zu einem ganz geringen Anteil durch Kauf zulegen, wenn sie diese benötigen, werden bald auch im eigenen Zauberzimmer Kräuterbüschel und getrocknete Pflanzenwurzeln von der Decke hängen oder in Regalen liegen. Vielleicht ist es ja auch gerade dieses für den Kunden undurchschaubare Chaos an verschiedensten Gegenständen, das ihn in die mystische Welt des Hexenzaubers entführt und somit den Zauber wirksam werden läßt.

Zum besseren Verständnis, warum wir Hexen bei unserem Zauber verschiedene Gegenstände benutzen, möchte ich an dieser Stelle Sir James Frazer, einen Weisen unserer Zeit zitieren:

"Dinge, die einmal miteinander in Verbindung standen, wirken auch dann noch aufeinander, wenn der physische Kontakt nicht mehr besteht."

Schmuckzauber

Ohne es zu wissen, nutzen selbst heute noch die meisten Menschen den alten schamanischen Schmuckzauber. Schmuck besteht aus Symbolen, beziehungsweise besonders seltenen Metallen und Steinen. Viele materiell reiche Menschen tragen auch besonders teuren Schmuck, nicht unbedingt, weil er ihnen besser gefällt, sondern weil sie, zumindest in ihrem Unterbewußtsein, von der Anziehungskraft gleichartiger Dinge wissen. In Kurzform bedeutet das, wer über materiellen Reichtum verfügt, trägt materiell wertvolles und will damit weiteren materiellen Reichtum anziehen. Dieses Wissen um die Anziehungskräfte gleicher Schwingungen und Kräfte liegt aber auch allem anderen Schmuck zugrunde.

Der im Hexentum gewirkte Schmuckzauber bezieht sich meist auf die Herstellung von Amuletten und Talismanen. Der eher weniger bekannte Unterschied zwischen den beiden Zaubern liegt darin, daß ein Amulett ein allgemeiner Schutz- und Glücksbringer ist, während ein Talisman zur Erreichung eines ganz konkreten Ziels hergestellt wird. Indes sich Amulette auch als Geschenke an eine liebe Personen anbieten, muß sich die Hexe bei der Schaffung eines wirklich kraftvollen Talismans ganz individuell mit der Person auseinandersetzen, für deren Bedürfnisse er hergestellt werden soll. Mannigfaltig ist besonders die Palette der bei beiden verwendeten Symbole. Doch Achtung, welche Hexe auch immer Symbole auf Kraftgegenständen anbringt, sie muß genau deren Wirkung und Bedeutung kennen, wenn sie nicht Gefahr laufen will, daß sie andere als die von ihr gewünschten Energien hervorrufen und damit ihren Zauber unwirksam macht, oder, noch schlimmer, einen Zauber in die entgegengesetzte Richtung wirkt.

Das Sonnenamulett

☆ Tag: Sonntag

☆ Planet: Sonne

☆ Farben: golden

☆ Metalle: Gold und Messing

☆ Steine: Diamant

☆ Bedeutung: Die Sonne steht für lebensspendende Vitalkraft, aktives Gestalten aber auch Körperlichkeit, materieller Reichtum, Arbeit und das Ausleben des Arterhaltungstriebes, sexuelle Vereinigung. Träger eines derartigen Amuletts sind im irdischen Leben oft herausgestellte Persönlichkeiten oder möchten es zumindest werden.

Das Mondamulett

☆ Tag: Montag

☆ Planet: Mond

☆ Farben: silbern

☆ Metalle: Silber

☆ Steine: Mondstein

☆ Bedeutung: Der Mond steht für Intuition, Inspiration und Spiritualität. Die Mondin wirkt durch ihre passive, weibliche Kraft besonders auf den feinstofflichen Ebenen von Gefühl und Geist. Unerschütterliche Liebe und der Kontakt zu Urwissen und Urweisheit bringen die Kontinuität mit sich, die Lebensgestaltung sicher in der Hand zu behalten. Das Mondamulett ist immer auch eine Art *Hexenamulett*, da es sich mit seiner Energie für die Verwirklichung der inneren Werte und Welten einsetzt, friedvoll aber mit liebevoller Hartnäckigkeit. Eine sehr starke Kraft im Verborgenen.

Das Marsamulett

☆ Tag: Dienstag

☆ Planet: Mars

☆ Farben: rot, rötlich

☆ Metalle: Eisen

☆ Steine: Hämatit, Magnetit, Granat

☆ Bedeutung: Die dem Marsamulett zugeordneten Wirkungen sind der Einsatz körperlicher Kraft, auch über das Maß des Sinnvollen hinaus, Zielstrebigkeit ohne Ausweichen vor Konfrontationen, bis hin zu kriegerischem Egoismus. Die im ersten Augenblick eher

negativ erscheinenden Kräfte des Marsamuletts offenbaren ihre
Einsatzmöglichkeiten spätestens dann, wenn es darum geht, daß ein
sich selbst aufopfernder Mensch Heilung benötig und in diesem
Stadium an erster Stelle an sich selber, und nicht an andere denken
muß.

Das Merkuramulett

☆ Tag: Mittwoch

☆ Planet: Merkur

☆ Farben: grün, bis grüngelblich

☆ Metalle: Quecksilber

☆ Steine: Falkenauge, Olivin

☆ Bedeutung: Das Merkuramulett erzeugt ein hohes Maß an
   körperlicher und geistiger Regsamkeit. Fließend bis sprunghaft
   können Erfahrungen wie im Schnelldurchlauf in sich aufgesogen
   werden, sicher nicht mit dem Tiefgang, wie es die Kräfte der anderen
   Planeten ermöglichen. Jedoch ist es gerade die Vielfalt der in
   kürzester Zeit zu machenden Erlebnisse, welche zur Auswahl dieses
   Amuletts bewegt.

Das Jupiteramulett

☆ Tag: Donnerstag

☆ Planet: Jupiter

☆ Farben: blau bis violett

- ☆ Metalle: Zinn

- ☆ Steine: Lapis

- ☆ Bedeutung: Jupiteramulette erzeugen beim Träger deutliche Harmonie zwischen den 3 Empfindungsebenen Körper, Seele und Geist, weshalb der Jupiter auch als Glücksplanet bezeichnet wird. Die königsblaue Farbe des Lapis mit seinen Goldeinschlüssen sowie die mystische Energie des Zinn erzeugen beim Träger eine Aura von Reichtum, Gesundheit und geistiger Zufriedenheit, die auch auf die Umwelt übergreift. Das alles führt dazu, daß Jupiteramulette häufig besonders hektischen und hyperaktiven Menschen zugehen.

Das Venusamulett

- ☆ Tag: Freitag

- ☆ Planet: Venus

- ☆ Farben: alle Pastelltöne

- ☆ Metalle: Kupfer

☆ Steine: Aquamarin, Moosachat

☆ Bedeutung: Venusamulette stellen etwas ganz Besonderes unter den Planetenamuletten dar, da sie meist von Menschen getragen werden, welche die Liebe schon in sich tragen. Personen die sich zu den Kräften der Venus hingezogen fühlen sind oft sehr feinsinnig und haben große Achtung vor allen Lebensformen, auch wenn ihre Umwelt diese Achtung nicht teilt oder diese Lebensformen nicht anerkennt. Die Energie guter Venusamulette kann bewirken, daß der Träger oder die Trägerin Zugang zu anderen Welten erhält, in diesem Fall bezeichnet die Gesellschaft diese Person als Träumer oder Träumerin.

Das Saturnamulett

☆ Tag: Samstag

☆ Planet: Saturn

☆ Farben: schwarz bis eisgrau

☆ Metalle: Blei

☆ Steine: Onyx, Obsidian

☆ Bedeutung: Der Saturn als Hüter der Schwelle birgt neben der Erfahrung der Endlichkeit des körperlichen Lebens auch das Wissen um das Danach. Meist sind es Mystiker und Magier, die sich diese Kräfte zunutze machen und in ihren Studien die eigene Entwicklung über das Maß des normalen Zeitflusses hinaus vorantreiben möchten. Die Energie dieses Amuletts ist nichts für Menschen mit schwachen

Nerven, da sie in unbekannte Regionen führt, vor denen die meisten
Angst haben.

Das Drudenfußamulett

☆ Tag: alle Tage

☆ Planet: Mond, Erde

☆ Farben: silbern, braun

☆ Material: Silber, Zinn, Holz und Ton

☆ Steine: Mondstein, Aquamarin, Bernstein

☆ Bedeutung: Der Drudenfuß kann sowohl ein Amulett, als auch ein
Talisman sein. In seiner Funktion als Drudenfußamulett stärkt und
schützt er die mystischen und hexischen Veranlagungen derjenigen
Person, die ihn trägt. Die 5 Zacken, des auch unter den Begriffen
Pentagramm und Hexenstern bekannten Symbols stellen die
Verbindung zu den Elementarkräften Feuer, Wasser, Luft und Erde,
und dem fünften Element, dem Äther, dar. Somit sind alle großen
Energien der Hexen damit in einem Symbol vereinigt. Da sich die
eben genannten Kräfte besonders von diesem Symbol angezogen
fühlen, sollte ein Drudenfußamulett nur von solchen Menschen
getragen werden, welche mit den dadurch auftretenden Gedanken
und Erscheinungen umzugehen verstehen oder wenigstens keine
Angst davor haben.

Die Herstellung von Amuletten und Talismanen

Da die Herstellung beider Kraftobjekte nahezu gleich ist, wird sie in diesem Buch auch nur einmal behandelt.

☆ Zuerst setzt man sich in aller Ruhe hin und überlegt, zu welchem Zweck das Amulett oder der Talisman überhaupt hergestellt werden soll.

☆ Als Zweites wartet man den entsprechenden Wochentag ab und trägt die dafür notwendigen Materialien, wie zum Beispiel Metallscheiben und Steine zusammen.

☆ Nun befestigt man die Steine und graviert oder ritzt die entsprechenden Symbole in das Material. Wer möchte, kann an dieser Stelle auch noch die entsprechenden astrologischen Einflüsse zu Rate ziehen, oder die Arbeit in einen dafür besonders geeigneten rituellen Rahmen integrieren, zum Beispiel das Abbrennen einer Mondräucherung bei der Herstellung eines Mondamuletts oder Talismans.

☆ Nach der Fertigstellung, eventuell durch eine Götter- oder Planetenweihe zusätzlich verstärkt, legt die Hexe den Kraftgegenstand in einen Bach, oder, wenn es gar nicht anders möglich ist, ersatzweise in ein Waschbecken, und läßt ihn dort durch das fließende Wasser von allen menschlichen Einflüssen reinigen. Mit einem Stock oder Tuch werden Amulett oder Talisman, nach gebührender Zeit, aus dem Wasser gehoben und in ein jungfräuliches Tuch eingeschlagen. So verpackt werden die Kraftobjekte ihrem zukünftigen Besitzer übergeben.

> **Wer ein derartig hergestelltes Amulett oder Talisman erhält, sollte diese in gebührender Weise behandeln, deshalb hier nun ein kleines Beispielritual.**

Unterliegt der Talisman oder das Amulett dem besonderen Einfluß eines Planeten, so sorgt man am zugehörigen Wochentag dafür, daß man einige Zeit ungestört bleibt, am besten ist dazu ein Spaziergang in die Natur. Der Ort, den man sich aussucht, sollte eine kraftvolle und friedliche Atmosphäre haben. Man setzt sich bequem nieder und entzündet die mitgebrachte Kerze. Wer möchte, kann die Kerzenfarbe aus den Beschreibungen der Amulette entnehmen, ansonsten tut es auch eine Bienenwachskerze. Das Abbrennen einer erhabenen Räucherung, Weihrauch oder Myrrhe eignen sich hierzu hervorragend, verleihen dem Ritual eine ganz besondere Schwingung. Vor sich das noch eingepackte Amulett oder Talisman, läßt man sich innerlich zur Ruhe kommen und genießt den Anblick der Kerze und den Duft der Räucherung, die zu den Göttern zieht. Erst wenn man merkt, daß alle Spannungen verschwunden sind und man sich rundherum wohl und ausgeglichen fühlt, öffnet man ganz behutsam das Päckchen und nimmt den Gegenstand in die Hand. Jetzt ist die richtige Zeit, Talisman oder Amulett ausgiebig anzuschauen, zu befühlen oder mit ihm zu reden. Während all dieser Handlungen läßt man seine ganze Energie in die kleine Scheibe fließen. Nur wer sich wirklich uneingeschränkt seinem Kraftgegenstand offenbart, wird auch das Höchstmaß seiner Kraft zu spüren bekommen.

Am besten ist es, wenn man Amulette und Talismane stetig bei sich trägt, damit sie auf die menschlichen Energien einwirken können. Die Berührung durch andere Personen sollte man vermeiden, da hierdurch fremde Energiesignaturen darauf übergehen. Sollte dies dennoch passieren oder die Kraft läßt spürbar nach - man hat dann das Gefühl, daß der Energiefluß zwischen dem Kraftgegenstand und einem selber gestört ist -, so kann man das zuvor beschriebene Reinigungs- und Aufladungsritual beliebig oft wiederholen.

Noch ein Hinweis für all jene Hexen und Personen, die sich die Herstellung eines eigenen Talismans oder Amuletts nicht zutrauen. Sicher gibt es im entsprechenden Handel fertige Amulette und sogenannte Talismane zu kaufen, während die ersteren nach entsprechender Reinigungs- und Aufladungszeremonie meistenteils einen Großteil der gewünschten Kraft freisetzen, bleiben die sich so zugelegten Talismane oft tot oder bewirken zumindest nicht das Gewollte. Die Erklärung hierfür ist recht einfach. Eine Hexe, die einen Talisman schafft, erkundigt sich vorher ganz genau, was er letztendlich bewirken soll und verfügt zudem über das nötige Wissen, welche Symbole, Metalle und Steine dieses Ziel am ehesten herbeiführen. Viele Hexen sind wahre Meister ihres Handwerks, und im realen Leben würde man sich sein Hausdach ja auch nicht vom Lehrling, sondern vom Dachdeckermeister planen lassen.

Exkurs zur Talismanherstellung

Die in diesem Buch enthaltenen Symboltafeln verschaffen sicher nur eine grundlegende Übersicht über die Vielfalt der in Amuletten und Talismanen zu verwendenden Symbole. Trotzdem wird manche Hexe gelegentlich vor dem Problem stehen, welche Symbole sie bei der Herstellung eines Talismans benutzen soll. Um einen möglichst wirksamen Talisman herzustellen, bedarf es nicht nur der ganz exakten Festlegung des zu erreichenden Zieles, sondern die Hexe muß sich auch eingehend mit der Psyche, Mentalität und Spiritualität des zukünftigen Trägers auseinandersetzen. Oft ist es der Fall, daß eine Person sich besonders zu bestimmten Kulturen hingezogen fühlt, in diesem Fall werden derartige Symbole auf dem Talisman natürlich besonders günstig und kraftvoll wirken. Dagegen gibt es jedoch auch den gegenteiligen Fall. Manche Personen haben, aus welchen Gründen auch immer, zumeist handelt es sich hierbei lediglich um Unwissenheit über die mit den Symbolen verknüpften Geschichte und Kultur, starke Aversionen betreffs bestimmter Symbole, wie zum Beispiel Runen. Stellt eine Hexe solche disharmonischen Schwingungen fest, so wird sie sich bemühen, derartige Symbole auf dem Talisman zu vermeiden und statt dessen auf andere Symbole ausweichen. Vielfach bietet es sich an, außer einem ausführlichen Gespräch mit dem späteren Träger des Talismans, ihm zusätzlich eine Auswahl der verschiedensten Symbolrichtungen vorzulegen und mit ihm zu ergründen, zu welcher Symbolart er ein besonders positives Verhältnis hat. Daraufhin werden die zur Erreichung des gewünschten Zieles notwendigen Symbole, eventuell unter Hinzufügen entsprechender Edelsteine und unter Berücksichtigung des zugehörigen Materials (Metalls), zusammengetragen und im Talisman zusammengeführt und in die Realität umgesetzt. Die Aufladung, Behandlung und Einstimmung erfolgt wie schon für die Amulette beschrieben.

Übersicht der bei Talismanen und Amuletten verwendeten Symbole und Materialien

Materialien

Gold: Sonne, materielle Ebene, Zyklen des Wachstums, des Jahresrades und der irdischen Natur, materieller Reichtum, körperliches Wohlbefinden.

Silber:	Sowohl das Metall des Mondes, als auch der Sterne, wobei der Mond für die seelische, emotionale Ebene und die Sterne für die geistige Ebene stehen, feinstoffliches Wohlbefinden.
Zinn:	Kraftvollster Träger mystischer Energien, Ruhe, Schutz und Ausgeglichenheit, einhergehend mit tiefer mystischer Verwurzelung im eigenen Selbst.
Kupfer:	Speziell dem Bereich der Liebe und körperlicher Anziehung zugeordnetes Material, erleichtert das Aussprechen und Ausleben der Träume, die den Bereich der körperlichen und manchmal auch seelischen Liebe betreffen.
Messing:	Symbolischer Wohlstand, Reichtum, der kein Reichtum ist, materielle Verhaftung ohne reale Verwirklichung im Leben, erzeugt nur oberflächliche Zufriedenheit.
Holz:	Im Einklang mit den Naturzyklen, fördert die Harmonie mit den Kräften von Wachstum, Vermehrung und Transformation, tiefgehende Ruhe, objektives Erkennen und zufriedenstellende Anerkennung der eigenen Wertigkeit.
Horn:	Animalische Aktivität, Jagd, nicht immer in Form von Kampf, sondern auch als ergreifendes Spiel, dem Urtrieb zu folgen, daß nur der Bessere und Schlauere gewinnt.
Pergament:	Brennt, schwimmt, fliegt und vermodert, direkteste Verbindung zu den Kräften der 4 Naturelemente, die darauf aufgetragenen Symbole stellen die Kraft des Geistes dar, beseitigt leichte Störungen auf allen 3 Ebenen.
Stein:	Verbindung zu den Kräften der Vergangenheit, trägt viele Informationen von Äonen von Jahren in sich und ist damit ein starkes Bindeglied zu den Kräften der Zeiten, die materiell vielleicht schon vergangen sind.
Leder:	Symbol körperlichen Schutzes, Leder verbindet sowohl Fleisch als Nahrung für den Körper, wie auch Kleidung und Felle, um den Körper vor Witterungseinflüssen zu bewahren, und verschafft somit körperliche Ruhe und Wohlbefinden.

Zahlen

1 Die Einheit allen Seins.

2 Das Gleichgewicht, das Eine kann ohne das Zweite nicht existieren.

3 die Dreiheit ist das Weltbild der Weisen, Vergangenheit, Gegenwart und Zukunft oder Frau, Mann und Kind, vieles eröffnet sich dem Suchenden erst, wenn er alle 3 Aspekte versteht.

4 Der Wille, zugleich auch menschliches Unvermögen alles als eins zu verstehen, deshalb gibt es 4 Himmelsrichtungen, 4 Elemente oder auch die 4 großen Feste. Die Konzentration auf 4 Punkte ist leichter als die dauernde Konzentration auf alles.

5 Gesundheit und Fruchtbarkeit, oberste Symbole der materiellen Welt.

6 Doppeltes Glück, doppelte Weisheit, 6 ist der Kreislauf des Schaffens

7 Erfüllung und zugleich Einsamkeit, Wissen und Nichtwissen liegen dicht nebeneinander.

8 Klare Logik mit der geheimen Sehnsucht nach wärmendem Gefühl.

9 Nahe der Vollendung, innerer Frieden und Verstehen bedeutet jedoch auch Unverständnis der restlichen Welt gegenüber dem Wissen

∞ Die liegende 8, das Unendlichzeichen beinhaltet sowohl A und W, Anfang und Ende, ohne beides wirklich zu beinhalten, der ewige Fluß.

Sternzeichen

♈ Widder: Dynamik, Tatkraft, Eigensinn

♉ Stier: Erdverbundenheit, Ausdauer, Realismus

♊ Zwilling: Flexibilität, Unbeständigkeit, Vielfalt

♋ Krebs: Klugheit, Vorsicht, Insichgekehrtheit

♌ Löwe: Großzügigkeit, Begeisterungsfähigkeit, Mittelpunktdenken

♍ Jungfrau: Klarheit auf allen 3 Ebenen, Ordnung

♎ Waage: Harmonie, Diplomatie, bis hin zur Selbstunterdrückung

♏ Skorpion: Entschlossenheit, Gefühlsstärke, konsequente Zielstrebigkeit

♐ Schütze: Zuverlässigkeit, Offenheit, Selbstbewußtsein

♑ Steinbock: Ausdauer, Beherrschtheit, Entschlossenheit bis hin zum Egoismus

♒ Wassermann: Idealismus, Treue, Toleranz

♓ Fische: oft verborgene Gefühlstiefe, Anpassungsfähigkeit, Fürsorglichkeit

Arbeiten mit der chaldäischen Reihe

Besonders bei der Herstellung von Talismanen und Amuletten, sowie dem Durchführen von Zauber und Riten haben die Tages- oder Stundenplaneten großen Einfluß auf die Wirksamkeit von Zauber und Amuletten. Hierbei ist vielfach in Vergessenheit geraten, daß die Tages- und Nachtstunden innerhalb des Jahreszyklus in ihrer Dauer stetig variieren, eine Tagesstunde kann deshalb kürzer oder auch länger als die herkömmliche Stunde sein.

Std.	Mo Mond	Di Mars	Mi Merkur	Do Jupiter	Fr Venus	Sa Saturn	So Sonne
Tagesstunden							
1	☽	♂	☿	♃	♀	♄	☉
2	♄	☉	☽	♂	☿	♃	♀
3	♃	♀	♄	☉	☽	♂	☿
4	♂	☿	♃	♀	♄	☉	☽
5	☉	☽	♂	☿	♃	♀	♄
6	♀	♄	☉	☽	♂	☿	♃
7	☿	♃	♀	♄	☉	☽	♂
8	☽	♂	☿	♃	♀	♄	☉
9	♄	☉	☽	♂	☿	♃	♀
10	♃	♀	♄	☉	☽	♂	☿
11	♂	☿	♃	♀	♄	☉	☽
12	☉	☽	♂	☿	♃	♀	♄
Nachtstunden							
1	♀	♄	☉	☽	♂	☿	♃
2	☿	♃	♀	♄	☉	☽	♂
3	☽	♂	☿	♃	♀	♄	☉
4	♄	☉	☽	♂	☿	♃	♀
5	♃	♀	♄	☉	☽	♂	☿
6	♂	☿	♃	♀	♄	☉	☽
7	☉	☽	♂	☿	♃	♀	♄
8	♀	♄	☉	☽	♂	☿	♃
9	☿	♃	♀	♄	☉	☽	♂
10	☽	♂	☿	♃	♀	♄	☉
11	♄	☉	☽	♂	☿	♃	♀
12	♃	♀	♄	☉	☽	♂	☿

Die Tagesplaneten stehen gleich unter dem entsprechenden Wochentag, während die Stundenplaneten erst unter Berücksichtigung des jeweiligen Ortes und Datums ermittelt werden müssen.

Vorweg gilt es in Erfahrung zu bringen, um wieviel Uhr, am geplanten Ort, Sonnenauf- und Sonnenuntergang stattfinden.

Beispiel:

✫ Art der Handlung: Herstellung eines Mondamuletts

✫ Ausgewählter Tag: Montag

Berechnung:	Sonnenaufgang	7 Uhr
bis Sonnenuntergang		15 Uhr
ergibt	8 Stunden	
mal	60 Minuten	
ist gleich	480 Minuten	
geteilt durch	12	
1 Tagesstunde =	40 Minuten	

1 Tag	24 Stunden	
abzüglich Tagesstunden		8
verbleiben	16 Stunden	
mal	60 Minuten	
ist gleich =	960 Minuten	
geteilt durch	12	
1 Nachtstunde =	80 Minuten	

Ausgehend von oben angeführter Berechnung ergeben sich für den Montag folgende Kraft- und Weihezeiten für das Mondamulett.

Die 1. Tagesstunde, 7,00 Uhr bis 7,40 Uhr,

oder   die 8. Tagesstunde, 11,40 Uhr bis 12,20 Uhr,

oder   die 3. Nachtstunde, 17,40 Uhr bis 19,00 Uhr,

oder   die 10. Nachtstunde, 3,00 Uhr bis 4,20 Uhr.

Müssen für einen Zauber mehrere Kräfte verknüpft werden, gilt es zu entscheiden, ob die Zeitpunkte sich am Hauptanliegen oder aber an dem verwendeten Material ausrichten.

Der Kerzenzauber

Besser bekannt unter den Begriff Kerzenmagie, gehören diese Zauberrituale wohl zu den schönsten überhaupt. Mit nur ganz wenig Ausstattung lassen sich mit dem Licht und Feuer von Kerzen einfache und doch oft überraschend kraftvolle Zauber wirken. Zum Beispiel das Ritual, bei welchem jeder Anwesende seine Wünsche und Probleme auf ein Stück Papier schreibt und dieses der Kerzenflamme übergibt, damit die Götter ihm seinen Wunsch erfüllen. Eine abgewandelte Form findet oft innerhalb von Hexentreffen statt, wo die anwesenden Hexen ihre Bittbriefchen in ihr Ritualfeuer werfen. Weiterhin reicht das Spektrum des so leicht zu erlernenden und anwendbaren Hexenzaubers mit Kerzen noch von verschiedenfarbigem Kerzen, welche je nach Farbe besonderen Wünschen oder Kräften zugeordnet werden, bis hin zur direkten Kerzenmagie, wo eine Nadel durch die Kerze gestochen wird.

Natürlich sind Kerzen nicht gleich Kerzen, da gibt es wunderschön durchgefärbte Kerzen mit und ohne Geruch, reine Bienenwachskerzen, geweihte Kerzen und welche, die in den verschiedensten Formen und Farben erhältlich sind. Zur Vorbereitung sucht man sich einen ruhigen und

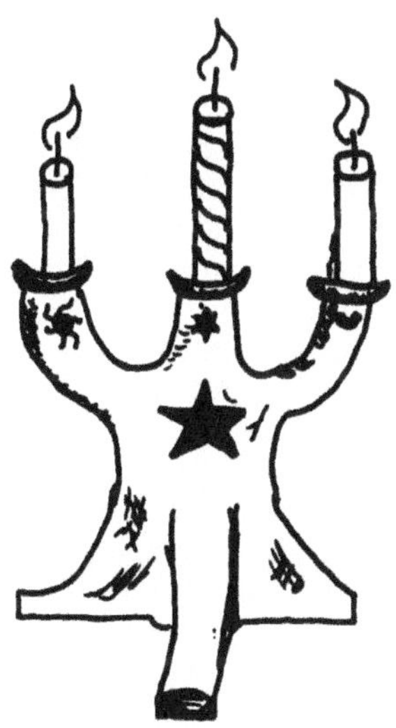

ungestörten Platz, entweder in einem Zimmer oder in der Natur. Wer möchte, kann, bevor er mit der Kerzenmagie arbeitet, die Hüter der 4 Elemente oder die Göttin anrufen und um Unterstützung beim Ritual bitten. Die Kerze wird angezündet, und während man in die Flamme schaut, stimmt man sich mental auf die Situation ein. Erst wenn sich deutlich spürbare Ruhe und Ausgeglichenheit in einem ausgebreitet hat, konzentriert man sich auf den Inhalt des Kerzenrituals. Die Bitte, der Wunsch und das geistige Zielbild müssen ganz klar und deutlich vor dem inneren Auge präsent sein, bevor man weiterarbeiten kann. Auf einem vorher bereitgelegten Zettel oder Pergament wird nun die Bitte schriftlich fixiert. Dabei ist es besonders wichtig, daß das Zielbild immer ganz deutlich vor dem inneren Auge behalten wird. Achtsam wird nun das Briefchen zusammengefaltet und mit folgenden oder ähnlichen Worten der Flamme übergeben.

Hiermit, oh Feuer, gebe ich dir meinen Wunsch, auf daß du das Papier verbrennen mögest und die darauf gebundenen Gedanken den Göttern und Geistern übermittelst. Auf der Erde stehe ich und sende meine Bitte, das Feuer verwandelt das Papier zu heißer Luft und wenn Götter und Geister meinem Ansinnen wohl wird sich mein Wunsch auf der Erde, dem Planeten des Wassers verwirklichen.

Oh Feuer, mit deinen 3 Elementengeschwistern, ich danke euch allen für eure Hilfe.

Selbst wenn der Brief mit der Bitte längst verbrannt ist, hält man das mentale Wunschbild noch eine ganze Zeit aufrecht und erfüllt es durch das investierte Gefühl und die Kraft der Gedanken mit soviel Energie, wie man nur irgend kann. Je klarer das Zielbild ist und mit je mehr Inbrunst es im Inneren geschaffen wird, desto größer und schneller wird es sich in der realen Welt zu verwirklichen suchen. Natürlich können derartige Kerzenrituale auch in Zeremonien oder rituelle Feste integriert und von mehreren Menschen gleichzeitig durchgeführt werden, dabei liegt es an jedem selber, ob er seine eigenen Bitten dem Feuer übergibt oder ob man sich auf eine gemeinsame Gruppenbitte einigt.

Wichtig bei allen Arten von Magie und Zauber ist, daß es sich um positive Ziele handelt. Wer Zerstörendes aus Neid, Rachsucht und Egoismus hervorruft, nur um sich selber zu profilieren, der wird sich letztendlich selber zerstören. Magie und Zauber wirken stets wie ein Spiegel und eine Hexe, die ihre Kräfte und ihr Wissen dazu nutzt, um anderen Lebewesen zu helfen, wird für ihre Hilfe durch positive Erfahrungen im eigenen Leben belohnt. Eine alte Hexenweisheit besagt dazu: alles, was du hervor-

bringst fällt siebenfach auf dich zurück. Im Wissen um diese Gesetzmäßigkeit liegt auch der Grund, warum Hexen so gut wie nie die sogenannte
Schadens- oder Schwarze Magie anwenden.

Eine weitere Art von Kerzenmagie besteht darin, eine Nadel durch die
Kerze zu stechen. Die Hexe setzt sich in aller Ruhe davor und konzentriert
sich auf ihren Wunsch, dieser kann sowohl die Heilung einer anderen Person von Krankheitsstörungen, als auch eine Veränderung im Bewußtsein
der betreffenden Person sein. Je klarer das innere, imaginierte Bild ist,
desto größer ist die Wahrscheinlichkeit auf die baldige Umsetzung in der
realen Welt. Die Hexe fixiert die Kerzenflamme so intensiv wie nur eben
möglich, schaut dabei eigentlich aber durch die Flamme hindurch und hält
dabei ihr inneres Bild so lange fest, bis die Nadel letztendlich durch das
Herunterbrennen der Kerzenflamme, herausfällt. In diesem Augenblick
ist der Zauber mit genügend Energie angereichert, um sich zu
verwirklichen und das Ritual ist beendet.

Die Macht der Puppen

Alles, was hier über Puppen beschrieben wird, gilt in gleicher Form auch für Bilder. Puppen, Skulpturen und Zeichnungen fanden unter anderem seit der Entstehung der Menschen stets auch Verwendung als gemeinsame Konzentrations-, Kraft- und Übermittlungssymbole. Besonders in der Religion gilt, daß je mehr Menschen sich auf eine bestimmte Figur, Silbe oder auch Handlung einigen, desto größer die Macht dieser Richtung werden kann. Allerdings ist die Anzahl der sich in diesen Gedanken Vereinigenden nur ein Aspekt der Macht, neben dem es weitere bedeutende, wie zum Beispiel die Intensität, Überzeugung und Kraft der an dieses Symbol Denkenden gibt. Bei den Puppen erkennt jeder Interessierte rasch, wie weit das Wissen um die Macht der Puppen und Abbildungen doch immer noch verbreitet ist. Weltweit stehen vielerorts Puppen, Skulpturen und Bildnisse auf den Altären und in den Wohnungen. Eine Richtung dieser Bildmagie, die sich besonders erhalten hat, ist das Aufstellen von Fotos lebender oder bereits verstorbener Familienmitglieder oder Lebewesen, die man besonders geliebt hat. Derartige Abbildungen sollen uns immer wieder an bestimmte Lebewesen erinnern, damit wir sie nicht vergessen und sie sich dadurch in unserem Bewußtsein nicht auflösen. Nur über derartige Wege lassen sich Ziele und Inhalte über mehrere Generationen und innerhalb größerer Gemeinschaften am Leben erhalten.

Wer sich einmal die Zeit nimmt, spielende Kinder bei ihrem Umgang mit Puppen, Stofftieren oder Tieren zu beobachten, der wird schnell erleben, inwieweit ein materieller Gegenstand ein eigenes Leben hervorbringen kann. Viele Kinder, deren Lieblingspuppe zu Boden fällt, fangen plötzlich an zu weinen. Sicher wird fast jeder *Erwachsene* jetzt sagen, daß eine Puppe keinen Schmerz spüren kann, doch in Bezug auf denjenigen der etwas wirklich liebt, ist diese Aussage einfach falsch. Jede Sache, Idee und Vision, die mit genügend Liebe, Kraft und Kreativität versorgt wird, erzeugt beim Schaffenden Gedanken und Gefühle, welche sich vom allgemeinhin als *real* Bezeichneten in nichts unterscheiden. Real, übersetzt mit wirklich, ist all das, was jeder Mensch ganz individuell für sich als wirklich zuläßt.

Auf dieser Basis können Hexen, und natürlich jede andere Person auch, Puppen und Figuren Leben einhauchen. Die Körper derartiger Wesen können aus vielerlei Materialien, wie zum Beispiel Holz, Stoff, Wachs oder Ton, selber hergestellt werden. Es liegt ganz im Wesen jedes einzelnen, ob er diese Figuren zusätzlich noch mit Kleidung oder Farbe verziert.

An vielen Orten der Welt stellen solche Puppen Götter, Geister und Ahnen dar, denen man regelmäßig, oder zumindest zu besonderen Feiertagen, Speise und Getränk reicht. Die Bedeutung solcher Handlungen bezieht sich nicht direkt auf die materielle Welt, es geht dabei vielmehr um das Wissen, daß jede Art von Energie zwar umgewandelt, aber nicht vernichtet werden kann. Wer einer Puppe Nahrung und Geschenke bringt, gibt damit einen Teil seiner Energie frei, und eben diese Energie fängt an, in den feinstofflichen Bereichen etwas so zu verändern, daß es letztendlich irgendwann in der materiellen Welt Auswirkungen haben wird. Wer dazu mehr wissen möchte, der braucht nur die Aufzeichnungen vom Jagdzauber der Urmenschen, dem Puppenzauber des Voodoo, oder auch der Tradition südländischer Ahnenschreine zu studieren.

Gehen wir nun einmal dem einfachsten Weg des Puppenzaubers nach. Jeder, egal ob er künstlerisch besonders begabt ist oder nicht, kann sich aus alten Stoffresten eine Rohpuppe zusammennähen. Diese braucht zu ihrer Belebung weder über allzu ausgeprägte Gliedmaßen, noch über Gesichtszüge zu verfügen. Allerdings sollte man darauf achten, daß man sowohl für den Körper, als auch für die Füllung, neutrale und ausschließlich natürliche Materialien verwendet. Wer seine Puppenmaterialien entsprechend der darin enthaltenen Einflüsse reinigen möchte, der sollte die fertige Puppe einige Zeit in einen klaren Bergbach legen und, ohne sie direkt zu berühren, in der Sonne oder dem Wind zum Trocknen aufhängen.

Um dem so vorbereiteten Puppenrohling sein Wesen zu geben, kann man ihm ein entsprechendes Gesicht aufzeichnen und ihn mit entsprechender Kleidung versehen. Soll mit der Puppe ein Zauber für oder über eine ganz bestimmte Person gewirkt werden, so bietet es sich an, Reste der von dieser Person getragenen Kleidung zu verwenden, hierbei gilt im Gegensatz zum Rohling, daß die Kleidung nach Möglichkeit vorher getragen und danach nicht gewaschen wurde. Auf diese Art ist noch die meiste Schwingung der Person im Stoff vorhanden. Auch das Beifügen ganz persönlicher Gegenstände wie Haaren, Nägeln, oder anderen Kleinigkeiten, welche für den Betreffenden etwas besonderes bedeutet haben, verstärken die Verbindung zwischen Puppe und Person zusätzlich. Manche Hexen stellen ein entsprechendes Foto neben die Puppe, andere visualisieren ausschließlich das Bild der Wesenheit, welche die Puppe darstellt. Das Sprechen mit derartigen Darstellungen macht die Bindung noch fester. Nur wer Kraft seiner Spiritualität in der Lage ist, diese Puppe so lebendig zu machen, daß sie auch fühlt und denkt, kann mit ihr etwas bewirken. Daß man mit einer solchermaßen zum Leben erweckten Abbildung entsprechend achtsam umgehen muß, liegt in der Natur des Zaubers. Verletzungen, oder gar die Zerstörung, könnten sich ansonsten in der materiellen Welt unge-

185

wollt verwirklichen. Der Puppenzauber wird unter den Hexen hauptsächlich zur Herstellung besonderer Verbindungen oder zur Durchführung von Heilungszaubern eingesetzt. Verfügt eine Hexe über keinen eigenen Ritual- oder Tempelraum, wo sie ihre Zauberpuppen ungestört aufbewahren kann, so werden sie im alltäglichen Leben zumindest in Schränken oder Truhen verwahrt, wo sie sowohl dem Auge, als auch dem Einfluß anderer Personen entzogen sind.

Diese Zauberpuppen können besprochen werden und es ist auch möglich, die Hilfe der Götter und Elemente für sie anzurufen. Bei den Hexen, die diese Art von Zauber wirken, ist es oft üblich, daß zum Beispiel entsprechende Heilkräuter, Fetischzauber und Kraftsteine an den entsprechenden Regionen der Puppe angebracht werden, sodaß der harmonische Fluß körpereigener Energien beim materiellen Gegenstück wieder richtig zirkuliert oder die gewünschten Bewußtseinsänderungen eintreten. Wer zum Beispiel mit Heilkräutern einen Arm der Puppe umwickelt, sollte diese gegebenenfalls mehrmals wechseln, wenn ihre Wirkung nachläßt. Hat die durchführende Hexe sogar körperlichen oder visuellen Kontakt zu der behandelnden Person, so wird sie schnell merken, ob und inwieweit der Puppenzauber Wirkung zeigt. In so einem Fall kann sie durch den Wechsel der an der Puppe verwendeten Kräuter und Kraftsteine immer entsprechend der bereits eingesetzten materiellen Wirkung auf die Veränderungen eingehen.

Die Hexenflasche

Eine nur wenig bekannte Art von Gegenzaubern besteht in der Herstellung einer Hexenflasche. Wurde jemand von einer Hexe mit einem Zauber, zumeist handelt es sich dabei um einen Schadenszauber, belegt, so geht derjenige zu einer anderen Hexe und bittet diese um das Wirken eines Gegenzaubers, damit er wieder normal, unbelastet, weiter leben kann. Die Schwierigkeiten bei der Zusammenstellung der dazu notwendigen Gegenstände bestehen allerdings zumeist in ihrer Beschaffung. Damit eine Hexenflasche volle Wirkung zeigt, benötigt die Hexe, welche den Gegenzauber durchführt, traditionell Haare, Nägel, Blut oder Urin des Opfers. Möchte ein Dritter - in den meisten Fällen handelt es sich dabei um ein Familienmitglied oder den Lebenspartner des mit dem Fluch Belegten - einen Gegenzauber wirken lassen, so greifen heute viele Hexen wegen der Schwierigkeiten, derartige Gegenstände zu besorgen, eher auf ein Foto, eine Handschriftenprobe, einen Faden oder ein Stoffstück der Kleidung und, wenn möglich, auf einen Zigarrettenstumpen, der Speichelreste trägt, zurück.

Innerhalb einer Zeremonie ruft die Hexe die ihr bekannten und besonders zugetanen Götter und Geister an und bittet sie um ihre Mithilfe, den Zauber aufzulösen und zu der Hexe zurückzuschicken, welche ihn ausgesprochen hat. Alle besorgten Gegenstände werden dabei in eine leere Flasche gefüllt, welche am Ende der Zeremonie sorgfältig mit einem Korken verschlossen und mit heißem Siegellack, ersatzweise auch Wachs, zusätzlich abgedichtet wird. In den meisten Fällen werden außen auf der Flasche noch besonders kraftvolle Schutzsymbole angebracht, bevor sie der Hilfesuchende erhält und in einer Vollmondnacht an einem nur ihm bekannten Ort vergräbt. Eine alte Überlieferung besagt, daß ein auf diese Weise aufgehobener Zauber sich spätestens nach 7 mal 7 Tagen völlig aufgelöst hat.

Maskenzauber - Trancemagie

Die Arbeit mit Masken und Trance gehört zu den stärksten Zaubern
überhaupt. Hierbei muß man allerdings zwei völlig verschiedene Wege
unterscheiden. Bei dem ersten Weg versucht die Hexe durch Trance oder
den Kontakt zu einer bestimmten Kraft, meist durch die getragene Maske
dargestellt, ihre eigenen Kräfte zu steigern, um damit dann das vorher genau festgelegte Ziel zu erreichen. Der zweite Weg ist zwar noch etwas
kräftiger, setzt aber uneingeschränktes Vertrauen in die gerufenen Kräfte
voraus, da sich die Hexe in diesem Falle den Wesen übergibt und von ihnen leiten läßt. Um überhaupt mit einer Maske ordentlich arbeiten zu können, muß vorher eine persönliche Beziehung zu ihr hergestellt werden.
Dies geschieht in der Regel dadurch, daß die Hexe die Maske selber herstellt oder zumindest die letzten Abschlußarbeiten macht. Wie bei allen
anderen Zaubern auch, sollte die Maske aus natürlichen Materialien hergestellt werden, ein Grundgerüst aus Holz und Leder, bei Tiergöttern und
Tiermasken mit Fell, Federn und gegebenenfalls Hörnern gearbeitet, ga-
rantiert die optimale Verbindung zu der ausgewählten Tiergottheit. Die
Maske muß zudem so gestaltet sein, daß sie auch längere Zeit ohne unangenehme Druckstellen getragen werden kann. Einmal die Maske fertig
zieht sich die Hexe an einen behaglichen und ungestörten Ort zurück und
knüpft erste Kontakte. Die Maske vor sich stehend oder liegend, wird sie
genau betrachtet, alle Einzelheiten müssen sich so im eigenen Inneren
wiederfinden, bis das dargestellte Tier, zum Beispiel, scheinbar zu leben
anfängt. Stellt die Maske etwa einen Hirsch dar, so sollte die Vertiefung in
die Maske solange fortgeführt werden, bis vor dem inneren Auge ein Film
von der Lebenswelt dieses Tieres klar und deutlich abläuft. Befühlen und
Beriechen des verwendeten Fells und der Hörner, sowie die Beobachtung
dieser Tiergattung in freier Wildbahn schaffen zusätzliche Verbindungen
mit dem eigenen Leben und tragen die Möglichkeit in sich, die Maske auf
einer noch höheren Qualität zu erfahren. Je mehr die Hexe sich mit dem
Lebenszyklus, der Geschichte, dem Volksbrauchtum und der Mythologie
des Tieres beschäftigt, desto besser wird sie sich dem Tiergott gegenüber
öffnen können, da ein Sich-nicht-öffnen-können fast immer nur aus der
Angst vor dem Unbekannten resultiert. Bleiben wir bei dem Beispiel einer
Hirschmaske. So nutzen manche Hexen und Schamanen ihr Wissen um
den betreffenden Jahreszyklus dieser Gattung und gehen zur Brunftzeit
tief in die Wälder, um das tiefbewegende Röhren der Hirsche und die Be-
obachtungen ihrer äußerst imposanten und zugleich urwüchsigen Erscheinungen auf sich wirken zu lassen. Auch der Winter eignet sich hervorra-

gend zur Beobachtung von Tieren, da man sie in dieser Jahreszeit sehr oft
an abgelegenen Futterstellen vorfinden kann, während sie sich im Laufe
des restlichen Jahres eher, als Einzelgänger in den Tiefen der Wälder, fast
unsichtbar machen. Besonders wichtig bei all diesen Arbeiten ist es, daß
man sich ausschließlich mit Tieren in der freien Wildbahn beschäftigt.
Zwar sind ihre Zyklen und Verhaltensweisen zum Teil auch schon etwas
angepaßt, wer aber einige Male ein bestimmtes Tier in der freien Natur
beobachtet hat und dieselbe Gattung in Freigehegen oder gar sogenannten
Tierparks beobachtet, wird sehr schnell die gravierenden Unterschiede im
Verhalten erkennen.

Um sich tiefer mit dem Maskenzauber zu beschäftigen, muß man sich
erst einmal mit der Trancemagie auseinandersetzen. Jede Art von Trance
ist eigentlich nichts weiter, als sich in einer bestimmten Kraft, Musik oder
einem bestimmten Bild aufzulösen. Obwohl das eigentlich sehr simpel
klingt, stellt es doch eine große Herausforderung an die durchführende
Hexe dar. Schon in grauer Vorzeit verfügten meist nur die Zauberer, Schamanen oder Medizinmänner und -frauen über das notwendige Wissen und
Training, sich Geistern wirklich in Trance öffnen und damit umgehen zu
können. Innerer Friede und eine positive Einstellung zu den Kräften, mit
denen man in Kontakt treten möchte, sind die absolut notwendigen Voraussetzungen für derartige Reisen. Einige Hexen, und in vielen anderen
Kulturen wird es ähnlich gemacht, nutzen als Erleichterung, um in Trance
zu gelangen, Musik, Tanz oder sogenannte Drogen. Auch bei uns finden
sich viele Pflanzen, die bei bestimmter Anwendung bewußtseinserweiternde, anregende oder enthemmende Zustände hervorrufen. Da ein siche-
rer Umgang mit derartigen Naturdrogen jedoch ein umfangreiches Wissen
darüber voraussetzt, bleibt das Gebiet in diesem Buch ausgespart. Wesentlich ungefährlicher und mindestens genauso wirksam, um eine Trance ein-
zuleiten sind Tanz, Musik und Monotonie. Jedes Bachrauschen, jede Bewegung oder auch das immerwährende Wiederholen von Namen, Silben
und Lauten birgt in sich den Einstieg in die Trance. Schon der folgende
kleine Versuch zeigt auf, wie schnell der Mensch in der Lage ist, sich in
Trance zu versetzen.

Trance-Versuch 1

Hierbei ist es egal, ob die Hexe geht, steht oder sitzt, einzig wichtig ist,
daß sie sich dabei wohlfühlt und sie es einige Zeit durchführen kann, ohne
daß ihr Körper Schmerzsignale aussendet, die ihre Tranceübung stören,
wenn nicht gar unterbrechen.

Völlig bewußt und konzentriert spricht die Hexe ein vorher von ihr ausgewähltes Wort, zu dem sie einen guten Bezug hat, wie etwa. "Mondin". Das langsame und bewußte Sprechen des Namens läßt sich zwar eine kurze Zeit durchführen, doch irgendwann ermüden Bewußtsein und Konzentration, das Sprechen geschieht zwar weiter, aber nur noch aus dem Unterbewußtsein heraus, wie ein Reflex, und gibt damit den Geist frei. Ohne sich am Stand der Sonne oder gar seiner Armbanduhr zu orientieren - die legt man bei allen Übungen und Ritualen sowieso vorher ab - erlischt sogar der Begriff der Zeit, letztendlich ist alles nur ein Fließen, ein großer Fluß, auf dem man sich treiben läßt und die Eindrücke zu erspüren sucht, jedoch ohne sich auf einzelne Bilder zu sehr zu konzentrieren, da dies zumindest die weniger geübte Hexe allzu schnell aus diesem Zustand herausholen würde.

Wer diese Übung ordentlich durchführt, wird nach ihrem Ende weder sagen können, wie oft er den Namen gesprochen hat, noch wann das bewußte Sprechen dem unbewußten gewichen ist.

Trance-Versuch 2

Ursprünglich war die Ausdrucksform des Tanzes etwas Göttliches, doch inzwischen wird Tanz in so viele Regeln und Stilrichtungen unterteilt, daß davon so gut wie nichts mehr übrig ist. Um die alte Form des Tanzens für sich selber wieder zu entdecken, ist es ratsam, sich entweder ganz allein und ungestört, oder höchstens in einer ganz kleinen Gruppe, diesem Weg zu nähern. Die Menschen haben sich besonders in den Industrieländern dahin entwickelt, daß ihre Bewegungen immer koordiniert und in festen Formen ablaufen. Dabei wird selbst in dem, was heute Tanz genannt wird, die Ausdruckskraft des Körpers auf wenige Extremitäten, und das auch nur in stark eingeschränktem Maß, begrenzt. Das gilt es, für die Trance zu lösen. Vorab noch zwei wichtige Hinweise. Für den Trancetanz benötigt man keine Musik, da die Natur sowieso immer Hunderte von Liedern gleichzeitig spielt, und zum anderen braucht man Platz, um sich wirklich ungehindert ausdrücken zu können.

Beim Trancetanz hört man in sich selber und zugleich in die Natur. Man versucht dabei, in jeder seiner Fasern und Muskeln die ihr eigenen Bewegungen zu spüren und zuzulassen. Das genau dieses Zulassen von etwas Gespürtem durch jahrzehntelange Unterdrückung sich erst langsam wieder entwickeln wird, ist vollkommen klar, doch wer erst einmal geschafft hat, sich im Einklang mit sich selbst, seiner eigenen Lebensfreude und im Zusammenspiel mit der Natur zu bewegen, wird für sich selber Kontakte zu Welten, Zeiten und Kräften erfahren, von denen er bis dahin weder etwas wußte, noch sie in seinem zukünftigen Leben wieder missen möchte. Sich der Bewegung völlig hinzugeben, bedeutet jedoch auch, die dem Körper innewohnenden Bewegungs- und Ausdrucksabläufe zu akzeptieren, die man nicht kennt. Beim Trancetanz tanzt der ganze Körper, vom Kopf bis zu den Füßen, deshalb können Kopf- und Schulterrollen genauso dazugehören, wie das Einknicken der Knie, oder daß man sich auf der Erde wälzt. Manche Orte werden Schwingungen offenbaren, die man bisher nicht wahrgenommen hat. Bäume, Tiere, Pflanzen und Steine geben ihre Informationen frei, und Tausende von Welten und Zeiten können vom Trancetänzer betreten und besucht werden.

Wie bei der ersten Übung, so gilt auch hier, die Begriffe von Bewußtsein, Körper und Zeit lösen sich im Trancetanz auf. Derartige Tänze können viele Stunden lang gehen, und oft folgt eine lange Phase des Tiefschlafes, da der Körper alles gegeben und ausgedrückt hat, was er in sich trug. Deshalb rate ich jeder Hexe, die einen Trancetanz im Freien durchführt und sich dort nicht ausschlafen will oder kann, sich Tee, Obst und einige belegte Brote mitzunehmen, damit sie dem Körper nach dem Tanz wenigstens einen Teil der dabei verbrauchten Energie wieder zuführen kann, auch eine zweite Garnitur von Kleidung und ein Handtuch sind ratsam, um sich eventuell durchgeschwitzter Bekleidungsgegenstände entledigen zu können und ihn so besser gesund zu erhalten. Da sich bei einigen Trance-Übungen neben der Auflösung jeden Zeitempfindens auch manchmal die Begriffe oben, unten, fest und weich sowie die Himmelsrichtungen als nichtexistent empfunden werden, ist es immer besser, wenn bei derartigen Trance-Übungen eine andere Person anwesend ist, der man vollständig vertrauen kann und die sich im Ernstfall um einen kümmert, beziehungsweise den Körper versorgt.

Wer sich nur einer Welt verhaftet,
wird auch nur eine Welt betreten können.

Hexenspells

Viele der sogenannten Hexenspells, Hexensprüche sind, zumindest im Kern, schon Jahrhunderte alt und werden immer noch von einer Generation an die nächste weitergegeben. Allen Spells liegt ein bestimmter Aufbau zugrunde

1. Der Spell muß genau ausdrücken, was man durch seine Kraft erreichen will.

2. Der Grund des Zieles muß den Kräften mitgeteilt werden.

3. Die Kräfte müssen entlassen werden.

Zu diesen 3 Punkten ist noch zu beachten, daß der Spell positiv gestaltet wird, damit er sich besser erfüllt.

Ein Beispiel:

Ich möchte Kurt nicht wiedersehen,
ich möchte meinen Weg alleine gehen,
bitte Mondin hilf dabei.

Dieser Spell ist eindeutig zu negativ formuliert, zum einen drückt er aus, daß die entsprechende Person Kurt nicht mehr sehen möchte und zum anderen, daß sie ihren Weg allein gehen möchte. Beides könnte sich auch dergestalt erfüllen, das Kurt durch plötzliche Blindheit nicht mehr *gesehen* werden kann oder zum anderen sich das den Weg allein gehen in unerwünschte Einsamkeit verwirklicht, deshalb wäre es besser, den Spell folgendermaßen zu verfassen.

Ich möchte, daß Kurt die Menschen findet,
durch welche er sich in Taten und Gedanken verbindet.
Ich wünsche ihm Glück auf seinem Weg,
der meiner nicht ist, Mondin hilf dabei.

Ein anders Beispiel:

Regen und Sturm bleibt fort,
heute von diesem Ort,
muß im Garten heut graben,
damit die Pflanzen sich laben.

Dieser Spell ist in allen Punkten richtig, es wird erklärt, was, wann und warum. Durch die Zeile "heute von diesem Ort" wird zusätzlich noch ausgedrückt, daß Regen und Wind sich nur heute von diesem Ort fernhalten sollen. Wäre das nicht geschehen, so könnte es passieren, das für die Pflanzen lebensnotwendiger Regen und Wind dem Ort so lange fernblieben, daß die Pflanzen verdorren oder nicht befruchtet werden. Viele unerfahrene Hexen würden sich in einer solchen Situation einfach Sonne wünschen, ohne dabei zu bedenken, daß in der Natur jede Kraft ihre Aufgabe hat und damit absolut notwendig ist.

Liebesspells:

Feuer und Erde,
Wasser und Luft,
macht daß mein Liebster
morgen mich ruft.

So wie die Kerze,
so lodert mein Herz,
bring mir bald den Liebsten,
damit verschwindet der Schmerz.

Gesundheitsspells:

Beschwerden geht weg, geht weg,
ich hab euch verstanden,
ich hab von euch gelernt,
ich verspreche, ich werd' leben besser,
auch wenn ihr euch entfernt.

Zipperlein, Zipperlein,
du mußt weichen,
was du wolltest,
hast du erreicht.

Wenn ich gewöhnt hab' mich an dich oh Schmerz,
bist du nicht mehr Hilfe, sondern ein Teil meines Herz'
drum laß uns trennen in folgender Nacht,
gern wüßte ich als Freund dich, der aus Ferne wacht.

Geldspell:

Geld, Geld komm zu mir,
für was ich benötige,
brauch ich dich hier.

Manchem mögen diese und andere Spells fast kindisch erscheinen, doch ihre Wirkungsweise ist so alt, wie das Geschlecht der Menschheit. Immer wenn sich jemand intensiv mit seinen Wünschen oder Visionen beschäftigt, bereitet er dadurch die Grundlage der Verwirklichung vor, denn jeder inbrünstig ausgesprochene oder in Gedanken klar formulierte Wunsch trägt in sich bereits den Anfang der Verwirklichung. Die gleiche Wirkungsweise liegt jedem Bittgebet zugrunde, jemand wünscht sich etwas, teilt es seinen Ahnen, Göttern oder Kräften mit und ersehnt sich das gewünschte Ziel dann solange mit all seiner Kraft, bis es sich letztendlich in der materiellen Welt erfüllt. Zwar klappen die Spells und Gebete nicht hundertprozentig, doch in den meisten der Fällen werden sich die Wünsche erfüllen. Tritt die Erfüllung eines Wunsches ein, so ist es eigentlich vollkommen unwichtig, ob dies geschieht, weil die betreffende Person mit besonders bewußt darauf ausgerichtetem Blick und sensibler als sonst durch das Leben geht und somit Chancen und Informationen besser genutzt hat, oder ob es wirklich von der feinstofflichen Ebene der Götter, Geister und Kräfte hervorgebracht wurde. Im Nachhinein kann sowieso niemand exakt feststellen, ob die Erfüllung eines Wunsches aus sich selbst heraus oder von außen geschehen ist, im Resultat ist das auch völlig gleichgültig.

> **Ein Rat: Wer mit Spells arbeitet, muß diese auch immer in seinem Inneren mit Kraft und Leben erfüllen. Nur wer den Wunsch wirklich in sich trägt wird in der Lage sein, sich ein deutliches Bild von der Verwirklichung vor sein geistiges Auge zu imaginieren.**

Symbole und Figuren

Was sind Symbole und wozu dienen sie?

Symbole sind nicht nur irgendwelche Zeichen, Symbole sind vielmehr Geschichten, Bilder und ganze Systeme. Schon in grauer Vorzeit zeichneten unsere Vorfahren Bilder auf Fell, Steine und Höhlenwände. Mit Hilfe dieser Symbole versuchten sie den nachkommenden Generationen ihr Wissen, ihre Erlebnisse und Geschichten zu übermitteln. Fast jede Kultur hat einige besonders kraftvolle Symbole hervorgebracht, derer sich jede Hexe frei bedienen kann.

Die Verwendung von Symbolen im Hexenkult findet besonders bei der Herstellung von Amuletten, Talismanen, Zauber und als Verstärkung magischer Gegenstände besondere Bedeutung. Unzählig sind die Möglichkeiten, die verschiedensten Symbole zu kombinieren, und bieten so jedem, der sich mit den Symbolen auskennt, eine nahezu unerschöpfliche Kraftquelle zur Erreichung des gesteckten Zieles. Symbole können aber nicht nur im gezeichneten oder als Schmuck hergestellten Zustand vorgefunden werden, viele gibt es auch in Form von Statuen, oder einige sind gar in unserer Natur vorhanden.

Welche Symbole eine Hexe nun bei der Herstellung ihrer Talismane einsetzt und welche sie zur Zusammenstellung ritueller Opfergaben bevorzugt, liegt ganz in dem, was die Symbole für sie selber bedeuten.

Was sind Skulpturen
und wozu dienen sie?

Ähnlich der Symbole handelt es sich auch bei Skulpturen häufig um die körperliche Darstellung einer ganzen Philosophie, Religion oder des mystisch-fantastischen durch eine Figur. Mal abgesehen vom *Puppenzauber* stellen Skulpturen gerade innerhalb des heute praktizierten Hexentums eine wichtige Kraft dar. Konnten Hexen sich früher noch hinaus in weitläufige, einsame Naturregionen zurückziehen und dort an besonders abgelegenen Plätzen ihre Tempel und Göttinnenaltäre aufbauen, so liegt das heute nahezu im Bereich des Nichtmachbaren. Im Gegensatz zu anderen Ländern, wo auch heute noch die Achtung und Toleranz vor und zu den Göttern ein Entfernen ihrer Skulpturen, auch aus im Wald gelegenen Schreinen, kaum denkbar erscheinen läßt, so werden hierzulande selbst Zeichnungen, Opferbeutel, Weihegaben und erst recht Götterfiguren beschmiert, zerstört und entfernt. Wozu also dann noch Skulpturen? Im Gegensatz zu einer bildlichen Darstellung ermöglicht eine Skulptur die Erfahrung durch die Berührung, sie kann gewaschen, mit Blumen geschmückt, von Kerzen umgeben oder einfach nur als Verehrungssymbol Einsatz finden. Dadurch, daß gerade im deutschen Raum und den angrenzenden Ländern überhaupt keine oder nur sehr wenige Hexenskulpturen auf dem Markt erhältlich sind, werden sie meist in aufwendiger Handarbeit hergestellt oder in Auftrag gegeben. Nur die wenigsten Hexen haben auf ihrem Hausaltar eine richtige Skulptur der Göttin, oder gar ihres Gefährten, stehen. In den meisten Fällen wird aus Bequemlichkeit lieber auf Repliken alter Geschichtsfunde, wie etwa der "Venus von Willendorf" oder ersatzweise auf die reichhaltige Palette der alten Römer und Griechen ausgewichen. Und vielleicht ist es ja gerade das, was die Anziehung und Kraft von vorhandenen Hexenskulpturen ausmacht. Orden, Coven und Einzelhexen hüten ihre Götterskulpturen wie wahre Schätze, was Skulpturen letztendlich ja auch sind. Dabei macht nicht die Perfektion oder Schönheit einer Skulptur ihren Wert aus, sondern die Liebe und Hingabe, mit welcher der durch sie verkörperte Gott angebetet und verehrt wird. Genau wie ein Platz und jedes magische Gerät speichert eine Skulptur Kräfte, Eindrücke und die Umgebung, bis sie schließlich so stark aufgeladen ist, daß selbst Uneingeweihte sofort ihre Ausstrahlung, ihr Fluidum, bemerken.

Masken

Masken sind im Prinzip Teilskulpturen, durch sie wird versucht, eine bestimmte Wesenheit durch bestimmte Gesichts- oder Kopfformen auszudrücken. Besonders in alten Ritualen überließen oft bestimmte Menschen ihren Körper freiwillig den Geistern, beziehungsweise einem bestimmten Geist und gaben mit dem Tragen einer Maske ihr eigenes Gesicht auf. Besonders in der Walpurgisnacht lebt der Hexenglaube in unserer Kultur bis heute. An altüberlieferten Plätzen und Orten findet sich zu Walpurgis die Bevölkerung zusammen, Kopftücher, Hakennasen, Warzen oder das ganze Gesicht bedeckende Masken. Das Antlitz alter Märchenhexen darstellend, heulen, feiern und erschrecken noch immer Frauen und Mädchen die restlichen Bewohner und tragen damit dazu bei, daß die Hexenreligion im Bewußtsein vieler Menschen bleibt. Im süddeutschen Bereich, und dort schwerpunktmäßig in den katholischen Regionen, finden ganze Umzüge und Prozessionen maskentragender Perchten, Geister und Narren statt, welche symbolisch die schlechten Geister des alten Jahres austreiben und damit für einen guten Neubeginn sorgen. Im Hexentum wird die Möglichkeit des Hineinschlüpfens in ein fremdes Wesen besonders durch das Tragen von Bocksmasken als Darstellung des Wächters *(Wicca)* oder durch einen Hirschkopf *(keltisch-schamanisch)* gepflegt. Eine vereinfachte Form, die auf der gleichen Grundlage beruht, ist das Bemalen von Gesichtern, welches in neuerer Zeit wieder mehr in das Bewußtsein der Menschen rückt.

Anmerkung: Der ausgefeilteste Maskenkult und damit wohl auch die Blütezeit der Masken in religiösem Zusammenhang fand in der Kultur des alten Ägyptens statt. Priester, Könige und viele andere Berufsgruppen nutzten damals das Wissen um die Magie der Masken, als Zeichen von Schutz, persönlicher Verwirklichung und Götternähe.

Formen & Gegenstände

Der Mond - die Mondin

"Der Mond hat seine eigene Magie" sagt man, und meist meint man dabei die Mondin. Mondsicheln tragende Frauen gehören fast immer zum Hexenkult, denn Hexen und die Mondin sind untrennbar miteinander verbunden. Nicht nur als Lichtquelle hat der Mond seine Bedeutung, sondern neben der Menstruation steht er auch für Weiblichkeit, Liebeskraft und Wachstum. Hatte die Mondin ihre letzte Hochzeit in der Verehrung als Göttin Luna, so führen Hexen ihr Mondwissen von frühester Menschheitsgeschichte bis heute weiter, wo es langsam immer mehr Beachtung findet. Für fast alle Umgänge mit "lebender" Materie, wie zum Beispiel Kräutersammeln, Haare und Nägel schneiden, Blumen säen oder umtopfen und vielem mehr gibt es besonders günstige Mondstände, die auch wissenschaftlichen Überprüfungen standhalten. Die Auswirkungen des Mondes gerade auf Wasser lassen sich an jeder Küste beobachten. Da Pflanzen, Tiere und Menschen ebenfalls einen Anteil Wasser in ihren Körpern haben, sind die Zusammenhänge zwischen ihnen und dem Mond nur folgerichtig.

Neben seiner Verwendung in rituellem Kopf- oder Halsschmuck sind Mondsymbole auch auf Hexenkelchen oder an den Heften von Athamen oder Schwertern anzutreffen.

Der Drudenfuß

Der Drudenfuß oder das Pentagramm ist nahezu das einzige bekannte Hexenemblem. Zwar laufen inzwischen auch eine ganze Menge junger Menschen herum, die das Zeichen nur als Modeschmuck, ohne tiefere Einsichten, tragen, doch insgesamt verbindet fast jeder des Zeichens Kundige mit dem fünfzackigen Stern den Begriff Hexe. Die Erklärungsmodelle des Pentagramms führen oft weit in die Geschichte und Mythologien zurück. So sprechen alte magische Bücher vom Pentakel und meinen damit das in eine Scheibe eingeritzte beziehungsweise gravierte oder aufgetragene Pentagramm. Irrtümlicherweise wird der Drudenfuß manchmal auch als Teufelssymbol bezeichnet, was jedoch in der Unfähigkeit der Unterscheidung zwischen dem Bockskopf als Fruchtbarkeitsgott und einer dämonischen Fratze herrührt. Ebenso wie dieser Irrglauben, hat sich auch die Auffassung verbreitet, ein mit einer Spitze nach oben zeigendes Pentagramm stehe für weiße, gute Magie, während das mit zwei Spitzen nach oben zeigende Pentagramm für die schwarze, böse Magie stehe. Derartige Zuordnungen entbehren jeder Grundlage und sind völlig aus der Luft gegriffen. Die im Folgenden aufgeführten Erklärungen der Drudenfuß- oder Pentagrammsymbolik basieren auf der Grundlage der Fruchtbarkeitskulte unserer Vorfahren und sind damit universell gültig.

Die 5 Zacken

Die fünf Zacken des aufrechtstehenden Drudenfußes stehen für:

☆ Feuer (unten rechts)

☆ Wasser (rechts)

☆ Erde (unten links)

☆ Luft (links)

☆ Äther (oben)

In dieser Verbindung können den Zacken auch die den Elementen entsprechenden Himmelsrichtungen und Hüter zugeordnet werden. Äther, der feinstoffliche Bereich, stellt gelegentlich auch die Göttersphäre dar, gleichbedeutend mit Geist, Urgeist oder auch Vollkommenheit. Diese Art der Kräfte- oder Ebenenzuordnung findet sich auch in dem alten Hexenreim wieder.

Die Stellungen des Drudenfußes

Der mit einer Spitze nach oben zeigende Drudenfuß stellt die weibliche Kraft dar. Sammeln, Behüten, alles Wissen in sich vereinen, führten zu der Auffassung, daß das weibliche Prinzip mit dem Begriff passiv belegt wurde. Wer Frieden und Liebe der Allmutter oder Mondin zuweist, vergißt allerdings oft, daß auch Sammeln von Wissen, Hervorbringen von Liebe und selbst die körperliche Vereinigung Aktivität voraussetzt und beinhaltet. Nur weil die Frauen schon in grauer Vorzeit erkannt haben, daß körperliche Auseinandersetzungen, wie Kriege, außer daß sie ein Unmaß an Leid erzeugen und lediglich der Bereicherung einiger Weniger nutzen oder deren Geltungssucht entspringen, und sie dafür keine Kinder gebären wollten und das Kinderkriegen somit ihrem eigenen innersten Wesen zutiefst entgegenstand, bedeutet das nicht gleich, daß Frauen passiver als Männer handeln. Die Weisheit unserer Vorfahrinnen führte dazu, daß sie Körper, Seele und Geist als untrennbar miteinander in Verbindung stehende Kräfte und Ebenen erkannten, die den eigentlichen Wert eines jeden Menschen überhaupt erst ausmachen. Solche und ähnliche Weisheiten haben in Jahrtausenden dazu geführt, daß bei vielen Frauen Sensibilität, Intuition und Spiritualität sehr viel weiter entwickelt sind, als bei den meisten Männern. Frau, Kelch, Labsal, Heilung, Wissen, all jene den Frauen und Hexen zugeschriebenen Werte erscheinen sowohl den meisten Frauen wie auch Männern als positiv. Höchstwahrscheinlich ist das auch der Punkt, an dem man von weißer Magie und dem weißmagischen Pentagramm zu sprechen begann.

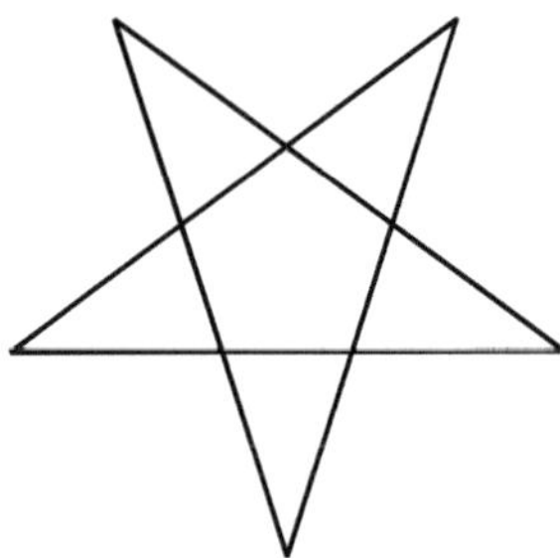

Zwei Spitzen oben und oft mit einem Bockskopf ausgefüllt präsentiert sich das männliche Fruchtbarkeitssymbol. Männer wollen herrschen, fast schon krankhaft versuchen sie die immer mehr abbröckelnde Entscheidungsgewalt festzuhalten. Der animalische Trieb von Jagen, Unterwerfen und Bezwingen hat in Jahrtausenden den meisten Männern körperliche Überlegenheit gegenüber den Frauen antrainiert. Die Verehrung von Cernunnos, Pan usw. ermöglichen Männern in den oft orgiastischen und ausschweifenden Ritualfeiern ihre innere Harmonie wiederzufinden. Mit Gesängen, Drogen und berauschenden Getränken fühlen sie sich in die Lage versetzt, ihren Kopf abzuschalten und sich ganz ihrem Gefühl hinzugeben. Das bei vielen Männern heute noch vorhandene Unterdrücken der eigenen Gefühle führt allerdings auch dazu, daß bei derartigen Ritualen oft eine Gefühlsüberschwemmung auftritt, die meist nicht mehr kontrolliert werden kann und gelegentlich in rauschartiger Trance endet. In den Fruchtbarkeitskulten stellt für viele Männer jedoch der Bockskopf, oder Cernunnos, ein eher friedliches Symbol der Tier- und Naturverbundenheit dar. Für sie verkörpern die Geweih- oder Hornspitzen die phallischen Aspekte der Göttlichkeit, zu denen sich viele Männer eher verbunden fühlen, als zu den weiblichen Aspekten der Göttin. Lebenskraft, körperliche Aktivität bis hin zum Ausleben animalischer Urtriebe, objektiv betrachtet durchaus positive Werte, können auf Außenstehende negativ erscheinen, insbesondere auf der Ebene von Moral und Etikette.

Der Totenkopf

Einst ein sehr wichtiges Symbol in der Magie und auch im Hexentum, scheint in der heutigen Zeit der Totenkopf seinen ursprünglichen Symbolcharakter weitgehend verloren zu haben. Tod, Knochen, Gräber, alles Zeichen der Warnung und der körperlichen Sterblichkeit. Neben der Geburt eines Menschen ist der Tod das zweite wichtige Ereignis eines jeden Lebewesens. Schon bei den Naturvölkern wurden oft Knochenhaufen oder auf Stäbe gesteckte Totenköpfe zur Markierung heiliger Plätze, magischer Kraftorte und Bezirksgrenzen verwendet. Ihre Aussage war jedem, der sie sah, unmißverständlich. Solche Zeichen bedeuteten stets: Achtung hier beginnt ein Bezirk, der nur von bestimmten auserwählten Personen ungestraft betreten werden darf, zum Beispiel den Anhängern eines bestimmten Stammes, einer Religion oder der Priesterkaste. Auch in der abendländischen Magie hat der Totenkopf eine ähnliche Bedeutung, jedoch steht er hier neben seiner Funktion des Abschreckens und Warnens auch noch als Zeichen für geistige Weiterentwicklung und Wissenschaft. Gerade in der Verwendung als Bierkrugverzierung von verschiedenen studentischen Verbindungen und Corps wird seine mystische Bedeutung bis in die heutige Zeit am Leben erhalten. Anders als die Freimaurer, welche den Totenkopf als Symbol für das Lebensende benutzen, verwendeten Hexen, besonders früher, den Totenkopf zusätzlich als Erdelementsymbol. Wenn Tiere oder Menschen ihr körperliches Ende erfahren, bleiben von ihnen die Knochen länger erhalten als das Fleisch, bevor letztendlich sich auch der Knochen zu Erde verwandelt. Abgesehen von jedweder Symbolik ist es vielleicht gerade das Schauern und der Ekel, den manche Menschen beim Anblick eines Totenschädels spüren, der diesen zur Reliquie und zum magischen Gegenstand erhebt. Auf diese Weise verfügt jeder Totenschädel bereits von Anfang an über eine Ausstrahlung, für welche die anderen Hexengeräte erst aufgeladen werden müssen. Die Geheimnisse und Mysterien des Todes gehören weltweit zu den Themen, deren Erforschung sich immer mehr Menschen widmen, jeder hofft, dabei auf das Geheimnis ewigen Lebens zu stoßen und damit die eigene Existenz zu verlängern.

Tiere

Der Hase - Die Häsin

Altüberliefert ist die Zuordnung des Hasen zur Mondin. Stellvertretend für Sexual- und Zeugungskraft stellt sein Symbol das Bindeglied zwischen der niederen, animalischen Ebene und der sammelnden, geistigen dar. Als Wandelhülle mit samtweichem Fell, großen ausdrucksstarken Augen und seinem gemeinhin bekannten Vermehrungswillen, ist der Hase ein uraltes Hexenwesen, weshalb er auch auf alten Zeichnungen oft in ihrer Nähe dargestellt wurde.

Ein Überbleibsel der Hasenmythologie läßt sich auch heute noch vereinzelt, besonders in ländlichen Gegenden im Volksbrauchtum, vorfinden, wo das Aufbewahren einer Hasenpfote in der Hosentasche, die man gelegentlich reibt, Glück verspricht.

Der Hirsch

Als imposantester Geweihter heimischer Wälder ist nur der Hirsch übriggeblieben. Mit seiner Größe überragt er alle anderen Waldtiere. Stark und kämpferisch verteidigt er sein Revier. Seine Hornspitzen sind machtvolle Waffen und lassen einen erschauern, wenn er mit edel hocherhobenem Kopf durch das Dickicht trabt. Der Begriff Eingeweihter stammt aus der Zeit, in welcher die Jäger in den ungestörten Tiefen der Wälder geheime Riten zelebrierten, wenn einer von ihnen durch Kraft und Geschicklichkeit ein Tier erlegt hatte, welches sie für das kräftigste in ihrem Lebensraum hielten, gleichbedeutend mit den Löwen-, Tiger-, Bären- oder Waljagden anderer Kulturen und Regionen. In Zeiten, da man seine Kraftgegenstände noch selber hergestellt und gesammelt hat, bedeutete Tragen und Besitzen eines Hirschkopfes Stärke, Wissen und das Beherrschen von Wald- beziehungsweise Jagdmagie.

Eber, Sau, Schwein

Wildeber und Wildsauen sind Symbole ursprünglichster animalischer Triebe. Ungeachtet aller menschlichen Ästhetik rüsseln und paaren sich

Hexengetier

die Wildschweine mitten in Schlamm und Matsch. Kräftig, und nur ihren Instinkten von Nahrungssuche und Vermehrungsdrang folgend, stellten sie schon für unsere Vorfahren eine starke Jagdmagie da.

Das Glücksschwein, wie es heute bei uns Verwendung findet, wird nahezu ausschließlich als kleines, sauberes Hausferkel vorgestellt. Wer ein Schwein im Haus hat, braucht keinen Hunger zu leiden, das bedeutete in Zeiten ohne Dosenfleisch und Discounter wahres Glück, einen vollen Magen und gefüllte Vorratskammern für den Winter. In anderen Kulturen gilt das Schweineopfer zu besonderen Gemeinschaftsfeiern wie Geburt, Hochzeit und Totenfeier immer noch als wichtiger zeremonieller Bestandteil.

Schlange

Die Menschen begegneten Schlangen schon immer mit Achtung, zum Teil aus Angst, aber auch wegen des Wissens, wie sich mit ihrem Gift Krankheiten heilen lassen. Uroboros, die Schlange, die sich selber in den Schwanz beißt, ist bis heute mächtiges Kraftzeichen in Magie, Mystik und Alchemie. Auch Ärzte und Krankenhäuser führen heute noch fast immer das alte Heilersymbol der Schlange, durch die Doppelschlange des Äskulapstabes, als Berufszeichen, wobei sich jedoch nur die wenigsten mit der dazugehörigen Mythologie bewußt auseinandersetzen.

Die Schlange wird auch aufgrund ihrer zyklischen Hauterneuerung als Sonnensymbol, im Besonderen der Wintersonnenwende, verwendet.

Die Eule

Wer kennt nicht die Eule als Symbol von Buchläden und Antiquariaten. Sie steht als Hüterin und Bewahrerin von Weisheit. Zu sehen, wenn andere nichts mehr sehen, genügend Licht auch im Dunkel zu erkennen, all das führte dazu, daß die Menschen in ihr den Vogel der Weisheit erkannten, denn über welche Macht und Magie muß ein Tier verfügen, wenn es selbst in der Nacht sieht, während der Mensch sich unterlegen und blind fühlt. Der Begriff Eule muß in der Symbolik jedoch als Überbegriff verstanden werden, die meisten der Darstellungen zeigen nämlich Käuze und nicht Schneeeule, Waldohreule oder Schleiereule.

Da Hexen auch des Nachts häufig sich auf Streifzügen durch die Natur bewegen, wurde ihnen dieser Vogel zu einem guten Vertrauten, das Verstehen seines Verhaltens und seiner Laute konnte sogar lebenswichtige Warnungen übermitteln.

Die Katze

Wohl kaum ein Tier wird so sehr mit Hexen in Verbindung gebracht, wie die Katze. Allein ihre Zähigkeit und daß sie selbst aus großen Höhen unbeschadet auf die Erde fallen kann, brachte ihr den Ruf ein, über 9 Leben zu verfügen. Mit stets eigenem Kopf schließt sie sich den Menschen zwar an, gibt dafür aber keinesfalls all ihre Freiheiten auf. Da Hexen meist materiell arme Menschen waren, nutzten sie schon früh ihr Wissen und stellten Verbindungen zu Katzen her. Die Katzen konnten sich meist selbst versorgen, Mäuse und Kleingetier gab es ja früher im Überfluß. Außerdem bedeutete die Katze im Haus zugleich, daß sie die Vorräte vor den kleinen Nagern schützte. Sicher hat auch ihr medizinisches Wissen dazu beigetragen, daß Hexen sich gerne Katzen hielten, sie spendeten Wärme und beugten mit ihrem Fell zugleich dem Rheuma und der Gicht vor. Das führte später allerdings dazu, daß die Menschen sich nur noch in Drogerien und Reformhäusern mit Katzenfellen versorgten, um sich nicht mit der Haltung einer Katze belasten zu müssen.

Die Muschel

Während Muscheln von vielen Menschen noch als Symbol von Weiblichkeit, Wasser und Liebe angesehen werden, ist doch vielfach in Vergessenheit geraten, daß Muscheln keineswegs Gegenstände, sondern Tiere sind. Ausschließlich auf ihre Kalkschale dezimiert, finden sich Muscheln vielfach auf den Altären der Großen Göttin wieder. Wer hat nicht zumindest als Kind sich schon mal eine Muschel ans Ohr gehalten und in ihr das Rauschen einer Meeresbrandung vernommen. Derartige leicht nachzuvollziehende Bewußtseinserfahrungen nutzen Hexen auch als ein Tor, um zu überirdischen, mystischen Welten zu reisen.

Perlmutt und Perlen haben es ihrem sanftem Glanz zu verdanken, daß sie allgemein höher angesehen und damit bewertet werden, was sich leider auch fast immer im Preis ausdrückt. Das früher in einigen Teilen der Welt verwandte Muschelgeld, zum Beispiel aus Kaurimuscheln, gibt es leider in der Praxis nicht mehr.

Pflanzen

Die Mistel

Egal ob Zweig, Bild oder Skulptur, Macht und Magie der Mistel hat sich bis heute stets in der allgemeinen Bevölkerung erhalten. Keltische Priester ernteten die Mistel immer am 6. Tag nach dem Neumond. Neben medizinischer Anwendung stellt die Mistel auch ein starkes Mittel für die Liebe dar. Besonders die Briten hängen einen Mistelzweig zur Weihnachtszeit in ihre Stuben. Der Brauch, daß unter der Mistel stehende Personen sich küssen dürfen, hat sicher zum Großteil ihrer Beliebtheit, gerade unter der jüngeren Bevölkerung, beigetragen. Magie und Mystik der Mistel beinhalten fast ausschließlich positive Aspekte, und das, obwohl die Mistel früher auch als Hexenkraut bezeichnet wurde.

Die Kornähre

Im Hexentum noch immer weit verbreitet ist die Verwendung von Kornähren als Zeichen eines intakten Jahreskreislaufes und von Fruchtbarkeit. Wogende goldene Kornfelder bedeuten stets die Abwehr von Hunger und Not. Korn läßt sich leicht auch über längere Zeiträume lagern und neben der weitverbreiteten Verwendung als Brot findet es auch Einsatz in früher auf heiligen Festen genossenem Kornschnaps, der die Glieder wärmt oder in gesunderhaltendem Gerstensaft.

Korn in der Symbolik steht für alle Arten von Körnerfrüchten wie Gerste, Roggen und Weizen. Insgesamt ist die Ähre ein heiliges Symbol aller Ackerbauern. Neben der Bedeutung als Frucht bedeutet eine volle Ähre auch, daß sie genügend Sonne, Wind und Regen zum Heranwachsen erhalten hat und, daß der Boden gut und voller Nährstoffe war. So ist jede gesunde Ähre letztendlich auch ein Zeichen eines gesunden Jahres beziehungsweise einer gesunden Region.

Die Alraune

Wohl die berühmteste Hexenpflanze, abgesehen von den Zutaten der Hexensalben, ist die Alraunenwurzel. Dieses in den Mittelmeerländern vorkommende Nachtschattengewächs hat seine Bekanntheit nicht seinem Gift, sondern seiner häufig recht menschenähnlichen Wurzelstöcke zu verdanken. Viele Geschichten ranken sich schon allein um die Ernte dieser Wurzel. So heißt es, daß einem der Wind nicht entgegenstehen dürfe, bis hin zu der Anleitung, die Alraune müsse durch einen Hund aus dem Boden gezogen werden, da dabei ein schier zum Irrsinn treibendes Geschrei sonst den Erntenden in den Tod treibe.

Die durch ihre Seltenheit sehr teuren Wurzeln wurden mit Wein gewaschen, meist jedoch nicht, ohne vorher mit einem Messer dem Aussehen etwas nachzuhelfen, gekleidet und sorgfältig als Schutz für Haus und Bewohner aufbewahrt.

Schutzzauber der machtvollsten Art. Nur für den Notfall!

Hekate, die Schwarze Göttin

Kaum ein Hexenbuch behandelt die Rituale und Aufgaben der Hexengöttin Hekate, doch warum ist das so?

Die Schwarze Göttin, wie die meisten Hexen sie liebevoll nennen, steht für ein Gebiet, das die meisten Menschen wohl mit schwarzer Magie in Zusammenhang bringen, und da viele Hexen sich, zumindest in der Öffentlichkeit, von schwarzer, negativer Magie, scheinbar distanzieren, trauen sie sich auch nicht, die Schwarze Göttin zu erwähnen. Doch wer sich mit Hekates Reich unvoreingenommen auseinandersetzt, wird schnell erkennen, daß es sich bei ihr um die eigentliche Schutzgöttin der Hexen handelt.

Zwar ist Hekate letztendlich nur ein weiterer Teilaspekt der Großen Göttin, egal bei welchem Namen man sie ruft, doch im Gegensatz zu der Weisen Alten oder auch Aradia, birgt Hekate in sich Macht und Kraft, die zum Schutz ihrer Schwestern und Brüder auch schon mal tödlich oder zerstörerisch wirken kann. Doch wie eben gesagt, so wird die Schwarze Göttin nur in Situationen zu aktiver Hilfe angerufen, wenn alle anderen weißmagischen Mittel versagt haben. Es hat doch einfach keine Hexe nötig, sich dem Willen anderer Menschen zu unterwerfen, ohne sich zu wehren. Hilft kein Bittgebet an die Große Göttin, kein Sprechen mit dem drangsalierenden Gegenüber und noch nicht mal die Distanz, in der Erwartung, nicht mehr belästigt zu werden, dann und nur dann sollte sich eine Hexe an die Göttin Hekate wenden.

Alten Überlieferungen zufolge besteht sowieso keine Gefahr des Mißbrauchs, denn Hekate wird als Hüterin der Schwelle all jene zerschmettern, die sich ihr auf unwürdige Weise oder auch mit unwürdigen Anliegen nähern.

Hekate, die Schwarze Göttin, wird meist als eine Frau mit herb - schönem Gesichtsausdruck dargestellt, ihr Körper zeigt zwar weibliche Attribute und Rundungen, doch längst nicht so ausgeprägt wie das bei anderen Göttinnen der Fall ist. Nahezu zeit- und alterslos steht sie, die Schutzgöttin der Hexen, einer Kämpferin gleich, mit erhobenem Schwert, bereit, alle Feinde des Hexenvolkes in ihre Schranken zu verweisen. Ihr Schwert ist kein Symbol feinstofflichen Schutzes, sondern wie im Hexentum sonst nur selten üblich, als Waffe zu verstehen. Wer sich als Hexe Hekate zuwendet, erwartet von ihr keinen mildtätigen Spruch oder harmonischen Zauber, sondern schnelle Lösung seines Problems.

Ein zweites Symbol, das Hekate bei sich trägt, ist der Schlüssel zu den geheimen Mysterien, was sie zu einer Göttin macht, auf die alle Hexen, welche ihre Ausbildung auf höchster Ebene abschließen möchten, irgendwann treffen werden. Ähnlich den großen Saturnlogen stellt auch die Hüterin der Schwelle die Grenze dar, welche überschritten werden muß, wenn man in andere Welten Zugang erhalten möchte. Vielfach wird in alten Büchern darauf hingewiesen, daß diese Grenze nur von denjenigen Menschen gefahrlos überschritten werden darf, die dafür bereits reif sind, bei allen Anderen soll es zu Irrsinn, geistiger Armut oder gar zum Tode führen.

Bei einigen Hekatedarstellungen stößt man auf Schlangen zu ihren Füßen, an der Seite dieser Göttin stehen sie für List und das Wissen um tödliche Gifte.

Einige weniger bekannte Darstellungen der Schwarzen Göttin zeigen sie als Trägerin zweier Fackeln, stellvertretend für das kosmische Gesetz: Wie oben ist, so auch unten. Im weitesten Sinn beschreibt dieses Symbol die Wirkweise von Hekate. Letztendlich braucht sie die Kräfte und Taten von Menschen, die anderen Lebewesen schaden, nur zu reflektieren, um für Schutz und Gerechtigkeit zu sorgen. Wer mordet, soll den Tod begreifen, wer andere schlägt oder ihnen in anderer Weise Gewalt antut, soll seine Taten am eigenen Leib erfahren, nur so kann derjenige erfahren und verstehen, was er falsch gemacht hat.

Neben ihrer Funktion als Schutzgöttin der Lebenden, ist Hekate jedoch auch die Wächterin und Wegbegleiterin der Verstorbenen. In der Zeit vor der Geburt bis nach dem Tod hält sie ihre schützende Hand über all jene, die sich mit der Bitte um Rat und Hilfe an sie wenden. Besonders die Aspekte des Oktobers tragen Hekates Züge der Wandlung. Herbststürme lassen schon vorweg an die Allmacht Gevatter Winters erinnern, demütig erinnern sich die Hexen an die übermächtigen Kräfte der Natur, die sie umgeben, und bitten Hekate, sie auch weiterhin so gut zu beschützen.

Vorbereitung zur Anrufung der Schwarzen Göttin

Um der dreigesichtigen Göttin entsprechend gereinigt und geläutert gegenüber zu treten, fastet die Hexe 3 Tage (72 Stunden) und beschäftigt sich in dieser Phase mit innerer Einkehr und dem Auseinandersetzen und Überdenkens des Problems, das sie der Schwarzen Göttin vortragen möchte. Erst am Ende des dritten Tages, wenn sie sich völlig sicher ist, keinen anderen Ausweg zu finden, wird mit der Anrufung Hekates begonnen.

Wer die Schwarze Göttin anruft, muß ihr opfern. Der *persönliche* Wert der Opfergaben zeigt der Göttin, wie weit die hilfe- oder schutzsuchende Hexe bereit ist, sich von der materiellen Welt zu trennen, um ihren Schutz zu erhalten. Wird die Schwarze Göttin von einer Gemeinschaft um Hilfe angerufen, so muß jede teilnehmende Hexe sowohl die Fastenzeit durchlaufen, als auch ihre ganz persönlichen Opfergaben beisteuern.

Innerhalb ihrer Zeremonien werden niemals Symbole, Figuren oder Namen anderer Götter als Hekates verwendet. Manche Hexenbücher unterschlagen diesen äußerst wichtigen Faktor, aus welchen Gründen auch immer, und verschleiern die Zeitpunkte zur Anrufung der Schwarzen Göttin noch weiter, indem sie fälschlicherweise behaupten, Hekate sei bei Vollmond anzurufen.

Der machtvollste Zeitpunkt, die Schwarze Göttin zu rufen, liegt in den Neu- oder Schwarzmondnächten. Zu diesen Zeitpunkten sind die Tore zu Hekates Reich am durchlässigsten und damit ihre Macht am größten. Den Plätzen, an denen man Hekate anruft, nähert man sich stets in bedächtigem Schweigen, als Einstimmung und Vorbereitung auf den Kontakt mit der Göttin. Findet eine solche Zeremonie in einem Raum statt, so wird eine angemessene Zeit, mindestens jedoch eine halbe Stunde, in absoluter Stille verharrt, bevor die Göttin gerufen werden darf.

Die Kleidung

Alle, die sich der Göttin Hekate nähern oder ihre Tempel betreten, sollen schwarze Kleidung oder Umhänge tragen, das mindeste ist jedoch ein schwarzer Schleier, der das Gesicht bedeckt. Durch das Tragen der Farbe schwarz zollt man zum einen der Göttin seinen Respekt und zum anderen symbolisiert diese Farbe, daß man sich mit Tod, Sterben und reinem Herzen auseinandergesetzt hat, auch die zu Ehren Hekates entzündeten Kerzen sind in der Regel schwarz oder wenigstens in ganz dunklem Nachtblau.

Anrufung der Hekate

Schwarze Göttin, in dunkelster Nacht, rufe ich dich, die über uns wacht.

Du Hüterin aller Mysterien, Bewacherin des Tores zur anderen Welt, gib mir den Schutz, der mir fehlt.

Wohlüberlegt, durch Fasten gereinigt, wart' ich in dieser, deiner Nacht, ich brauch Deine Hilfe, ich brauch Deine Wacht.

Ich bring dir ein Bild, einen Namen, ein Reif, von meinem Feinde, von dem ich weiß.

Oh Schwarze Göttin, ich bitt dich um eins, nimm dich seiner an, damit er nicht weiter schaden kann.

Die Gaben von heute sind für dein Erscheinen, doch wenn es gelungen, werd erneut ich erscheinen, zu bringen Geschenke von mir und den meinen.

Oh Schwarze Göttin ich flehe dich an, gib mir deinen Schutz und ihm deinen Bann.

Tritt bis zum nächsten Vollmond keine Besserung oder gar die Lösung des Problems ein, so wird die Zeremonie an jedem weiteren Neumond wiederholt, bis sich letztlich das gewünschte Resultat einstellt. Hat man jedoch den Schutz der Göttin erfahren und das Problem sich gelöst, so kehrt man nochmals, ebenfalls in einer Neumondnacht, an den Ort zurück, an dem man Hekate um Hilfe gebeten hat, und beschenkt sie als Dank reichlich mit Gaben und Dankgebeten.

Beispiel eines Dankgebets

Oh Schwarze Göttin ich rufe dich an, von deinem Schwert die Feinde zerschmettert, von deinem Gift die Zungen gelähmt, du

*hast ihre eigenen Kräfte gerichtet gegen sie selber mit Macht, auf
daß sie erkennen am eigenen Wesen welch scheußliche Taten sie
haben vollbracht.*

*Zu danken dir bin ich erschienen, zu bitten um deinen weiteren
Schutz, solange es gibt Feinde der Hexen, soll deine Kraft
wirken, dem Feind zur Verdammnis, dem Freunde zum Trutz.*

Anmerkung: Hexen, die sich ausschließlich der Schwarzen Göttin zuge-
wandt haben, gibt es im Hexenkult kaum. Da diese selbst von den Wicca
und anderen Hexengruppen fast immer abgelehnt werden, dürfte es nur
den wenigsten Hexen gelingen, sie zu erkennen, oder gar zu ihnen Kontakt herzustellen. Vielleicht ist es ja gerade dieser Zurückgezogenheit zu
verdanken, daß die wenigen Priesterinnen und Priester dieser Göttin noch
Zugang zu den machtvollsten Schadens-, Todeszaubern, Giften und Be-
schwörungen haben. *Hekate sei dank!*

Zukunftsdeutung

Wichtigste Regel bei allen Orakeln:
Laß die fragende Person möglichst viel selber ziehen und legen.

Vorweg: Wird einem als Hexe erstmal ein bestimmter Bekanntheitsgrad und Ruf zugeschrieben, werden sich immer mehr Ratsuchende an einen wenden. Die eigene Vergangenheit und Gegenwart glauben diese Menschen bereits zu kennen, und so werden sich die meisten Fragen erfahrungsgemäß um die Zukunft drehen. Sicher ist keine Hexe verpflichtet, die Zukunft anderer Menschen zu deuten, doch selbst bei einer derartigen Ablehnung, in die Zukunft zu schauen, werden immer wieder Situationen an die Hexe herantreten, in welchen sie Fragen die Zukunft betreffend beantwortet haben möchte, um sich entsprechend zu verhalten oder zu entscheiden.

Das im Menschen wohl am tiefsten verwurzelte Interesse ist das Interesse an der Zukunft. Egal in welche Epoche oder Kultur man schaut, überall gab und gibt es eine Vielzahl von Menschen, die sich nichts sehnsüchtiger wünschen, als einen Blick in die Zukunft zu werfen, dabei spielt es überhaupt keine Rolle, ob diese Sehnsucht aus der Urangst, gravierende Fehler zu machen, oder aus anderen, irdischen Motiven besteht. Selbst in der schriftlich niedergelegten Geschichte findet man eine große Anzahl überlieferter Beispiele, in denen Seher, Medizinmänner, Schamaninnen, Hexen, um nur einige *Berufe* zu nennen, vor einem Krieg, einer Hochzeit oder einer anderen äußerst wichtigen Entscheidung konsultiert und um Rat gefragt wurden. Viele Teile von Staat, Kirche, Religion und Volk versuchen immer wieder hinter natürlichen Ereignissen oder mentalen Erkenntnissen das Gesetz des Kosmos zu erkennen, um sich damit Vorteile zu sichern.

Geht man einmal davon aus, das zumindest einige besonders weise Personen in die Zukunft schauen können, so stellt sich trotzdem weiter die Frage ob es sich bei dem Gesehenen um die Zukunft handelt, wie sie eintreffen würde, wenn der Fragesteller davon nichts wüßte, oder ob die so gesehene Zukunft auch eintreten würde, egal, wie sich der Fragesteller verhält. Geht man der zweiten These zuerst nach, stellt man sehr schnell fest, daß in diesem Fall ein Blick in die Zukunft nahezu unsinnig wäre, weil man ja doch nichts daran ändern könnte. Bei der ersten These stößt man allerdings auch auf ein Problem, denn wenn der Fragesteller, nachdem er von der Zukunft erfahren hat, diese aus eigenem Gutdünken zu ändern in der Lage ist, dann würden ja unangenehme Ereignisse gar nicht mehr eintreten, und zumindest in diesen Fällen würden die Vorhersagen des Zukunftsdeuters als falsch im Raum stehen bleiben.

Was also bringt uns die Zukunftsdeutung?

Zumindest wer die Zukunftsdeutung als Hilfsmittel auf dem Weg der eigenen, individuellen Entwicklung versteht, kann mit ihrer Hilfe diese Entwicklung ganz gezielt vorantreiben. Geht man davon aus, daß jeder Mensch sich aufgrund der Summe seiner Erfahrungen bildet, so ermöglicht der Blick in die Zukunft das Erkennen von Erfahrungen, die er in diesem Leben noch zu machen hat. Wer erkennt, welche Erfahrungen er für die eigene Weiterentwicklung noch machen muß, kann diese zwar nicht umgehen, er kann sie jedoch auf einer anderen Ebene vollziehen und selber gestalten. In der Praxis sieht das so aus: Erkennt man in der Zukunft eine schwere Krankheit, so bedeutet dies nichts anderes, als daß man sich mit Themen wie gesunder Lebensführung, bewußtem Verhalten, Erkennen der eigenen Wertigkeit, Schmerz und anderen Erfahrungen auseinanderzusetzen hat. Nimmt man jetzt diese Erfahrungen vorweg, zum Beispiel dadurch, daß man sie schon vor Beginn der in der Zukunft gesehenen Krankheit, auf mentaler Ebene erlebt und durchdringt, so braucht man später diese Erfahrungen nicht mehr in der körperlichen Welt zu erleben und schafft damit Freiräume für diejenigen Erfahrungen, die man ansonsten später in seinem Leben hätte machen müssen.

Die verschiedenen Wege, in die Zukunft zu schauen

Gerade im Bereich des Hexentums gibt es eine große Palette an Methoden, um in die Zukunft zu schauen. Astrologie und Tarot sind die derzeit wohl bekanntesten Wege der Zukunftschau, doch da der Büchermarkt zu diesen Themen bereits, selbst an guten Büchern, übersättigt ist, umreißt dieses Buch das Gebiet der Astrologie nur grob und beschäftigt sich lieber mit unbekannteren und zum größten teil einfacheren Formen der Zukunftsschau.

Zumindest langfristig ist es ratsam, sich nur für eine der Methoden zu entscheiden, zu der eine besonders feine Beziehung besteht und deren Deutung die höchste Trefferquote ermöglicht. Doch um sich überhaupt erst einmal entscheiden zu können, sollte jede Hexe, gerade am Anfang, am besten unter fachkundiger Anleitung einer erfahrenen Seherin, mehrere Methoden kennenlernen und ausprobieren.

Im Prinzip kann jeder Seher und jede Seherin in allem die Zukunft lesen, dafür gibt es auch eine äußerst plausible Erklärung. Die Zukunft entsteht immer aus den Erfahrungen der Vergangenheit und dem Verhalten in der Gegenwart. Wenn also die Zukunft in der Summe aller von den Lebewesen gemachten Erfahrungen begründet ist, so ist es eine logische Schlußfolgerung, daß jedes einzelne Lebewesen die Zukunft mitgestaltet. Da dies jedoch meist unbeabsichtigt, oder zumindest unbewußt, vonstatten geht, fühlen sich viele Menschen der Zukunft irrtümlicherweise hilflos ausgeliefert und suchen die Antworten auf die in ihnen drängenden Fragen bei denjenigen Menschen, die in der Lage sind, einen Blick in die Zukunft zu werfen, wozu traditionell auch die Hexen gehören. Früher lasen die Hexen im Zug der Wolken, dem Kaffeesatz oder in selbstzusammengestellten Orakeln. Heute jedoch, im Zug der materiellen Weiterentwicklung, erwarten die Kunden der Hexen oft größere und imposantere Wahrsageformen für ihr Geld zu bekommen. Das liegt zum Teil sicher auch an der allgemeinen Verbreitung von Schriften, Tarotblättern und weiteren Orakelarten. Während früher Bücher ausschließlich den Reichen und damit der Kirche vorbehalten waren, erhält heute jedermann Bücher über Orakelsysteme und ihre Deutungen zum Hinterherschmeißpreis. Genau diese Entwicklung macht vielen ernsthaften Hexen und Wahrsagern das Leben unnötig schwer. Viele ihrer Kunden haben einige diesbezügliche Bücher gelesen oder zumindest teilweise überflogen und versuchen nun,

mit ihren fragmentarischen Halbwahrheiten die Arten der Zukunftsschau
und deren Deutung zu hinterfragen oder sich gar, wie sie meinen, auf pro-
fessionellem Niveau, mit den Hexen und Wahrsagern zu unterhalten. Wie
bei allen anderen Gebieten, so gilt auch hier, daß die Erklärung einer oft
durch Jahrzehnte entwickelte Sensibilität an jemand Unkundigen den zeit-
lichen Rahmen jeder Zukunftsschau sprengt. Eben diese Problematik
bringt immer mehr Hexen dazu, sich auf altüberlieferte und kaum bekannte Wahrsagesysteme zu besinnen, denn nur dadurch sichern sie die
Unvoreingenommenheit der Kundschaft. Wem aus einem ihm
unbekannten System die Zukunft vorausgesagt wird, der verfügt nicht
über schon teilweise belegte Deutungen und kann sich darum vollends auf
die Deutung der Hexe konzentrieren.

Die Zukunft in spiegelnden Flächen

Zu der Magie der spiegelnden Flächen gehört, neben der Mondschau und dem Kristallkugelsehen, vor allen Dingen die Spiegelmagie. Vorweg sei noch kurz erwähnt, daß durch die Anwendung der gleichen Methodik manche Hexen ihr Gegenüber durchschauen, indem sie dafür sorgen, daß eine Lichtquelle - meist handelt es sich hierbei um eine zwischen der Hexe und ihrem Kunden aufgestellte Kerze - sich in den Pupillen der anderen Person reflektiert und die Hexe dieses Lichttor nutzt, um in die Tiefen der gegenübersitzenden Person vorzudringen.

Egal ob Kristallkugel oder Spiegel, bei beiden Methoden nutzt die Hexe die hellen Lichtreflexe, um sich dadurch in eine Art Trance zu versetzen, in der sie dann zumeist Antworten auf die vorher festgelegten Fragen erhält. Es erfordert allerdings einige Zeit an Training und Willensstärke, bis eine Hexe in der Lage ist, so lange in eine Flamme oder eben einen Reflexionspunkt zu schauen, in diesem Fall handelt es sich dabei eher um ein Starren.

Wichtig: Gerade bei Hexen, die mit der Spiegelmagie arbeiten und zu ihr eine besonders tiefe Verbindung herstellen, passiert es immer wieder, daß sich innerhalb des Spiegels ein Schutzgeist materialisiert, seltener auch mehrere Schutzgeister. Ist ein derartiges Tor erst einmal geöffnet, so kann es durchaus passieren, daß der Schutzgeist, oder wie immer man diese spezielle Verbindung zum Geister- und Ahnenreich auch nennen möchte, manchmal auch dann im Spiegel auftaucht, wenn sich die Hexe in diesem Augenblick gar nicht mit der Spiegelmagie beschäftigt. Derartige, für einen selbst im Augenblick nicht bewußt hervorgerufene Bilder, können im normalen Leben erschrecken, ängstigen oder stören. Daher sollte der Spiegel, den man zur Spiegelmagie nutzt, nach jeder Sitzung mit einem dichten Tuch verhangen oder in einem Schrank eingeschlossen werden. Die intensive Beschäftigung mit der Spiegelmagie birgt aber noch weitere Möglichkeiten von Komplikationen. So entwickeln etwa manche Hexen, die besonders oft und tief mit derartiger Magie arbeiten, die ungewollte Fähigkeit, sich auch im täglichen Leben, in allerlei spiegelnden Flächen in Trance oder Kontakt zur Geisterwelt zu fallen. Was in der Abgeschiedenheit eines Zimmers oder Kraftplatzes durchaus gewünscht wird, kann im täglichen Leben, zum Beispiel im Straßenverkehr, falsches bis tödliches Verhalten hervorrufen.

Spiegelmagie

Jede Art von Spiegelmagie - laut Überlieferung stellten Hexen früher mit Wasser gefüllte Eimer in das Licht des Mondes und bekamen ihre Antworten durch das Tor der spiegelnden Wasseroberfläche - funktioniert nach dem gleichen Gesetz. Da Spiegelmagieübungen durchaus bis zu mehreren Stunden dauern können und meistens von der Hexe hohe Konzentration fordern, ist es ratsam, diese in einem entsprechend ausgesuchtem Umfeld durchzuführen.

1. Der Ort für Spiegelmagie sollte Ungestörtheit gewährleisten, eventuell Telefon abstellen und die Klingel ausschalten.

2. Da Spiegelmagie viel Kraft kostet, sollte die Umgebungstemperatur warm bis sehr warm sein.

3. Neben einem Getränk sollte auch immer ein Notizblock mit Stift bereit liegen, damit man die erfahrenen Informationen schriftlich festhalten kann.

4. Räucherungen und dezente Hintergrundmusik verbreiten nicht nur eine angenehme Atmosphäre, sondern überlagern auch eventuell auftretende Alltagsgeräusche, fördern den leichteren Zugang zur Spiegelmagie und lassen keine belastende Stille aufkommen.

Verfügt eine Hexe über einen Tempelraum, so ist das der ideale Ort, um die ersten Spiegelmagieübungen durchzuführen. Zuerst wird der Raum frisch gelüftet, bevor die Räucherung entzündet und das Zimmer gegebenenfalls auf die entsprechende Temperatur aufgeheizt wird. Obwohl Spiegelmagie durchaus auch bei Tageslicht funktioniert, bietet es sich bei den ersten Übungen an, das Zimmer zu verdunkeln. Nachdem man einen Platz gefunden hat, wo man auch längere Zeit bequem und ruhig sitzen kann, stellt man den Spiegel oder die Kristallkugel so auf, daß man ohne Schwierigkeiten daraufschauen kann. Ist alles soweit vorbereitet, liegen Zettel und Stift bereit, dann kann jetzt eine Kerze angezündet werden. Besonders wichtig bei dieser Kerze ist, daß die Flamme sich genau so anordnen lassen muß, daß ihr Licht, ihre Reflektion, im Spiegel oder der Kristallkugel eine der sich dort spiegelnden Pupillen beleuchtet.

An dieser Stelle fängt die eigentliche Spiegelmagie erst richtig an. Durch Ruhe, Gelassenheit und eventuell einige Atemübungen versetzt sich die Hexe in den richtigen Zustand, wobei sie ohne Unterlaß auf die von der Kerze beleuchtete Pupille starrt. *Nach einigem Training verschwindet das Augenbrennen, das anfänglich bei dieser Übung häufig auftritt.* Sieht man am Anfang die sich spiegelnde Pupille noch klar und deutlich, so beginnt nach einiger Zeit die optische Wahrnehmung zu verschwimmen und unscharf zu werden, diese Art zu sehen gilt es beizubehalten. Passiv dazusitzen und wahrzunehmen, was sich einem durch dieses Tor offenbart, bedeutet in diesem Fall, nun nicht mehr konzentriert zu sehen, sondern einfach nur zu schauen. Je tiefer man in diesen tranceartigen Zustand fällt, desto eher werden sich im Spiegel Gesichter, Bilder oder ganze Szenen zeigen. An dieser Stelle gilt es besonders aufzupassen, da oftmals die Verlockung zu groß ist und man durch Neugier in die Gewohnheit zurückfällt, fokussiert zu schauen, was die Bilder zum Verschwinden bringt.

Wer erst einmal eines dieser Spiegeltore für sich geöffnet hat, dem werden sich weitere Möglichkeiten öffnen, als nur zu sehen. So kann sich aus Bildern ein Stummfilm, später ein Tonfilm und letztendlich eine Realität entwickeln, in welcher man Zugang zu Wissen und Erfahrungen astraler Welten, jenseits aller Zeit und Vorstellung erhalten kann. Wie in den meisten Sparten der spirituell-mentalen Welten, so kommt es auch hierbei sehr oft zu der Situation, daß sich einem ein besonderes Geistwesen als Führer, Helfer und Lehrer anbietet. In diesen Fällen ist besonders darauf zu achten, daß man ihm mit der nötigen Höflichkeit begegnet. Jede Hexe, die derartige Tore durchschreitet, weiß, daß sie in den sich dahinter verbergenden Welten nur so lange ein gerngesehener Gast ist, wie diese Welten sich von ihr nicht gestört fühlen. Deshalb ist auf diesen Reisen der oberste Grundsatz, keinen Zwang auf andere auszuüben.

Je mehr man sich mit der Spiegelmagie beschäftigt, je mehr man die Sensibilisierung für diese Art der Wahrnehmung trainiert, desto eher wird man den Zustand erreichen, in dem man auch im normalen Leben anderen Menschen nur in die Augen zu sehen braucht und darin deren ureigenes Selbst erkennen wird. Auf diese Art erfahren Hexen mehr von ihrem Gegenüber als diesem selbst bewußt ist. Manche der so gewonnenen Erkenntnisse stellen sich als Orakel, Geschichten und andere wieder als ganz konkrete Antworten dar.

Die Arbeit mit der Spiegelmagie

Sicher kann sich jede Hexe nach einiger Übung, unter der Anwendung der Magie spiegelnder Flächen, in feinstoffliche Welten versetzen, oder zumindest mit ihnen Kontakt aufnehmen, doch wer auf diese Art reist, stößt unter Umständen auf Informationen und Blicke in die Zukunft, die er momentan nicht benötigt, während sich die von ihm gewünschten Informationen und Blicke nicht einstellen. Deshalb muß sich jede Hexe, die sich dieser Art von Magie bedient, im Vorfeld ganz genau überlegen und umreißen, was sie erfahren möchte. Am besten ist es erfahrungsgemäß, wenn die Zielsetzung vorher schriftlich festgehalten wird. Wenn erst einmal alles vorbereitet, kann nun die Hexe mit einem imaginierten Bild arbeiten, das genau den Inhalt der Fragestellung ausdrückt, oder sie ruft vor der Spiegelmagieübung die Große Göttin an und teilt ihr mit, um welche Erfahrungen und Informationen sie bittet. Eine derartige Anrufung könnte wie folgt lauten:

Oh Große Göttin, ich bitte dich, auf daß du mir die Erfahrungen schenkst, die sich mit der nahen Zukunft der bei mir sitzenden Person beschäftigen.

Schenk uns in deiner unendlichen Güte die Weisheit, das zu erkennen und begreifen, was an zukünftigen Erfahrungen gemacht werden muß und zeige zugleich die Möglichkeiten, wie Teile dieser Erfahrungen auf anderen Ebenen vorweggenommen werden können.

Oh Große Göttin, ich bitte dich, laß uns hinter deinem Spiegeltor Blicke in die Zukunft werfen, damit wir die Zukunft zielgerichtet vorantreiben können.

In wieweit einer solchen Anrufung das Ziehen eines magischen Kreises oder die Anrufung der Hüter der vier Himmelsrichtungen vorangestellt wird, liegt ganz im persönlichen Ermessen jeder einzelnen Hexe.

Bei der Spiegelmagie passiert es immer wieder, daß nicht nur die Hexe Bilder und Szenen im Spiegel ablaufen sieht, sondern der Fragesteller (Kunde) ebenfalls. Zur Vorsicht, und damit derjenige nicht von seiner Angst beherrscht wird, gilt es deshalb, im Vorfeld kurz auf diese derartige Möglichkeit hinzuweisen, damit sich jeder der Anwesenden darüber bewußt wird und sich somit mental auf ein derartiges Erleben einstellen kann.

Die ausführende Hexe notiert die im Spiegeltor erhaltenen Informationen noch während der Sitzung oder gleich im Anschluß daran, erst dann widmet sie sich der Deutung. Die Fragestellungen und die im Spiegel erhaltenen Informationen stehen immer in direktem Zusammenhang. Doch oft erfordert es ein vorheriges, intensives Training der Hexe, damit sie diese nicht immer gleich deutlich erkennbaren Zusammenhänge durchschaut und dem Fragesteller auch verständlich vermitteln kann.

Runen

Neben ihrer Bedeutung als Schmuck- und Schutzsymbole ermöglichen Runenorakel die gleiche Art von Befragungen, wie das Tarot.

Runen waren, und sind, nicht nur ein Orakelspiel einer vernachlässigbar kleinen Gruppe von Absonderlingen, sondern sie stellten ein wichtiges kultisches Element verschiedener Stämme dar. Bei den alten Skandinaviern, Germanen und auch Engländern war das Runenwissen allgemein bekannt. Die Runenmeister der verschiedenen Völker und Stämme pflegten sogar länderübergreifenden Kontakt zueinander und nutzten diese Verbindung zugleich zur Erweiterung ihres Wissens, bis hinein in die Politik. Heute finden nur noch verhältnismäßig wenige Menschen den Zugang zu den raunenden Steinen, vielfach unpopulär geworden und von der Verbreitung des Tarot in den Hintergrund gedrängt, liegt der Abstand, gerade der Deutschen, zum runischen Weissagungssystem in der gar nicht allzu fernen Geschichte. Die Sig-Sig Runen, fälschlich als Abzeichen der SS benannt, oder das uralte Sonnenradsymbol, besser unter dem Namen Hitlers Hakenkreuz bekannt, lassen in vielen Teilen der Welt negative Erinnerungen wach werden. Geschichtskundige werden jetzt vielleicht an das christliche Symbol des Kreuzes denken, das in den vergangenen Jahrhunderten schon öfter als Symbol für Kreuzzüge, Folterungen und Waffensegnungen benutzt worden ist und trotzdem allgemeinhin noch immer als ein Symbol des Guten angesehen wird, doch für diese unterschiedliche Bewertung gibt es ganz einfache Begründungen. Im Gegensatz zu den Runenmeistern vergangener Epochen verfügt die Kirche über immense Kapital- und Liegenschaftswerte, was sie in letzter Konsequenz zu einem Wirtschaftsfaktor macht, der sich in einer größtenteils materiell ausgerichteten Welt nicht so einfach zerschlagen läßt, und zum anderen wird tunlichst totgeschwiegen, für welche Vorfälle das Kreuz bereits als Symbol verwendet wurde.

Wer sich jedoch ohne Vorbelastung den Runensystemen nähert, wird schnell die in ihnen verborgenen Möglichkeiten erfahren. So sind Runen nicht nur als Schrift oder Symbole zu verstehen, sondern sie beinhalten auch die sogenannten Stadhas oder Stödhürs, Körperstellungen und Übungen, mit welchen man sich auf die in jeder Rune innewohnende Kraft einstimmen und sie damit besser nutzbar machen kann.

> **Wer mehr über diese Übungen erfahren möchte, sollte sich entsprechende Fachliteratur, wie etwa die Runenbücher von Edred Thorsson zulegen.**

FA	ᚠ	AR	ᛏ
UR	ᚢ	SIG	ᛋ
THORN	ᚦ	TYR	↑
OS	ᚩ	BAR	ᛒ
RIT	ᚱ	LAF	ᛚ
KA	ᚲ	MAN	ᛘ
HAGAL	ᚼ	YR	ᛦ
NOT	ᚾ	EH	ᛖ
IS	ᛁ	GIBOR	ᚷ

Um ein Runenorakel selber herzustellen, kann jede Hexe, wenn sie sich nicht tiefer mit der germanisch-keltischen Mythologie auseinandersetzen möchte, sich einfach bei Vollmond einen besonders kräftestrahlenden und möglichst gleichmäßig starken Haselnuß- oder Eschenstab aus dem Wald holen, den sie in kleine gleichmäßige Scheiben trennt, oder sie besorgt sich eine entsprechende Anzahl kleiner Äste, um ein Runenstaborakel herzustellen. Innerhalb eines Anrufungsrituals zu Göttin und Gott können nun die Runen zuerst mit dem Dolch eingeritzt und später mit Ocker gefärbt werden. Nun noch ein Lederbeutel zur Aufbewahrung, und das Runenorakel ist einsatzbereit.

Die Bedeutungen der Runen

FA

Die FA-Rune steht für Neuanfang und ist somit dem Feuerelement zugeordnet. In diesem Zusammenhang fördert sie auch die Besinnung auf die eigenen Erfahrungen und Erkenntnisse und schlägt als Sende- und Empfangsrune Brücken zu den anderen geistigen Welten. Das durch sie objektive, klare Erkennen macht sie zu einer besonders wichtigen und machtvollen Rune.

Gesundheit: hilft gegen seelische und körperliche Störungen

UR

Die UR-Rune stellt die Verbindung zur Natur und zur Ewigkeit dar, damit wird sie dem Erdelement zugeordnet. Lebensfreude, Umweltbewußtsein und das Empfangen der feinstofflichen Energien des einen umgebenden Jahreskreislaufes erschließen einem das positive Gefühl, sein eigenes, wirkliches Zuhause zu erleben.

Gesundheit: stärkt die Wirbelsäule und Wohlbefinden

THORN

THORN ist die stärkste Schutzrune, die sich auf materielle Widrigkeiten und Angriffe bezieht. Die Waffen und Fallen feindlich Gesonnener werden durch sie abgelenkt oder unbrauchbar gemacht.

Gesundheit: hilft besonders gegen Störungen der unteren Extremitäten, Becken abwärts

OS

Die OS-Rune ist eine der stärksten Zauberrunen. Wer sie zur Wunscherfüllung einsetzt, kann mit Sicherheit davon ausgehen, das sein Wunsch in Erfüllung geht, zumindest, wenn er berechtigt ist. OS befreit sowohl aus feinstofflichen wie auch aus materiellen Notlagen und ist die damit bei Kämpfen und Auseinandersetzungen, neben den Heilrunen, am häufigsten angewandte Rune.

Gesundheit: Kräftigung der Atemwegsorgane und Stabilisierung des Blutkreislaufes

RIT

Recht, Gesetz und Rhythmik, all das sind Inhalte der RIT-Rune. Im ersten Augenblick scheint zwar Rhythmus und Recht nur wenig miteinander gemein zu haben, doch bei genauerem Hinsehen erkennt man rasch, daß es bei beiden an erster Stelle um Harmonie und Zufriedenheit geht.

Gesundheit: hilft gegen Gelenk- und Gliederschmerzen

KA

Die KA-Rune beinhaltet alle Kräfte der Kreativität, Schönheit, Liebe und Hingabe. Durch sie wird das feinsinnig Schöpferische eines jeden Menschen gefördert und zum Ausdruck gebracht. Kunst und Kreativität in ihrem Zusammenhang bedeutet, mit sich und seiner Ausdrucksform zufrieden zu sein, unabhängig aller materiellen und gesellschaftlichen Anerkennung dessen, was man hervorbringt.

Gesundheit: hilft gegen Störungen von Magen, Darm, Nieren und bei Potenzproblemen

HAGAL

Sicherheit, Schutz und Ausdauer sind nicht die einzigen Inhalte der HA-GAL-Rune, neben all diesen positiven Energien stellt sie auch das Bindeglied zwischen dem Menschen und der schöpferischen Kraft dar. Der Kontakt zu seinen Göttern birgt in sich die Verwurzelung und Beheimatung jenseits aller Zeit, daraus entspringt die Urkraft, die man erfährt, wenn man den Weg seiner Götter aufrichtigen Herzens geht.

Gesundheit: bringt Harmonie und Ausgeglichenheit von Körper und Geist

NOT

Die NOT-Rune wird vor allem bei Störungen in der Harmonie genutzt. So trägt diese Rune die Möglichkeit in sich, selbst Unstimmigkeiten zwischen mehreren Parteien in Harmonie umzuwandeln. Neben Schutz vor Feinden stellt sie aber auch den richtigen Fluß der eigenen Lebensenergie beziehungsweise dem eigenen Lebensweg wieder her.

Gesundheit: löst Depressionen und Ängste auf

IS

Vor allen anderen Dingen ist die IS-Rune das Kraftsymbol der eigenen Persönlichkeitsentwicklung. Wer in seinem inneren Wesen erstmal die eigene Persönlichkeit erkannt hat, wird nie mehr an sich selber zweifeln. Selbstsicherheit, Zielbewußtheit und das Wissen um die Kräfte und Möglichkeiten der einen umgebenden Energien versetzen einen immer in die Lage, seinen Weg weiter zu gehen und aus dem Vergangenen Lehren und Erkenntnisse zu ziehen, die einem diesen Weg erleichtern.

Gesundheit: Stärkung der Oberkörper- und Kopfregion

AR

Die AR-Rune steht für Schutz vor allen negativen Einflüssen und birgt in sich die Kraft wahrer Weisheit. Die im ersten Augenblick als besonders angenehm wirkende Rune birgt allerdings auch die Gefahr der Einsamkeit. Ein weiser Mensch fühlt sich oft in die Lage versetzt, daß er seine Weisheit und Erkenntnisse anderen Menschen nicht in allen Konsequenzen darlegen kann, weil diese dafür noch nicht reif sind. Eine derartige Zurückhaltung stößt eher selten auf das Verständnis der Umwelt und löst damit gar nicht selten eine zurückgezogene bis eremitenhafte Lebensweise derjenigen aus, die besonders tiefen Zugang zu dieser Rune erhalten.

Gesundheit: hilft gegen Lustlosigkeit und Kraftlosigkeit, fördert die Vitalität

SIG

Die SIG-Rune ist weitestgehend mit dem Wort Sieg verbunden. Von ihr ausgehende Überzeugung und Lebenskraft ermöglichen es, sich mutig Gefahren, Kämpfen und Unausweichlichkeiten zu stellen, sie gesund zu überstehen und letztendlich als Sieger aus den Schlachten hervorzugehen.

Gesundheit: heilt Nervenstörungen und stärkt die Kräfte von Ohren, Augen und Haaren

TYR

Im Gegensatz zur SIG-Rune stellt die TYR-Rune den Weg des geistigen Kriegers dar. Fester Glauben, alles durchdringender Geist und die bedingungslose Überzeugung, das Richtige zu tun, sind ihre innewohnenden Kräfte, die vielfach von Menschen benötigt und genutzt werden, die andere Menschen führen oder ihnen als Vorbild dienen.

Gesundheit: hilft bei Gicht, Rheuma und altersbedingten Beschwerden

BAR

Fruchtbarkeit, Geborgenheit, Geselligkeit und Freude sind nur ein Teil der Kräfte der BAR-Rune. Wachstum, Weiterentwicklung und Erfolg, alles zwingend notwendige Erfahrungen auf dem Weg der eigenen und gesellschaftlichen Weiterentwicklung sind in der BAR-Rune enthalten, weshalb eigentlich jeder Mensch ihrer bedarf.

Gesundheit: stärkt und heilt sowohl die energetischen wie auch die magnetischen Körperströme

LAF

Vielfach wird die LAF-Rune auch als Meeresrune bezeichnet. Dabei bezieht sich die Deutung nicht nur auf die irdischen Meere, Ozeane und Bäche, sondern zugleich auch auf das ursprüngliche Urmeer, aus dem alles Leben entsprang und in dem die göttlichen Kräfte die Fäden der Fügungen

in den Händen halten und damit das Schicksal jedes einzelnen
Lebewesens leiten und beschützen.

Gesundheit: hilft bei Gefühlsproblemen und Infektionskrankheiten

MAN

Ausstrahlung geboren aus geistiger Reife und Weisheit. Eines der höchsten Ziele in der Existenz wird durch diese äußerst kraftvolle Rune dargestellt. Keine äußere Hülle, kein noch so gierig geraffter Reichtum kann einem Lebewesen langfristig die Anerkennung gewährleisten, die diese
Rune zu verschaffen in der Lage ist. Ihre Energie kann in jedem aufrechten
Menschen mit Sinn, Herz und Verstand eine Schwingung hervorbringen,
aufgrund derer seinem Wort, seinem Rat und seiner Strafe mehr Gehör
zuteil wird als der Stimme anderer.

Gesundheit: beschleunigt Heilungsprozesse und stärkt das Selbstbewußtsein

YR

Von vielen gemieden und geschmäht gehört die YR-Rune heutzutage zu
den wohl am wenigsten verstandenen Symbolen. YR steht für Vernichtung und Triebgier, beides Kräfte, die nur äußerst überlegt eingesetzt werden sollten. Die Vernichtung anderer Lebewesen führt immer zu einer Erfahrung, die einen selber zutiefst verändert. Erst wenn alle anderen Möglichkeiten ausgeschöpft sind, wählt der Weise zu seiner Verteidigung oder
zur Erhaltung der ihm Anvertrauten die völlige Vernichtung der Widersa-
cher und ruft die Kräfte dieser Rune an. Das Ausleben von Trieben ist bei
manchen Menschen einfach notwendig, damit sie nicht durch die ewige
Unterdrückung ihrer Veranlagungen ansonsten dauerhafte Schäden davontragen. Durch die Reglementierung von dem Ausleben bestimmter
Triebe, zum Beispiel während des Ablaufs bestimmter Feiern und Zeremonien werden die bis dahin aufgestauten Kräfte abgebaut und
ermöglichen damit den Menschen, sich ungehindert der eigenen
Weiterentwicklung widmen zu können.

Gesundheit: Schutz vor Überanstrengung und jeder Art von Übermaß

EH

Die EH-Rune fördert alle Arten von Gemeinschaftsleben, dazu gehören sowohl Ehe-, Religions- oder auch Arbeitsgemeinschaften. Mut und Sicherheit, beim Miteinander, Füreinander nicht ausgenutzt oder übervorteilt zu werden, sind die Hauptkräfte der EH-Rune. Ausgleich, Verständnis und Toleranz sind absolut notwendige Voraussetzungen für ein Leben in Gemeinschaft.

Gesundheit: hilft bei seelischer Disharmonie

GIBOR

Nahezu göttliche Selbstlosigkeit, Selbsterkenntnis und Hingabe brachten diese Rune dazu, daß sie vor allen Dingen von den Priestern genutzt wurde. Friedvolle Inspiration wird von ihr gleichermaßen gefördert, wie auch die Kommunikation mit feinstofflichen Kräften und Wesenheiten. Letztendlich ist es auch der Einsicht um den eigenen Stellenwert und die körperliche Vergänglichkeit allen Lebens zu verdanken, daß ein Mensch mit der Kraft dieser Rune überhaupt verantwortlich umzugehen in der Lage ist.

Gesundheit: bringt inneren Frieden und Einkehr

Bevor die Hexe ihr Runenorakel nun überhaupt erst richtig nutzen kann, bedarf es noch einiger Vorbereitungen. Dazu gehört unter anderem die intensive Auseinandersetzung mit jeder einzelnen Rune und deren Bedeutung. Um in Runenorakeln die richtigen Antworten zu lesen, muß vor dem geistigen Auge der Hexe jederzeit das zu der Rune gehörende innere Bild präsent sein, nur dann kann die Hexe die zutreffenden Deutungen von Bezügen und Beeinflussungen mehrerer Runen unter- und zueinander herauslesen und dem Fragesteller die nötigen Antworten offenlegen.

Die Runenweihe

Hat eine Hexe ihre Runen geritzt und gefärbt, so sollten sie vor der ersten Benutzung geweiht werden. Inwieweit einzelne Hexen lieber auf keltisch-, druidische Runenweihen zurückgreifen, bleibt ihnen überlassen, derartige Weihe setzen jedoch profunde Kenntnisse der entsprechenden Götter-, beziehungsweise Völkerideologien voraus. Natürlich können He-

xen ihre Runen auch den ihrigen Göttern oder Elementen weihen, das
bringt den großen Vorteil mit sich, daß sie sich innerhalb der eigenen Religion bewegen und somit die durchgeführte Weihe besser verstehen. Anhand der folgenden Runenweihe wird aufgezeigt, wie eine derartige
Weihe auf der Grundlage aradianischen Wissens vorgehen kann.

Nur im Angesicht der Götter besucht die Hexe in einer Vollmondnacht
einen ihrer Kraftplätze in der freien Natur. Verfügt sie über mehrere dieser
Kraftplätze, bietet sich die Wahl eines Ortes an, der von Bäumen umgeben
ist oder auf welchem sogar ein mächtiger Baum das Zentrum des Platzes
darstellt. Je nach Gefühl kann zuerst ein magischer Kreis gezogen werden,
andernfalls reichen auch vier farbige Kerzen, mit denen man die Elemente
herbeiruft.

Im Osten, der Himmelsrichtung der Wiedergeburt, wird eine Luft- oder
Erdräucherung entzündet. Während diese langsam durchglüht, breitet die
Hexe vor sich ein Tuch aus, auf das sie folgende Gegenstände ausbreitet.

☆ 1 Flasche mit Weihwasser

☆ Runenöl

☆ den Lederbeutel, der später die Runen aufnehmen soll

☆ alle Runen ordentlich nebeneinander, das Gesicht nach oben

Nachdem alles vorbereitet ist und die Hexe den Zustand der inneren
Ruhe einige Zeit bewußt genossen hat, kann sie sich an die Götter wenden.

*Gütige Mondin, Gehörnter Gott des Waldes, und du Aradia,
einzige Königin aller Hexen, euch allen danke ich, daß ihr mir
diese Runen geschenkt habt.*

*Schaut her, dies ist mein FA, es birgt das Geheimnis des
göttlichen Geistes.*

*Schaut her, dies ist mein UR, es birgt das Geheimnis der Kraft
der Seele.*

*Schaut her, dies ist mein THORN, es birgt das Geheimnis des
Weges.*

*Schaut her, dies ist mein OS, es birgt das Geheimnis der Kraft
der Strahlen.*

*Schaut her, dies ist mein RIT, es birgt das Geheimnis des Rates
und Gesetzes.*

Schaut her, dies ist mein KA, es birgt das Geheimnis der Kraft.

*Schaut her, dies ist mein HAGAL, es birgt das Geheimnis des
Schutzes.*

*Schaut her, dies ist mein NOT, es birgt das Geheimnis der
Duldung.*

Schaut her, dies ist mein IS, es birgt das Geheimnis des Ich's.

*Schaut her, dies ist mein AR, es birgt das Geheimnis der
Lebenskraft.*

Schaut her, dies ist mein SIG, es birgt das Geheimnis des Sieges.

Schaut her, dies ist mein TYR, es birgt das Geheimnis der Macht.

*Schaut her, dies ist mein BAR, es birgt das Geheimnis des
Schaffens.*

*Schaut her, dies ist mein LAF, es birgt das Geheimnis von Wasser
und Nacht.*

*Schaut her, dies ist mein MAN, es birgt das Geheimnis von Feuer
und Tag.*

*Schaut her, dies ist mein YR, es birgt das Geheimnis des
Verborgenen.*

*Schaut her, dies ist mein EH, es birgt das Geheimnis des
Bestandes und der Treue.*

*Schaut her, dies ist mein GIBOR, es birgt das Geheimnis der
Erfüllung.*

Bei jeder Erklärung wird die entsprechende Rune zum Mond emporge-
hoben, bevor sie durch die aufsteigende Räucherung geführt, mit etwas
Weihwasser benetzt, mit einem Tropfen Runenöl geodet und zum Schluß
vorsichtig in den Lederbeutel gelegt wird.

*Gütige Mondin, Gehörnter Gott des Waldes, und du Aradia,
einzige Königin aller Hexen, euch allen danke ich, daß ihr mir
diese Runen geschenkt habt.*

*Gebt mir das Wissen, dem Raunen der Runen zu folgen, damit ich
stets den richtigen Weg erkenne. Euer Großmut und Güte weihe
ich dieses Werkzeug, die alte Weisheit auf meinen Lippen:
"Runen raunen weisen Rat".*

Bei dem letzten Vers wird der Beutel erst zum Mond gehoben, dann
durch den Rauch geführt und mit etwas Weihwasser und Runenöl besprengt, bevor der Schlußspruch gesprochen wird:

Hiermit ist die Runenweihe vollzogen und die Hexe kann mit anderen
Ritualen fortfahren oder den Platz verlassen.

Während die bisher angeführte Runenreihe und -weihe sich auf das Ar-
manensystem beruft, vermittelt das ältere Futhark die Bedeutungen und
Symbole, mit denen unsere Ahnen ihre Götter um Rat und Hilfe baten.
(Seit mindestens 200 vor christlicher Zeitrechnung)

Das ältere Futhark

Fehu: Feuer, bewegliche Güter, Energie, Erfüllung

Uruz: Wasser, Auerochse

Thurisaz: Erde, Leben-Tod, Kraft, Ordnung, Arbeit

Ansuz: Göttlichkeit, Inspiration, Botschaft, Empfängnis

Raido: Weiterentwicklung, Begreifen, Einstimmung, Austausch

Kenaz: Kunst, Können, Transformation, Öffnung

Gebo: die Elemente, Ökologie, sich anbahnende Verbindung

Wunjo: Leben, Familie, Harmonie, Freude

Hagalaz: der heilige Hain, Macht, Erfindung, Freiheit

Naudiz: die Abwehr von Not, Einschränkung

Isa: der Mond, das Ideal, Befreiung, Beendigung begonne-
ner Arbeiten

Jara: Selbstkenntnis, der Zyklus, Erfolg

Eiwaz: Vision, Verbindung von Ideal zu Realität, Ruhe

ᚲ	Pertho: Kreativität, selbstbestimmte Aufgabe, Einweihung
ᛉ	Algiz: der Schutzgeist, Macht, Streben, Vorsicht vor überschäumenden Emotionen
ᛋ	Sowelo: Sonne, Sieg, Erleuchtung, das Ganzsein
ᛏ	Tiwaz: der geistige Mensch, Recht und Gesetz aber auch Geduld und Kampf
ᛒ	Berkano: der heilige Baum, Evolution, Fruchtbarkeit,
ᛖ	Ewaz: der Wille, Bewegung, Übergang
ᛗ	Manaz: das Sein, das Selbst, der Mensch
ᛚ	Laguz: Urwasser, zeitlose Liebe, Einheit, Verschmelzung
ᛜ	Ingwaz: erschaffen, erhalten
ᛟ	Otila: Ursprung, Ahnenwissen
ᛞ	Dagaz: Vollendung, Neuanfang, Entscheidung

Leer: das Unwißbare, Anfang und Ende, das Vertrauen in den göttlichen Plan

Verschiedene Runentechniken

Um von den Runen Antworten auf eine vorher gestellte Frage zu erhalten, gibt es eine Vielzahl der verschiedensten Wurf- und Legetechniken. Im Prinzip könnten die Runen gut durchgemischt werden und der- oder diejenige, auf den sich die Frage bezieht, entnimmt dem Runenbeutel einen der Runensteine oder Stäbe, woraus sich die Antwort ergibt. Um jedoch mehr Informationen zur Antwort zu erhalten, lassen die meisten der Hexen von ihren Fragestellern gleich mehrere Runen ziehen, auf diese Weise sind die Hintergründe der Antwort spezifischer festgelegt und die von der Hexe vorgenommene Deutungsgrundlage ist ersichtlicher.

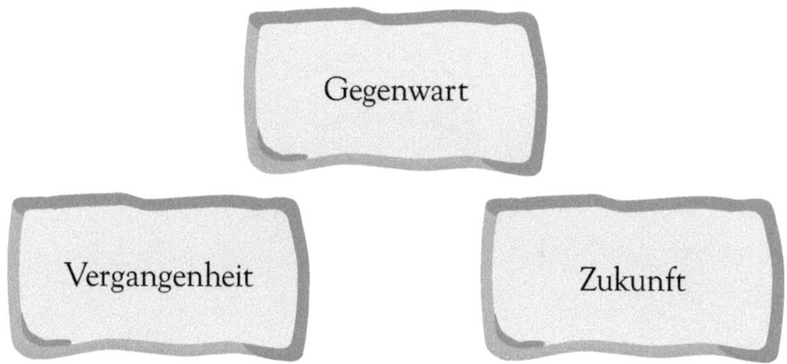

Das Aradianische Kreuz

1. Norden: Erde, Zukunft, Mitternacht, weibliche Aspekte, Ursprung

2. Osten: Luft, Gegenwart, Morgen, männliche Aspekte, Trennen

3. Süden: Feuer, Vergangenheit, Mittag, männliche Aspekte, Schaffen

4. Westen: Wasser, Gegenwart, Abend, weibliche Aspekte, Intuition

5. Mitte: Innen, Frageperson

Die vom Fragesteller aus dem Lederbeutel gezogenen Runen werden entsprechend der Reihenfolge der Zahlen angeordnet. Passiert es beim Ziehen, daß eine oder mehrere Runen auf dem Kopf stehend aus dem Beutel gezogen werden, so wird diese Ausrichtung auch beim Legen beibehalten. Das so entstehende aradianische Kreuz kann nun auf die vorgegebene Frage hin gedeutet werden. Hierbei ist besonders zu beachten, daß auf dem Kopf stehende Runen auf extreme Schwierigkeiten und Störungen hinweisen, welche die das Orakel durchführende Hexe durch Erklärungen, Zauber oder die Mitgabe entsprechender Schutzamulette und Talismane weitestgehend für den Fragesteller vorwegzunehmen oder zumindest zu harmonisieren versucht.

Hinweis: Einige Hexen, die mit den Runen in die Zukunft schauen, ordnen immer alle Runen im Kreis an, da sie der Auffassung sind, daß sich in

der Zukunft jedes Menschen immer auch alle Möglichkeiten finden lassen, doch vielfach überfordert das Verstehen einer derart komplexen Zukunftsschau und die darin verborgenen Möglichkeiten den Fragesteller
und irritiert ihn mehr, als daß es ihm hilft.

Das Pendel

Trotz christlicher Verdammung hat sich das Pendel als Mittel zur Findung angeblich geheimer Antworten in weiten Teilen der Bevölkerung bis in die heutige Zeit hinein erhalten. Oft gerade in der früh- bis spätpubertären Phase junger Frauen scheint Pendeln eine besondere Faszination auszuüben. Bei manchen eher als unterhaltsames Spiel begonnen, entwickelt das Auspendeln bestimmter Fragen schnell eine ernsthafte Eigendynamik, wenn die pendelnde Person auf diese Weise zutreffende Antworten auf Fragen erhält, deren Antwortfindung sie logisch scheinbar nicht nachzuvollziehen in der Lage ist.

Mimosa-, Hohl-, Spiral- und Kugelpendel, schier unendlich scheint die Palette von Formen der inzwischen auf dem Markt überall angebotenen Pendel. Doch letztendlich haben alle Pendel eines gemeinsam, sie verfügen über eine Schnur oder Kette und ein sich leicht in Schwingung versetzendes Gewicht. Ich denke, gerade bei nichthexischen Pendlerinnen dürfte der am Wollfaden aufgehängte Ehering die weitverbreiteteste Variante sein. Besonders bei Schwangerschaften nutzen viele Frauen ihr latent vorhandenes Urwissen und pendeln auf diese Art und Weise aus, ob das Kind in ihrem Leib weiblich oder männlich ist. Das geschieht fast immer nach dem Schema, schwingt das Pendel links herum wird es ein Mädchen, dreht es rechtsherum, steht die Geburt eines Buben bevor.

Doch nun zurück zum eigentlichen Pendeln. Um das ganz individuell für einen selber am besten geeignete Pendel herauszufinden, gibt es nur zwei richtige Wege, der erste ist auszuprobieren und der zweite, auf seine eigene Intuition zu hören. Da im zweiten Fall keine weiteren Erklärungen notwendig sind, beschäftigen wir uns nun mit dem Ausprobieren. Eine sehr einfache Methode, die eigenen Pendelqualitäten herausfinden, besteht darin, sich zehn dicke, undurchsichtige Briefumschläge, einen Geldschein und neun geldscheingroße Zettel zu besorgen. Natürlich kann man die folgende Übung auch mit nur zwei Umschlägen durchführen. Da man hierbei jedoch eine wahrscheinliche Trefferquote von fünfzig Prozent hat, kann das Resultat auch völlig über die Pendelbegabung täuschen. In diesem Fall sollte der Pendelversuch mindestens zwanzig mal wiederholt werden.

In neun der Briefumschläge werden die Blankozettel, in den zehnten der Geldschein hineingetan. Alle Umschläge werden nun mit der Vorderseite nach oben auf dem Tisch ausgebreitet und gründlich durcheinander gemischt, bevor man sie zu einem Stapel anordnet. Stuhl und Tisch müssen

dergestalt sein, daß man zum einen bequem sitzen kann und zugleich ohne
große Anstrengung oder Verkrampfung den Ellenbogen auf dem Tisch ab-
stützen kann. Auf den bereitgelegten Block werden vorher die Zahlen 1
bis 10 und gegebenenfalls dahinter mehrere freie Spalten gezeichnet, dann
kann es losgehen. Kette oder Schnur werden zwischen Zeige- und Mittel-
finger geklemmt, während das Pendel dann zwischen Daumen und Zeigefinger herunterhängend festgehalten wird, dabei wird der Arm mit dem
Ellbogen auf die Tischplatte gestellt. Am Anfang jedes Pendelversuchs
wird das Pendel in eine leichte Schwingung versetzt, die von einem weg
und dann zu einem hin führt, dies ist die neutrale Bewegung. Erst wenn
man innerlich vollkommen zur Ruhe gekommen ist, läßt man das Pendel
eine ganze Zeitlang in die Richtung schwingen, die für einen Ja bedeutet
und später in die entgegengesetzte Richtung für Nein. Unterstützend zu
dieser Vorübung kann man sich selber auch einen Spruch zurechtlegen,
den man dann solange wiederholt, bis er sich im eigenen Bewußtsein
vollkommen fest eingebrannt hat.

Ein solcher Spruch könnte wie folgt lauten:

Rechts herum bedeutet Ja,
links herum bedeutet Nein
nur die Mitte ist neutral.

Hat man diese Übung eine Weile vollzogen, legt man mit der freien
Hand einen Umschlag nach dem anderen unter das Pendel und stellt die
Frage: "Ist in diesem Umschlag Geld?" Nach einiger Zeit wird das Pendel
zu schwingen beginnen, und die entsprechende Antwort kann in die Spalten notiert werden. Erst wenn alle Umschläge einmal durchgependelt sind,
werden sie geöffnet und die Ergebnisse notiert. Zumindest nach einiger
Übung sollten die Pendelaussagen zwischen 80% und 100% liegen, nur
dann verfügt man über die nötige Begabung, um unter Zuhilfenahme des
Pendels aussagekräftige Antworten zu erhalten. Ist dies nicht der Fall, gilt
es, andere Möglichkeiten zu testen, mit denen man Antworten erhalten,
oder Blicke in die Zukunft tun kann.

Wer die Fähigkeit zu pendeln in sich trägt, für den bietet es sich an, sich
eine kleine Auswahl an vorbereiteten Scheiben zuzulegen. Der Einsatz
solcher Pendelscheiben verkürzt die Pendelzeit erheblich und führt oft zu
besseren Ergebnissen.

Sternzeichenastrologie

Vorwort

Auf den folgenden Seiten befindet sich eine Einführung in die Astrologie. Die Erklärungen der Berechnungsgrundlagen, Häuser, Sternzeichen, Planeten sowie die Berechnung eines Horoskops. Dies versetzt den Leser in die Lage, selbständig Horoskope zu berechnen und einfache Deutungen vorzunehmen. Sicher kann man aufgrund des Umfangs dieser Ausarbeitung nicht im vollen Umfang dem Gebiet der Astrologie gerecht werden, das ist auch gar nicht die Zielsetzung gewesen. Vielmehr ist die Aufgabe, der interessierten Hexe das Gebiet der Astrologie verständlich nahezubringen und sie damit in die Lage zu versetzen, auf die Schnelle tiefere Einblicke in ihr Gegenüber und dessen Veranlagungen zu machen. Schon allein das Sternzeichen eines Menschen gibt grundlegende Aufschlüsse über seine angeborenen Verhaltens- und Denkweisen.

Die 12 Tierkreiszeichen

Widder

Datum: 21.3. bis 20.4.

Die grundlegenden Eigenschaften der Widdergeborenen sind Tatkraft, Mut und Entschlossenheit. Die praktische Seite des Lebens ist das hauptsächliche Wirkungsfeld des Widders. Dies bedeutet natürlich nicht, daß er alles, was er tut, ohne zu denken tut, jedoch liegt es dem Widdergeborenen mehr, alle ihm sich stellenden Aufgaben direkt und unverzüglich in Angriff zu nehmen. Langes Wenn und Aber gehört nicht zu seiner Art. Sicher besteht dabei des häufigeren die Möglichkeit, daß der Widder seine Umwelt durch seine rasche Handlungsweise überfährt und diejenigen, die ihn nicht richtig kennen, ihn für egoistisch und halsstarrig einschätzen. Da der scharfe Verstand des Widders über die Maßen schnell arbeitet, und im Laufe seines Lebens der Widder dazu neigt, alle anderen Menschen als langsamer einzustufen, so birgt dies die Gefahr in sich, daß er sich immer ganz allein im Augenblick der Entscheidung fühlt, was sich durchaus in Einzelfällen zu einem recht ausgeprägtem Ich-Bezug entwickeln kann. Durch seine Zielstrebigkeit jedoch wird er dem Lebensgefährten ein immer sprudelnder Quell an Kraft und ein Vorbild an Durchhaltevermögen sein.

Stier

Datum: 21.4. bis 21.5.

Die Haupteigenschaften der Stiergeborenen sind Sachlichkeit, Strebsamkeit, Zuverlässigkeit und Geschäftssinn. Mit beiden Beinen auf dem Boden der Tatsachen stehend bringt der Stier seine Umgebung durch seine Nüchternheit oft zum Verzweifeln. Selten nur erlaubt sich der Stier zu träumen und seinen Phantasien nachzuhängen, tut es kein Anderer, so bringt er sich selber immer wieder abrupt in die Realität zurück. Durch seine realistische Einstellung fehlt es dem Stier oft an Kreativität, wobei dieser Mangel meistens durch kaum zu übertreffende Geschäftstüchtigkeit wettgemacht wird. Ein Stier übernimmt in der Partnerschaft meistens ungefragt die Aufgabe, alles zu organisieren, was mit der materiellen Welt zusammenhängt. Trifft er dabei auf einen Partner, der dieses nicht möchte, so ist der Stier warmherzig genug, dem Partner nach außen hin nachzugeben, wobei er aus dem Hintergrund geschickt weiter die Fäden in der Hand behält. Trifft der Stier dagegen in der Partnerschaft auf jemanden, der genauso realistisch ist, so wird er unter Umständen sich in sich selber zurückziehen, denn der Stier sucht Liebe und Geborgenheit.

Zwilling

Datum: 22.5. bis 21.6.

Der Zwillinggeborene zeichnet sich durch extrem hohe Anpassungsfähigkeit, Flexibilität und Kontaktfreude aus. Seine Quirligkeit und die
Möglichkeit, sich fast jeder neuen Situation anpassen zu können, macht
ihn nicht gerade zu einem leichten Partner. Sein Verständnis dafür, daß es
manch anderer durch seine Art etwas schwerer hat, sich auf neue Situationen einzustellen, muß erst in mühevoller Fleißarbeit geweckt werden. Ist
dies aber erst einmal in das Bewußtsein des Zwillings vorgedrungen, so ist
der Zwilling ein wirklich einfühlsamer Partner, auf den man sich voll verlassen kann und der durch seine Kontaktfreude für das Privatleben immer
wieder eine Bereicherung sein wird. Im Arbeitsleben ist der Zwilling ein
überall einzusetzender Mensch, der sich an jede Situation anpassen und
mit ihr leben kann.

Krebs

Datum: 22.6. bis 22.7.

Die Eigenschaften der Krebsgeborenen sind Feinfühligkeit, Freundlich-
keit, Phantasie und Häuslichkeit. Zwar ist der Krebs freundlich und fein-
fühlig, jedoch verfügt er auch über ein gesundes Maß an Vorsicht. Er wird
nichts an sich heranlassen, was seine häusliche Idylle beeinträchtigt. Großes Augenmerk legt der Krebs auf ein intaktes Privat- und Familienleben.
Hat er seinen Partner erst einmal vollständig akzeptiert, so weitet der
Krebs seinen Beschützerinstinkt auf ihn aus und wird mit allen seinen ihm
zur Verfügung stehenden Mitteln diesen Partner verteidigen. Nichts steht
dem Krebs höher als sein Zuhause, und so ist es nicht weiter verwunder-
lich, daß die Reihenfolge, erst privat und dann die Arbeit, ihn oft in Situationen bringt, in denen er sich manchmal zum Unverständnis seiner Mit-

menschen entscheidet. Da ihn seine Feinfühligkeit aber für die meisten Menschen sympathisch macht, gibt es für den Krebs nur wenige Feinde.

Löwe

Datum: 23.7. bis 23.8.

Die Löwegeborenen sind großzügig, begeisterungsfähig, selbstsicher und haben Organisationstalent. Gerne sieht sich der Löwe als Strahlemann und Mittelpunkt. Selten bemerkt er in solchen Situationen, daß es auch noch andere Menschen um ihn herum gibt, die ebenfalls etwas zu sagen haben. Rücksicht gegenüber anderen versteht er als Großzügigkeit seinerseits. Immer um Anerkennung heischend, kommt man mit dem Löwen nur gut aus, wenn man ihm oft genug Honig um den Bart schmiert. Ist der Löwe aber erstmal in seiner großzügigen Gönnerlaune, so kann man von ihm fast alles haben, zumindest solange, wie dies nicht mit körperlicher Arbeit zu tun hat. Zwar sagt der Löwe auch bei Fragen nach körperlicher Arbeit zu, aber in der nächsten ruhigen Minute tut ihm diese Zusage leid und, würde er damit nicht sein Gesicht verlieren, so täte er das gemachte Versprechen rückgängig machen. Da Löwen der Meinung sind, daß sie ja fast immer Recht haben, ist es vollkommen sinnlos, wenn man in so einem rechthaberischem Augenblick versucht, den Löwen umzustimmen. Löwen ändern ihre Meinung nur dann, wenn sie es wollen.

Jungfrau

Datum: 24.8. bis 23.9.

Kritisches Unterscheidungsvermögen, Fleiß und Ordnungsliebe zeichnen die Jungfraugeborenen aus. Mit klarem Blick erkennt die Jungfrau auch noch so feine und verschleierte Zusammenhänge, und ihr ausgeprägtes Pflichtbewußtsein und ihre Ordnungsliebe veranlassen sie, auch dann die Wahrheit zu sagen, wenn es besser wäre, in diesem Augenblick zu schweigen. Fleißig organisiert die Jungfrau ihr Leben und arbeitet mit einer wahren Hingabe an Pflichterfüllung auf die einmal gesetzten Ziele hin. Spontaneität ist der Jungfrau etwas unheimlich, da sie nicht begreift, warum man aus einer Laune oder Eingebung heraus die vorher schon gemachten Pläne umwirft oder sie zumindest auf später verschiebt. Als Lebens- oder Geschäftspartner ist die Jungfrau optimal, denn da man sich ohne weitere Rückversicherung auf die Erfüllung der einmal zugesagten Aufgaben verlassen kann und der ausgeprägte Gerechtigkeitssinn keine Unrechtmäßigkeiten zuläßt, hat man mit ihr einen pflegeleichten und sorgenfreien Partner.

♎

Waage

Datum: 24.9. bis 23.10.

Die Waagegeborenen zeichnen sich durch Zielstrebigkeit, Natürlichkeit, Diplomatie und Idealismus aus. Zwar ist die Waage bemüht, in allen Bereichen ihres Lebens einen Ausgleich zu schaffen, jedoch heißt das nicht unbedingt, daß sie dieses immer erreicht. Jedoch bringt das stetige Arbeiten daran durchaus eine relative Beständigkeit im Leben mit sich. Idealismus bei der Waage bedeutet nicht zwingenderweise, daß sich dieser immer nur auf geistige Gebiete erstreckt, auch materielle Werte können der Waage als Ideal erscheinen und so kann durchaus der Idealismus der Waage eine positive, materielle Ausrichtung einschlagen. Im Laufe des Lebens wechselt die Waage ihre ideellen Anschauungen oft und ist dabei jedesmal der festen Ansicht, daß die eigentlichen Änderungen in ihrem Umfeld geschehen sind. Die Neigung der Waage zur Ausgeglichenheit bezieht die Waage oft auf sich selber, und es bedarf schon einer ganzen Portion an Hartnäckigkeit und Verständnis, bis man der Waage wirklich ihren eigenen Spiegel vorhalten kann. Nach außen hin, was die Gesellschaft und die Arbeit betrifft, ist die Waage immer darauf ausgerichtet, ihr Leben kontinuierlich und ausgeglichen zu gestalten. Alles in Allem ist die Waage ein strebsamer Arbeiter an seiner Umwelt und sich selbst.

Skorpion

Datum: 24.10. bis 22.11.

Die Skorpiongeborenen zeichnen sich durch Tiefgründigkeit, Mut, Energie und Entschlossenheit aus. Skorpione sind schnell und mutig. Sie scheuen sich auch im täglichen Leben nicht, einen größeren und stärkeren Gegner anzugreifen. Ist sich der Skorpion sicher, daß er recht hat, so läßt er sich dieses Recht auch von keinem Menschen streitig machen. Mit einer schier unglaublichen Energie verfolgen Skorpione ihren Weg, ohne daß sie sich groß darum kümmern, wie groß die Schwierigkeiten wohl sein könnten. Auf jeden Fall sucht der Skorpion immer einen Weg nach vorne und mag dieser auch noch so dornig sein. Einen Weg zurück empfindet der Skorpion immer wie eine Selbstaufgabe. Nichtsdestotrotz besitzt dieser Kämpfer eine ausgebildete Gefühlsstärke. Hat sich jemand erstmal einen Weg in sein Herz erkämpft, so wird ihn der Skorpion auch dann nicht aufgeben, wenn die ganze Umwelt es erwartet. Wichtig für diesen Einzelkämpfer ist das Vertrauen, es ist zwar schwierig zu erlangen, aber hat man es erst einmal wieder verloren, so wird der Skorpion nicht wieder zulassen, daß man sich ihm emotional nähert.

Schütze

Datum: 23.11 bis 21.12.

Die Schützgeborenen zeichnen sich durch Großmut, Freiheitsliebe, Offenheit und Anpassungsfähigkeit aus. Der Schütze ist ein wahrer Freigeist. Sein Geist und Körper braucht Freiheit und ist auch bereit, dieses seinem Partner zuzugestehen. Zwar kann man den Körper oder den Geist eines Schützen binden, jedoch beide Teile zugleich läßt der Schütze sich niemals einengen. Am wohlsten fühlt sich der Schütze, wenn er körperlich und auch geistig frei ist, jedoch verfügt er über die Möglichkeit, jeweils auf den nicht gefesselten Teil seines Selbst auszuweichen und sich auch dort wohlzufühlen. Ist seine Freiheitsliebe seine Schwäche, so ist seine Anpassungsfähigkeit seine Stärke. Dies sieht man auch in der Partnerschaft. Hat sich der Schütze erstmal für einen Partner entschieden, so läßt er durchaus zu, daß der Partner einen Teil von ihm bindet und verschiebt seine Freiheit auf das andere Gebiet. Mit dieser Möglichkeit der doppelten Zufriedenheit ist der Schütze durchaus ein offener Mensch und hat es auch ganz leicht, anderen Menschen ebenfalls diese Offenheit zu gewähren. Zwei Worte stehen für den Schützen, Toleranz und Freiheit.

♑

Steinbock

Datum: 22.12. bis 20.1.

Die Steinbockgeborenen zeichnen sich durch Ausdauer, Vorsicht, Sorgfalt und Konzentration aus. Lange überlegt der Steinbock, bis er sich endlich entschließt, etwas zu tun. Sorgfältig wägt er jede seiner Handlungen ab, und seine Ausdauer ermöglicht ihm, auch das Erreichen eines Zieles, auf dessen Weg schon ganz andere Charaktere aufgegeben hätten. Zwar ist der Steinbock auch ein Einzelkämpfer wie der Skorpion, doch seine Kämpfe finden fast ausschließlich in seinem Inneren statt, und nur selten zeugt ein Ausbruch von dem Feuer und der Energie, welche im Steinbock verborgen sind. Umsichtig und in sich selber zurückgezogen beobachtet der Steinbock sein Werk und veranlaßt jeden Krawallmacher, sein Territorium zu verlassen. Diktatorisch behauptet er sich in den Gebieten, die er sein eigen nennt, dazu gehören auch Partner und Familie. Es ist wie das Bild eines Steinbocks, oben auf dem Berg, alles überblickend und doch mit seinem Dickschädel alles verteidigend, was einem lieb ist.

Wassermann

Datum: 21.1. bis 19.2.

Die Wassermanngeborenen zeichnen sich durch Einfallsreichtum, Weitsicht, Loyalität und Idealismus aus. Wassermänner sind allseits gute Weggefährten. Weitsichtig erkennen sie, was für ihr zukünftiges Leben am besten ist, und haben sie sich erstmal was aufgebaut, so scheuen sie auch keine Anstrengungen, ihr einmal erreichtes Ideal auch zu erhalten. Loyal stehen sie zu Familie und Partnerschaften und sind meist der ruhende Pol und die Kraftquelle für eine ganze Anzahl sie liebender Menschen. Aufopferungsbereitschaft bis zur eigenen Ausgebranntheit machen sie überall beliebt und unentbehrlich. Selten sprechen Wassermänner über das, was sie wirklich bewegt, und deshalb erfordert es schon ein genaues Auge, um zu erkennen, was in einem Wassermann vorgeht. Durch Einfallsreichtum schaffen es die Wassermänner immer wieder zu verblüffen und aufzuzeigen, wieweit man doch durch den Gebrauch von Kopf und Kreativität kommt. Offen und allen immer ein gutes Beispiel, das ist der Wassermann.

Fische

Datum: 20.2. bis 20.3.

Die Fischegeborenen zeichnen sich durch Fürsorglichkeit, Intuition, Hilfsbereitschaft und Freundschaftlichkeit aus. Die Fische bedürfen liebevoller Pflege, wenn sie nicht in dieser harten Welt untergehen sollen. Offen und hilfsbereit ist zwar sehr schön, doch wer dankt es heute noch. Alleingelassen in dieser Gesellschaft fühlen sich Fische äußerst unwohl. Ein eigenes Areal, in dem sie Liebe und Fürsorge einer Handvoll ausgesuchter Personen widmen können, ist genau das richtige Gebiet für einen Fisch. Hat er diese Bezugspunkte nicht, so neigt er dazu, sich selber durch die Hilfe aller, derer er angesichtig wird, total zu verausgaben. Der Fisch ist ein ideales Familienmitglied, da er dort sein bestes Wirkgebiet hat und auch der Liebe und Anerkennung teilhaftig wird, die er dringend benötigt, um sich so wohl zu fühlen, wie ein Fisch im Wasser.

Die Planeten

Sonne

☆ Farbe: Orange, Gelb, Gold

☆ Metall: Gold

☆ Stein: Bergkristall, Goldtopas

☆ Sternzeichen: Löwe

Die Sonne ist unser Zentralgestirn. Als Symbol für Lebenskraft spendet sie Licht und Wärme. Beides ist die unbedingte Voraussetzung, damit das Leben in seiner derartigen Form auf der Erde existieren kann. Veredelung und Kraft sind fast göttlich zu nennende Attribute. Durch ihre über die Maßen starke Einflußnahme auf die Ernte und somit auch direkt auf den Wohlstand, genießt die Sonne schon seit Menschengedenken höchstes Ansehen.

Mond

☆ Farbe: Silber, Weiß

☆ Metall: Silber

☆ Stein: Mondstein, Opal

☆ Sternzeichen: Krebs

Der Mond ist das Symbol für die Nacht und steht somit auch für das Un- und Unterbewußte, was meistens in der Phase des Schlafes seinen Einfluß bestimmt. Alles, was in manchen Epochen aus dem Blickfeld der Öffentlichkeit verbannt wurde, fand sein Wirkgebiet in der Nacht. Deshalb findet man auch in vielen Hexen- und Magiebüchern den Mond in deren Symbolen wieder.

Merkur

☆ Farbe: Violett

☆ Metall: Quecksilber

☆ Stein: Turmalin, Amethyst

☆ Sternzeichen: Zwilling, Jungfrau

Als rascher Planet verkörpert der Merkur Flexibilität. Er steht für die Beweglichkeit des Geistes, wobei dies auch in Unbeständigkeit ausarten kann.

Venus

☆ Farbe: Rosa, Pastelltöne

☆ Metall: Kupfer

☆ Stein: Rosenquarz, Beryll

☆ Sternzeichen: Waage, Stier

Es ist wohl kaum ein anderer Planet so oft besprochen worden wie die Venus. Als Symbol für Liebe, Verführung und Harmonie hat die Venus schon seit Urzeiten Einzug in unsere Welt gehalten. Die Hauptaspekte sind Schönheit und Friedlichkeit.

Mars

$$\mars$$

☆ Farbe: Rot

☆ Metall: Eisen

☆ Stein: Jaspis

☆ Sternzeichen: Widder, Skorpion

Der Mars ist früher der Gott des Krieges gewesen. Seine kämpferische Kraft und seine Impulsivität läßt ihn Gefallen an Auseinandersetzungen finden. Unverrückbar ist sein Wille, seinen Weg fortzusetzen, egal wie groß die Hindernisse sind.

Jupiter

$$\jupiter$$

☆ Farbe: Blau

☆ Metall: Zinn

☆ Stein: Saphir, Sodalith

☆ Sternzeichen: Schütze, Fische

Der Jupiter symbolisiert königliches Verhalten. Großmut und Verteidigung von Schwächeren sind seine Eigenschaften. Das optimistische Streben nach geistiger Vervollkommnung ist sein Hauptaugenmerk.

Saturn

$$\saturn$$

☆ Farbe: Schwarz

☆ Metall: Blei

☆ Stein: Onyx

☆ Sternzeichen: Steinbock, Wassermann

Während der Saturn langläufig als das Symbol des Todes betrachtet wird, so verstehen die Esoteriker unter ihm den Hüter der Schwelle, sprich der geistigen Weisheiten. Die ihm zugeordnete Giftigkeit wird als Schutz gegenüber noch nicht bereiten Eindringlingen gewertet.

Uranus

☆ Farbe: Schwarz, Dunkelbraun

☆ Metall: Blei

☆ Stein: Onyx, Tigerauge

☆ Sternzeichen: Wassermann

Der Uranus symbolisiert Schnelligkeit und Individualität. Das Erreichen von Zielen, mögen sie auch noch so unerreichbar scheinen, ist sein Anliegen. Eine Herausforderung für ihn stellt das Vorantreiben der Entwicklungen auf allen Gebieten dar.

Neptun

☆ Farbe: Hellblau, Blau

☆ Metall: Zinn

☆ Stein: Aquamarin, Türkis

☆ Sternzeichen: Fische

Neptun ist das Symbol für Spiritualität und Kreativität. Die fließenden Bewegungen des Geistes und des Handwerks lassen ihn nie in einer Situation verharren. Er ist ein wahrhaft schöpferischer Geist, immer mit der Erschaffung von etwas beschäftigt.

Astrologische Grundlagen & Berechnung

Die Astrologie ist eine schon seit Menschengedenken praktizierte Orakelkunst. Viele Astrologen sind selber der Meinung, daß die Deutung eines Horoskops unter anderem von ihrer Erfahrung und ihrem Einfühlungsvermögen abhängt. Dies zeigt deutlich, daß man die Astrologie erst dann als Wissenschaft einstufen kann, wenn man in der Lage ist, eine ausschließlich mathematisch begründete Zuordnung und Deutung vorzulegen. Vorher kann dieses Gebiet nur von denjenigen wirklich bearbeitet werden, die in der Lage sind, sich dieser Art der Orakelbefragung durch ihre Einstimmung zu erfühlen.

Die Berechnung eines Horoskops.

Ein Horoskop ist eine nach den Regeln der Astronomie berechnete Himmelskarte. Sie zeigt gewisse Stellungen der Planeten und Tierkreiszeichen in ihren Beziehungen zur Erde. Diese Stellungen sind keineswegs beständig. Wenn sie das wären, könnte die Stellung der Himmelskörper ohne Notwendigkeit einer späteren Berechnung ein für alle Mal bestimmt werden. Der Einfluß der Planeten würde in diesem Fall auch stets derselbe bleiben, und das Studium der Astronomie und Astrologie hätte keinen Sinn. Da aber die Erde in 24 Stunden eine vollständige Drehung um ihre eigene Achse macht, geht jeder am Himmel befindliche Punkt, von dem Punkt aus, vom dem er gesehen wurde, scheinbar auf und unter. Dies gilt für die nördliche wie die südliche Halbkugel der Erde.

Die Erde und ihre Geschwisterplaneten umkreisen die Sonne mit verschiedenen Geschwindigkeiten, so daß Ihre Stellungen zur Erde und zueinander beständig wechseln. Der Sternenhimmel ist alle Tage verschieden und wiederholt sich erst in annähernd 26.000 Jahren. Dies ist der Zeitraum, den die Astronomen ein "großes Sternenjahr" nennen. In der Zwischenzeit sind die Planeten zueinander einem ständigen Wechsel unterworfen. Folglich ist der Einfluß während dieser Zeit für jedes geborene Individuum anders, und deshalb ist die Zeit ein Hauptfaktor in der Astrologie.

Voraussetzungen zur Berechnung eines Horoskops.

Um die Gestirnsstände zum Zeitpunkt der Geburt genau zu berechnen, benötigt man den genauen Geburtsort, das Datum und die genaue Geburtszeit, nach Möglichkeit minutengenau.

Weitere Hilfsmittel sind die Ephemeriden des entsprechenden Datums, eine Häusertabelle, eine Tabelle mit der genauen Gradlage der Geburtsstadt und die Informationen, ob zu dem Zeitpunkt der Geburt eine einfache oder gar doppelte Sommerzeit vorherrschte.

Hilfreich ist der Vordruck eines Horoskopkreises und eines Aspektariums. Beide Vordrucke sind als Beispiel auf den nächsten Seiten abgedruckt und können über einen Fachversand oder einen Esoterikladen bezogen werden.

Anmerkung: Sollte man sich seiner ganz genauen Geburtszeit nicht sicher sein, so kann man sie beim Standesamt im Geburtsregister der entsprechenden Gemeinde erfahren.

Die genaue Zeit.

Bei der Aufzeichnung der Geburtszeit eines Kindes ist es ratsam, die Uhrzeit so genau wie möglich festzustellen. Man beachte jedoch, daß die Geburtszeit im astrologischen Sinn nicht der Moment der Entbindung ist, sondern der Augenblick, in dem das Kind den ersten Schrei von sich gibt, denn erst dieser Schrei zeigt die Vollendung des ersten Atemzuges an. Dann hat die mit den feinen Gestirnseinflüssen geladene Luft den empfänglichen Kindeskörper durchströmt und jedem Atom die in diesem Augenblick vorherrschenden Schwingungen eingeprägt. Diese erste Einwirkung wird während des ganzen Lebens vorherrschen, obgleich die Atome fortwährend wechseln. Deshalb üben die bei der Geburt herrschenden Einflüsse einen so mächtigen Einfluß aus. Sie sind die treibenden Kräfte. Sinn der Astrologie ist es, zu lehren, welchen Weg wir gehen können, um die in uns vorherrschenden Grundcharakteristika bestmöglich nutzen und verwirklichen zu können. Das Wissen um die in uns latent vorhandenen Möglichkeiten und Einschränkungen soll uns zum Erreichen einer besseren Lebensqualität und der gezielteren Weiterentwicklung unseres eigenen Selbst dienen.

Anmerkung: Schon über dem Eingang zum berühmten Orakel von Delphi konnte man den weisen Spruch lesen: "Erkenne dich selbst!"

Der Ort.

Es ist ferner klar, daß die Zeit in der ganzen Welt nicht die gleiche ist. Wenn die Sonne an einem Ort der Erde aufgeht, geht sie an einem anderen Ort auf der Erde unter. Daraus folgt, daß der bei Ihnen beginnende Morgen für einen anderen Erdenbürger die hereinbrechende Nacht bedeutet. Das ergibt einen weiteren Unterschied bei Horoskopen, welcher von den verschiedenen Erdteilen abhängig ist. Dies ist spätestens dann ganz klar zu verstehen, wenn man sich vergegenwärtigt, daß die Sonnenstrahlen zu den verschiedensten Tageszeiten unterschiedlich auf die Erde einwirken. Steht ein Planet im Augenblick der Geburt genau im Zenit, so ist seine Einflußnahme natürlich mit einer ganz anderen Qualität zu beurteilen, als wenn er auf der gegenüberliegenden Seite der Erde seine Position bezogen hat. Sicher werden die Gestirnseinflüsse der Planeten, welche erst die Erde durchdringen müssen, wesentlich schwächer einwirken, als wenn sie direkt und ungehindert über dem Geburtsort stehen. Aus diesem Grund haben Planeten, die unter der Erde stehen, weniger Einfluß auf ein Leben, als jene, die über der Erde stehen.

Der genaue Ort (Längen und Breitengrade)

☆ Der Breitengrad

Geographisch wird die Erde durch zwei gedachte Kreise geteilt. Einer verläuft östlich und westlich, in der Mitte zwischen Nord- und Südpol, ihn nennt man den Äquator. Andere, zu ihm parallel verlaufende Kreise nennt man Breitengrade. Dabei handelt es sich um gedachte Linien, welche die Entfernung eines Ortes zum Äquator messen helfen. Nimmt man sich nun den Atlas zur Hand und sieht sich die Karte von Amerika an, so bemerkt man an beiden Rändern der Karte dort vermerkte Zahlen, diese Linien stellen die Breitengrade dar und ermöglichen uns, wenn auch ziemlich ungenau, mit einem Lineal die Lage jeder eingezeichneten Stadt zu bestimmen.

Um gleich einmal darauf hinzuweisen, daß diese Methode ziemlich ungenau ist, und eine Möglichkeit zur Ausmerzung von Meßfehlern darzustellen, weise ich auf die im Handel erhältlichen Ortstabellen hin. Hier findet man, je nach Qualität der Tabelle alle größeren und auch kleineren Ortschaften, mit ihrer genauen geographischen Lage. Ist man nicht in der Lage, den genauen Ort festzustellen, so weicht man als Notlösung auf den nächstliegenden in der Tabelle aufgeführten Ort aus.

☆ Der Längengrad.

Die Längengrade sind gedachte Einteilungslinien, welche von Pol zu Pol verlaufen. Alle an einem gleichen Längengrad liegenden Orte haben um die gleiche Zeit Mittag, egal wie weit sie vom Äquator entfernt liegen. Der 0. Längengrad verläuft durch die Sternwarte Greenwich, in der Nähe von London. Hierbei handelt es sich um eine der bekanntesten Sternwarten, und sämtliche anderen Orte auf dieser Erde werden danach bemessen, wie weit westlich oder östlich ihre Lage von Greenwich liegt.

☆ Das Gradsystem.

Wir erhalten durch die Breitengrade die Lage eines Ortes nördlich oder südlich vom Äquator, und durch die Längengrade bezeichnen wir seine Lage westlich oder östlich von Greenwich. Wenn die Lage eines Ortes nach Breiten- und Längengraden angegeben ist, so wird damit ein genauer und unverwechselbarer Punkt auf dieser Erde bezeichnet. Diese Unverwechselbarkeit und Genauigkeit ist unbedingte Voraussetzung zur Berechnung eines Horoskops.

Die verschiedenen Zeiten

Um für die später folgende Horoskopberechnung ein besseres Verständnis zu bekommen, werden nun erstmal einige Begriffe näher erklärt.

☆ Die MEZ

Die MittelEuropäische Zeit ist die Zeit, welche in unseren Breitengraden als ganz normale Tageszeit verwendet wird. Sie wurde am Ende des 19.Jahrhunderts eingeführt, wodurch große Gebiete zu einheitlichen Zeitzonen mit gleicher Zeit zusammengefaßt wurden. Wichtig hierbei ist noch, darauf hinzuweisen, daß in einigen Jahren eine einfache oder gar doppelte Sommerzeit benutzt wird.

Die Tabelle der Sommerzeiten:

Einführung der MEZ:

Österreich: 1.10.1891

Süddeutschland: 1. 4.1892

Restdeutschland: 1. 4.1893

Schweiz   1. 6.1894

Die Sommerzeiten, (nur Deutschland)

Einfache Sommerzeit:

1916	30.04.	von	23 Uhr	bis	01.10.	1 Uhr
1917	16.04.	von	3 Uhr	bis	17.09.	3 Uhr
1918	15.04.	von	3 Uhr	bis	16.09.	3 Uhr
1940	01.04.	von	3 Uhr	bis	02.11.	2 Uhr
1943	29.03.	von	3 Uhr	bis	04.10.	2 Uhr
1944	03.04.	von	3 Uhr	bis	03.10.	2 Uhr
1945	02.04.	von	3 Uhr	bis	16.09.	3 Uhr
1946	14.04.	von	3 Uhr	bis	07.10.	3 Uhr
1947	06.04.	von	3 Uhr	bis	11.05.	3 Uhr

Doppelte Sommerzeit:

1947	11.05.	von	3 Uhr	bis	29.06.	3 Uhr

Einfache Sommerzeit:

1947	29.06.	von	3 Uhr	bis	05.10.	3 Uhr
1948	18.04.	von	2 Uhr	bis	03.10.	3 Uhr
1949	10.04.	von	2 Uhr	bis	02.10.	3 Uhr
1980	06.04.	von	2 Uhr	bis	28.09.	3 Uhr
1981	29.03.	von	2 Uhr	bis	27.09.	3 Uhr
1982	28.03.	von	2 Uhr	bis	26.09.	3 Uhr

Ab 1983 immer vom letzten Sonntag im März 2 Uhr, bis zum letzten Sonntag im September 3 Uhr.

☆ Die Weltzeit

Die Greenwichzeit der Geburt (WZ, WeltZeit), berechnet sich für Deutschland zum Beispiel recht einfach. Da wir in der Zeitzone 1, östlich von Greenwich liegen, wird von der Geburtszeit, welche als MEZ angegeben ist, 1 Stunde abgezogen. Wären wir westlich von Greenwich geboren worden, so würde je nach Zeitzone, die entsprechende Stundenzahl hinzuaddiert. Sind wir außerdem in einem Zeitraum geboren, in welchem einfache oder gar doppelte Sommerzeit galt, so wird des weiteren 1 oder gar 2 Stunden abgezogen.

Beispiel:

Frau Anke S. ist am 15.6.1947 in Leipzig, 10.30 Uhr geboren. Daraus ergibt sich folgende Rechnung.

Geburtszeit (MEZ):	10.30
Zeitzone 1 (östl. von Greenwich)	- 1.00
doppelte Sommerzeit	- 2.00
===================================	
Weltzeit (WZ)	7.30

☆ Die Ortszeit

Zur Ermittlung der Ortszeit (OZ) müssen wir die Entfernung des Geburtsortes zum Nullmeridian kennen und wenn wir östlich davon geboren sind, pro Grad 4 Minuten hinzuzählen, bei einem Geburtsort westlich des Nullmeridians entsprechend abziehen. Um das auszurechnen, wandeln wir die Gradzahl der Länge von Greenwich wie folgt um.

Beispiel: Göttingen liegt 9 Grad und 57 Minuten östlich von Greenwich.

Rechnung: 9 mal 60 plus 57 = 597 Minuten.

597 Minuten geteilt durch 60 . = 9.95 Grad in dezimaler Zahl.

1 Grad entspricht 4 Minuten.

9.95 mal 4 = 39,8 Minuten = 40 Minuten

Ergebnis: Weltzeit (WZ) + 40 Minuten = Ortszeit (OZ)

☆ Die Sternzeit

Die Sternzeit (SZ) am Geburtstag wird aus den Ephemeriden um 00.00 Uhr in Greenwich genommen.

Die Sternzeitkorrektur für die Ortszeit errechnet man dadurch, daß man die Stundenzahl der Ortszeit (OZ) mal 10 Sekunden nimmt.

Die Sternzeitkorrektur für die Ortslänge (OZ) ergibt sich durch die Längengradzahl mal 0,66 Sek.

Ist die Sternzeit der Himmelsmitte (MC) zum Augenblick der Geburt größer als 24, so muß man 24 abziehen.

☆ Die Häusertabellen.

Die Häusertabellen haben an ihrer rechten Seite eine Gradzahl. Wir suchen die Gradzahl, welche der Gradzahl der nördlichen Breite des Ge-

Haus	Bemerkung		Haus
10	MC		4
11			5
12			6
1	ASC		7
2			8
3			9

burtsortes möglichst nahe kommt. Nun gehen wir in der ersten Spalte soweit, bis wir die Zahl finden, welche der von uns errechneten Sternzeit der Geburt möglichst nahe kommt. In den Häusertabellen finden wir die Häuserspitzen der Häuser 10, 11, 12, 1, 2 und 3, damit kennen wir die Lage des Aszendenten, es handelt sich hierbei um die Spitze des ersten Hauses, und die Lage der Himmelsmitte (MC) es handelt sich um die Spitze des 10. Hauses. Zusätzlich kennen wir nun auch die Spitzen der restlichen Häuser, da sie den ermittelten Häuserspitzen genau 180° gegenüberliegen.

Gegenüberliegende Häuserspitzen haben gleiche Gradzahlen und 6 Felder zurückliegende Tierkreiszeichen.

MC : steht für "medium coeli", sprich Himmelsmitte.

ASC : steht für Aszendent, sprich das Zeichen, das im Augenblick der Geburt am Osthorizont erscheint.

✩ Die 12 Häuser und ihre Bedeutungen

Bringt man die im Horoskop eingezeichneten Planeten mit den Häusern in Beziehung, so ergeben sich daraus schlüssige Informationen über das Leben. Durch das Wissen des Zeitraumes, in welchem eine bestimmte Situation eintreten soll oder kann, ist man besser auf das Kommende eingerichtet und kann die Situation bei richtiger Einschätzung und Vorbereitung zu seinen Gunsten oder zumindest zur Schadensminderung nutzen.

Haus	Inhalte (Kurzcharakteristika)
1	Persönlichkeit, Charakter, Konstitution, Anlagen
2	materielle Mittel, Wirkmöglichkeiten
3	geistige Fähigkeiten, Mentalität, Zweckbeziehungen
4	Erbmasse, Tradition, Entwicklung
5	Lebenskraft, Lebensfreude, Vergnügungen
6	unbewußte Hindernisse, Krankheiten, Anfälligkeiten
7	Partnerschaften, privat und geschäftlich, Wirken in der Öffentlichkeit
8	Tod, Gefahren und Erbschaften
9	Weltanschauung, Reisen, Verbindungen mit der Umwelt
10	Stellung in der Umwelt und im Leben
11	Freunde, Glück und Erfüllungen
12	Unglück, Feinde, Hindernisse

☆ Das Radixhoroskop.

Sämtliche Planeten- und Gestirnsstände werden in der Astrologie in einen 360° Kreis eingezeichnet. Dieser Kreis ist in 12 Häuser unterteilt, wobei jedes Haus für einen bestimmten Inhalt steht. Die Einträge in das Radixformular werden immer entgegengesetzt des Uhrzeigersinnes vorgenommen. Meistens befindet sich auf einem Horoskopformular auch noch ein Aspektarium, in welches die genaue Gradzahl der Planeten eingetragen wird. Hierbei erhält man eine bessere Übersicht über die Verhältnisse der Planeten untereinander. Während die Berechnung eines Horoskops nicht sehr schwierig ist, so stellt die Deutung desselben doch ziemlich hohe Anforderungen. Die Stellungen aller Planeten, innerhalb des 360ø! Kreises und die gleichzeitige Einbeziehung aller Planetenaspekte birgt natürlich die Gefahr, daß der Deuter einzelne Punkte übersieht oder falsch bewertet, weil er zum Beispiel einen verstärkenden oder abschwächenden Aspekt außer acht gelassen hat. Erst im Laufe der Deutungen mehrerer Horoskope stellt sich die Routine ein, daß man schon beim ersten Blick auf ein ausgerechnet und eingetragenes Horoskop ein geschlossenes Gesamtbild erkennt. Hierbei gilt: nur nicht entmutigen lassen.

☆ Die Symbole der Astrologie.

Um sich in der Astrologie besser zurechtzufinden, werden Symbole benutzt.

Symbole der Sternzeichen.

♈ Widder	21.03 bis 20.04
♉ Stier	21.04 bis 21.05
♊ Zwilling	22.05 bis 21.06
♋ Krebs	22.06 bis 22.07
♌ Löwe	23.07 bis 23.08
♍ Jungfrau	24.08 bis 23.09
♎ Waage	24.09 bis 23.10
♏ Skorpion	24.10 bis 22.11
♐ Schütze	23.11 bis 21.12
♑ Steinbock	22.12 bis 20.01
♒ Wassermann	21.01 bis 19.02
♓ Fische	20.02 bis 20.03

Anmerkung: Sicher gibt es auch andere Symbole für die Sternzeichen, zum Beispiel bildhafter, das entscheidet der Astrologe ganz nach seinem persönlichen Empfinden.

☆ Aspekte

Aspekte sind die Winkelverhältnisse der Planeten im Horoskop. In der folgenden Liste befinden sich die Hauptaspekte, die bei jeder Deutung berücksichtigt werden müssen.

Aspekt	Symbol	Grad	Inhalt
Konjunktion	!	0°	positiv/negativ
Sextil	%	60°	harmonisch
Quadrat	#	90°	disharmonisch
Trigon	$	120°	sehr positiv
Opposition	«	180	disharmonisch

Fragen & Allerlei

Gibt es das Hexentum?

Obwohl das Hexentum allgemein als eine einheitliche, festgelegte Religion verstanden wird, verbergen sich hinter dem Begriff unzählige, oft ganz individuelle Wege. Wie alles im Leben, so entwickelt sich auch das Hexentum stets weiter, trennt sich von veralteten Worten oder Sprachen, paßt sich in einigen Punkten der derzeit realen Alltagswelt an und setzt neu gewonnenes Wissen in die Praxis und Rituale um. Das Hexentum entwickelte sich aus dem Reich des Schamanismus und war vom Ursprung bis heute stets ein lebensbejahender Fruchtbarkeitskult. Überall wo Leben herrscht, gibt es Bewegung und Veränderung, so auch im Hexentum. Es gibt innerhalb dieser Religion keinen Stillstand, stets aufs Neue werden die Rituale erweitert, umgeformt, verändert, immer ganz nach der eigenen Entwicklung und dem aktuellsten Wissensstand. Nun werden viele Leser einwenden, daß es im Laufe einer derartig langen Periode, in der es das Hexentum gibt, es sich doch wohl längst zu seiner vollsten Blüte entwickelt haben müßte. Um dem zu entgegnen, braucht man nur ein wenig in die Geschichte und Tradition der Hexen zurückschauen. Das Wissen vieler Hexen, und auch Schamanen, wurde und wird auch heute immer noch von einer eher kleinen Zahl von Menschen gepflegt, gehütet und weitergegeben. Da dieses Wissen oft der Beruf, sprich die einzige Einnahmequelle, dieser Personen war und noch immer ist, gibt es kaum ältere authentische Aufzeichnungen, zumal in früheren Epochen die Schrift nur wenigen Gesellschaftsgruppen zugänglich gemacht wurde. Gerade in Deutschland wurden während der Epoche der Hexenverbrennung viele unserer eigenen Traditionen und Wurzeln vernichtet. So kam es, daß beim immer lauter werdenden Ruf nach Spiritualität, besonders nach derjenigen der Großen Göttin, die wenigen überlieferten Fragmente auf's neue aufgearbeitet, der Zeit angepaßt und ergänzt wurden. Dabei passierte es, daß, je größer und nach außen hin erkennbarer eine Hexengemeinde wurde, sich ihre Rituale und Überzeugungen in der Öffentlichkeit verbreiteten. Die größte und bekannteste dieser Richtungen ist das vor Jahren nach Deutschland herüberschwappende Wiccatum.

Im Gegensatz zum Prunk, mit dem sich das Wiccatum darstellt, erscheint das bei uns beheimatete, traditionelle Hexentum eher unscheinbar.

Der Grund für das von außen nur schwer zu erkennende Hexentum unserer Kultur liegt sicher zum einen in der noch immer tief sitzenden Angst vor Diskriminierung und Verfolgung durch Kirche und Staat. Ungeachtet der bereits im Grundgesetz verankerten Religionsfreiheit versucht die christliche Kirche unermüdlich, ihren zahlenden Mitgliedern den Weg zu den freien Naturreligionen zu verbauen, wohlwissend, daß die meisten ihrer Feiertage und Zeremonien ihren Ursprung im naturreligiösen Schamanismus, sowie Hexen- und Heidentum haben. So kommt es, daß auch heute immer noch die deutschen Hexen nachts heimlich in die Tiefen der Wälder schleichen oder sich in kleineren Privattempeln treffen, um ihre alten Götter zu verehren.

Geschlechtsspezifische Hexengruppen?

Gerade im Zeitalter der Emanzipation haben sich immer mehr reine Frauen-Coven gegründet, so daß die Männerkreise oder von Männern geleitete Coven heute nur noch eine untergeordnete Rolle spielen. Wie fast immer in der menschlichen Entwicklungsgeschichte, so scheint auch hier der Mensch nicht in der Lage zu sein, sich über seine alltägliche Kleinkariertheit oder seinen Geltungswahn hinwegzusetzen.

Sicher gibt es eine ganze Anzahl von Ritualen, die im Kreise Gleichgeschlechtlicher durchgeführt werden sollen, doch insgesamt besteht die Hexenreligion aus dem Zusammenwirken des weiblichen Aspekts, der Großen Mutter, Mondin oder Aradia, um nur einige der Namen aufzuführen, unter denen sie verehrt wird, und ihrem Gefährten, der Sonne, Karnayna oder Cernunnos.

Mond und Sonne, Göttin und Gott, Frau und Mann, Tag und Nacht, diese Liste ließe sich beliebig verlängern, doch letztendlich handelt es sich dabei immer um die zwei Pole, die aus dem einen gekommen sind und erst zusammen das Ganze wieder ergeben. Würde das planetoide Liebesspiel zwischen Mond und Sonne an unserem Firmament nicht stattfinden, so gäbe es keine Zyklen, kein Wachstum, kein Leben.

Diese Art von Zusammengehörigkeit und der Erkenntnis, daß das Eine ohne das Andere nicht existieren kann, ist auch übertragbar auf den Bereich der männlichen und weiblichen Hexe.

Spätestens an dieser Stelle, wo ich dem Mann das Recht zuspreche, sich auch als Hexe bezeichnen zu dürfen, kann ich förmlich das infernalische Aufheulen ganzer Feministinnen-Coven hören, doch gemach, gemach.

Sowohl Schamanismus als auch das sich daraus später entwickelnde Hexentum sind stets Naturreligionen mit der nötigen Toleranz gegenüber allem Leben. In dem Augenblick, wo eine Frau dem Mann das Recht abspricht, sich als Hexe bezeichnen zu dürfen, löst sie selber ihr Band zur Göttin. Keine Frau wäre ohne die Zeugung durch einen Mann und kein Mann könnte ohne eine Frau zeugen, dieses Naturgesetz muß jeder einfach akzeptieren.

Nur wenn gelernt wird, gemeinsam als Gefährten zu arbeiten und zu leben, wird Mutter Erde Bestand und eine Zukunft haben.

Viele der vorangegangenen Überlegungen führen zu dem allzu menschlichen Punkt, der Gewichtung von Priesterin und Priester, beziehungsweise weiblicher und männlicher Hexe. Obwohl ich nach langjähriger Erfahrung und Beschäftigung auf diesem Gebiet immer noch zu der Grundtendenz stehe, daß sowohl die Frau wie auch der Mann ihre Berechtigung haben, also gleich berechtigt, explizit gleichberechtigt sind, so ist es doch meine Überzeugung, daß jeder Mann die Frau als Stellvertreterin der Göttin anerkennen muß.

Intuition, Weisheit und Wissen, alles Attribute der Göttin entspringen dem zeitlosen Reich des Geistes, wogegen die Attribute des Gottes, Kraft, praktische Arbeit und Zeugung zum größten Teil der materiellen Vergänglichkeit unterworfen sind. Diese Überlegung führt zu der logischen Konsequenz, daß ich als Priester jede Priesterin als über mir stehend erachte, denn letztendlich ist nur sie in der Lage, Wissen und Weisheit über alle Zeiten bewahren und weitervermitteln zu können.

Wer jetzt jedoch denkt, daß die Aufgaben des Priesters, die Priesterin in Funktion der Göttin zu schützen und ihr ein guter Gefährte zu sein, ihn ihr unterlegen macht, weiß nichts über die Große Göttin. Sorge ich für meine Gefährtin und erfülle die mir zustehenden Aufgaben aufrecht und gut, so kann ich stets blindlings auf den Schutz, die Weisheit und Liebe der Großen Göttin vertrauen. Sie wird den, der ihr ein guter Gefährte ist, niemals allein lassen oder unterdrücken, denn gerade die Göttin, wenn anscheinend auch nicht alle ihre Priesterinnen, trägt das Wissen um das Zusammenwirken aller Kräfte in sich.

Wie wird man zur Hexe?

Eine der wohl am häufigsten gestellten Fragen. Im Kern liegt die Antwort wohl darin, daß jemand Wissen um Einsichten und Gesetzmäßigkeiten und die Fähigkeit, diese auch zu nutzen, erlangt, die anderen Menschen seines Umfeldes momentan nicht zugänglich sind. Derartige Fähigkeiten außerhalb des derzeit *normalen* führen oft dazu, das die Gesellschaft den- oder diejenige als absonderlich einstuft. Natürlich können viele Wege dazu führen, daß man eine wirkliche Hexe ist, mag es sich dabei um in der Familie weiter gegebenes Wissen, um durch Schulung und Studium erkannte Techniken oder um die reine Verehrung der Alten Götter handeln.

Trotz aller Gutgemeintheit mögen derartige Antworten der zukünftigen Hexe, welche um tieferen Zugang zu der Hexenreligion und damit zum Hexenhandwerk sucht, zu trocken, theoretisch und wenig hilfreich erscheinen, deshalb nun einige konkrete Beispiele:

Wer sich mit offenen Sinnen in der Natur aufhält, seine Wahrnehmung schult und von den Elementen, Zyklen und Reichen (Tier-, Pflanzen-, Stein- und Ahnenreich) lernt, wird bald schon lernen, mit den Naturkräften zu kommunizieren. Einmal über die künstlich anerzogene Grenze geschritten, daß nur das ist, was sein darf, stößt man schon auf die alte Weisheit, *werdet wie die Kinder.* Mit Pflanzen reden, Steine streicheln, all das sind Anzeichen dafür, daß man sich in der Natur mit ihren Zyklen zu Hause fühlt. Wer sich wirklich einmal in seinem Leben als ein realer Bestandteil des großen Ganzen gefühlt hat, wird niemals in seinem Leben mehr allein sein. Egal, ob in der Sandwüste der Sahara, den Eisflächen des Polarkreises oder nur um die Ecke, im nahen Stadtwald, für den, der sehen kann, herrscht überall eine ganze Vielzahl an Lebensformen und Elementarkräften. Ein weiterer Vorteil, sich mit der Natur zu beschäftigen, ist die Rückkehr zu wahrer Lebensfreude und Lebenskraft. Sich amüsieren, wie Ameisen übereinander krabbeln, um ihre Straße nicht zu verlassen, hervorbrechendes Lachen, wenn ein Libellenweibchen beim Liebesflug den Gefährten immer wieder neckt, oder das ehrfürchtige Staunen über die Leuchtkraft der in warmer Sommerluft tanzender Glühwürmchen. All diese Wunder werden einem dabei helfen, die eigene Wichtigkeit und den Stellenwert der menschlichen Rasse aus der richtigen Perspektive zu betrachten.

Wer sich auf diese Weise in der Natur bewegt, wird bald schon Antworten auf Fragen geben können, die anderen wie *Hexerei* erscheinen.

Ein anderer Aspekt des Hexentums ist die Verehrung der alten Naturgötter. Dabei ist es müßig, sich über die verschiedenen Götternamen auszulassen. Jeder Mensch mag seiner Göttin und seinem Gott immer die Namen und Symbole geben, die am besten das ausdrücken, was diese Kräfte ganz individuell für ihn persönlich bedeuten. Alle weiblichen Göttinnen sind letzendlich nur Bezeichnungen und Bilder für die Große Urgöttin, genauso wie die Götternamen für den Urgott. Der Deutsche nennt etwas Bestimmtes Auto, der Engländer nennt das gleiche etwa car, wer will nun behaupten, daß nur eine der beiden Bezeichnungen richtig ist? Alle Götternamen und Bildnisse sollen uns kläglich entwickelten Lebewesen lediglich helfen, das Unnennbare namhaft und das Unbegreifliche begreiflich zu machen, ein unvollkommener Versuch einer unvollkommenen Art. Wir können froh sein, wenn wir wenigstens einen Teil der großen Weisheit begreifen und unser Leben danach ausrichten.

Neben der Lehre der Natur kann eine zukünftige Hexe sich auch anhand von Schrifttum weiter in die Materie einarbeiten. Hierbei gilt jedoch, Lesen kann lediglich eine informierende und inspirierende Aufgabe übernehmen, alle wirkliche Erfahrung muß man jedoch in der Praxis sammeln.

Damit komme ich zum eigentlich besten Weg zum Hexentum. Wer über das Glück verfügt, bei einer erfahrenen Hexe in die Lehre gehen zu dürfen, wird vieles lernen, was nicht in Büchern steht, die Kombination des so Vermittelten ergänzt durch eigenes Beobachten und Studieren bringt jedesmal eine neue, ganz individuelle Hexe hervor. Auf diese Weise hat jede Hexengeneration die Möglichkeit, auf dem Wissen der Vergangenheit sich weiter zu entwickeln.

Sind wahre Hexen Eremitinnen und Eremiten?

Wer die überlieferten Aufzeichnungen von Berichten über Hexen aufmerksam studiert, wird schnell feststellen, daß nahezu alle dieser zumindest als Hexen bezeichneten Personen allein, zu zweit mit ihrem Kind oder einer Hexenschülerin beziehungsweise einem Hexenschüler leben. Vielfach werden diese Fakten vernachlässigt oder bewußt übersehen, und das, obwohl ihre Bedeutung in der Erlangung wahrer Hexenkraft von außerordentlicher Wichtigkeit ist. Betrachtet man einmal die Anzahl der Hexenliteratur, so mutet es schon seltsam an, daß kaum eine der Autorinnen oder Autoren sich intensiv mit diesem Aspekt des Hexenlebens auseinandersetzt. Durch die äußerst stiefmütterliche Behandlung des Aspekts kann man sich des Verdachts kaum erwehren, daß diese Unterschlagung mit Absicht geschieht, doch warum?

Nur eine freie Hexe ist eine gute Hexe.

Dieser Spruch trifft den Nagel auf den Kopf, denn nur eine wirklich freie Hexe kann sich und damit ihre Kräfte in letzter Konsequenz bis zur Vollendung entwickeln. Viele angeblich wahre Hexen berichten davon, daß sie auf ihre innere Stimme hören, doch wenn man dann einmal ihre persönliche Lebensart und deren Umstände genauer betrachtet, stößt man auf lauter Diskrepanzen zu dieser Aussage. So gehen einige *"Hexen"* einem geregelten Arbeitsleben nach, bieten das ganze Jahr über eine Unzahl von Kursen und Seminaren an, oder schleusen im Akkord endlose Schlangen von Ratsuchenden durch ihre *Praxis*. All diese Tätigkeiten verraten dem Wissenden, daß es sich bei dieser Art von Hexen niemals um wirklich gute Hexen - an dieser Stelle bezieht sich das Wort gut auf qualitativ hochwertig - handeln kann. Zumindest wer als Hexe anderen Menschen Rat und Hilfe angedeihen möchte, muß sich schon im Vorfeld darüber klar sein, daß diese Berufung eine Art Vollzeitjob für's ganze Leben darstellt. Sich im Einklang mit den Kräften und Zyklen der Natur bewegen, auf die innere Stimme hören oder sich für Feiern und Rituale entsprechend vor- und auch nachzubereiten, bedingt eine nahezu unbegrenzt freie Zeiteinteilung, die sich weder mit einem normalen Beruf noch mit den meisten Lebensgefährten vereinbaren läßt. Nur wer seine ganze Liebe und Aufmerksamkeit den in der Natur vorherrschenden Kräften und Wesen zuteil werden läßt, dem werden sich nach und nach deren tiefste Geheimnisse offenbaren. Manche der aradianischen Rituale bedingen zum Beispiel eine mehrtägige bis mehrwöchige Vorbereitung in Abgeschiedenheit und Stille. Selbst ein noch so toleranter Lebenspartner kann dafür kaum das notwendige Verständnis aufbringen, und selbst wenn er dies könnte, so würde er doch zumindest teilweise einige Gedanken und Kräfte unbewußt an sich binden und damit die Hexe von ihrer wahren Vollendung abhalten. Noch gravierender sind die heutzutage oft in Coven vorherrschenden Fehlentwicklungen einiger Priesterinnen und Priester. Betrachtet man ihr alltägliches Leben, stößt man vielfach auf Völlerei, nichtzeremoniellen Drogenkonsum und das Ausleben niederer Triebe. Trifft man diese Personen dann jedoch auf Feiern und Zeremonien, erklären sie ungeachtet ihres Lebens, daß sie eine besonders reine und direkte Verbindung zu den Göttern darstellen.

Noch eine Stufe schlimmer und verlogener sind diejenigen unter den Hexen, die vorgeben, an die Weisheit und Güte der Göttin zu glauben, und sich zugleich medikamentöser oder anderer nicht natürlicher Verhütungsmittel bedienen. Es ist ein direkter Schlag ins Gesicht der Mondin, wenn der göttliche Akt der Vereinigung von Frau und Mann zu purem Freizeitvergnügen degradiert und durch die Einnahme irgendwelcher Mittel der dieser Verbindung innewohnende Zeugungsakt verhindert wird. Wer auf wirkliche Schwarzhexen treffen möchte, trifft sie hier, wo den Göttern nach außen hin wortreich Vertrauen versichert wird, während gegenüber den göttlichen Kräften aus purer Selbstbefriedigung und dem Sichdrücken um die mit dem Vereinigungsakt verbundene Verantwortung gedrückt wird.

Wie kann man eine Priesterin oder einen Priester als Gefäß und Sprachrohr der Götter anerkennen, wenn sie im normalen Leben in Wollust und Dunkelmagie schwelgen? Reinheit, Erhabenheit und Weisheit, alles göttliche Attribute, stellen sich nur bei Personen ein, die ihr Leben in der ihnen größtmöglichen Bewußtwerdung erfahren. Das Wissen um all diese Zusammenhänge ist schon sehr alt, bereits vor Avalon und auch später in vielen Tempelkulten enthielten sich Priesterinnen und Priester der Vereinigung der Geschlechter weitestgehend. Durch diese Art der Lebensführung erhielten die in bestimmten Ritualen oder zu Feiern durchgeführten Vereinigungen von Frau und Mann die ihnen ursprünglich innewohnende Erlebnisqualität zurück. Die in derartigen Nächten gezeugten Kinder galten und gelten noch immer als besonders von den Göttern gesegnet.

Zur Beruhigung all jener Hexen, die ein normales Leben führen, einer Arbeit nachgehen und sich paaren, wann immer sie wollen, kann ich zum einen nur auf das altüberlieferte Hexenwissen der weiblichen Fruchtbarkeitszyklen verweisen und ihnen raten, innerhalb eines Covens keine

Priesterämter zu bekleiden, wenn sie sich nicht selber unglaubwürdig machen wollen.

Betrachtet man abschließend all diese Überlegungen, kommt man zum Fazit, daß eine Hexe, die allein oder nur mit einer Schülerin lebt, der Göttin und dem Gott näher sein kann, weil sie über mehr uneingeschränkte Möglichkeiten verfügt, mit ihnen in Kontakt zu treten. In der Praxis wird dieses selbstgewählt Eremitenhafte dadurch aufgelockert, daß sich die Hexen untereinander besuchen und an bis zu 25 Feiern und Esbats im Jahreszyklus teilnehmen.

Wie erkennt man eine wahre Hexe?

☆ Sie übernimmt nicht jeden Auftrag, denn Sie muß ihn verantworten.

☆ Sie redet wenig, aber Sie tut viel.

☆ Sie ist mildtätig gegenüber jedem Leben, aber urwüchsig gegen jeden Feind.

☆ Sie redet mit Pflanzen, Tieren, Steinen und Geistern und scheut keinen Traum.

☆ Sie steht zu ihrem eigenen Körper, Seele und Geist, ungeachtet jeder Mode und Ansehen.

☆ Sie sieht den ganzen Menschen und nicht nur den Mantel.

☆ Sie weiß um Zusammenhänge und arbeitet mit ihnen und nicht gegen sie.

☆ Sie benötigt keine Werbung, Sie vertraut ihren Göttern.

☆ Sie nimmt von Hilfesuchenden entsprechend deren Möglichkeiten und von der Natur, was Sie benötigt.

Wer auf eine Person trifft, die sich selber als Hexe bezeichnet und die vorangegangenen Regeln beherzigt, der kann davon ausgehen, es mit einer ernsthaft arbeitenden Hexe zu tun zu haben, alles Weitere zeigen Gespräche und gemeinsame Rituale.

Gerade da der Hexenkult ziemlich verschiedene Darstellungsmöglichkeiten beinhaltet, kann es durchaus passieren, daß man zwar auf einige ernsthaft arbeitende Hexen stößt, deren Wege jedoch nicht dem gesuchten entsprechen. In solchen Fällen trennt man sich in Achtung oder Freundschaft. Denn jede wirkliche Hexe wird es verstehen und sogar begrüßen, wenn sich eine zukünftige Hexe selbstbewußt den für sie richtigen Weg sucht und nicht ersatzweise Zugeständnisse macht und sich zur Mitläuferin degradieren läßt. Nur wer mit voller Überzeugung an einer Idee arbeitet, verfügt auch über genügend Energie und Inspiration, diese Idee wirklich am Leben zu erhalten, Mitläufer dagegen verfügen eben nicht über diese uneingeschränkte und damit selbstlose Energie. Durch ihren Selbstbetrug, etwas anscheinend vorzugeben und in Wirklichkeit doch nicht vollends davon überzeugt zu sein, bringt die vertretenen Ideen in Verruf, falsch zu sein. Unglaube, Falschwissen und Wankelmut veranlassen die Umwelt zu der Überzeugung, daß die vertretene oder dargestellte Religion ja falsch sein muß, doch letztendlich findet sich die Wahrheit jeder

Religion ausschließlich in der Religion selber und darf nicht an der
Qualität ihrer Anhänger gemessen werden.

> **Jede Wahrheit bleibt auch dann wahr, wenn ihre Mittler, Lehrer
> oder Anhänger sie nur bruchteilhaft oder gar völlig falsch
> interpretieren.**

Die Anziehungskraft von Hexen- und Naturkulten

Vielfach stößt das allgemein immer stärker werdende Interesse am Hexentum oder anderen Naturreligionen auf Unverständnis, doch dabei ist diese Entwicklung sehr leicht und vollkommen logisch zu erklären. Während in der Vergangenheit der Mensch in seiner Ganzheit von Körper, Seele und Geist verstanden und auch entsprechend seiner Urbedürfnisse die Geborgenheit in seiner gesellschaftlichen Gemeinschaft erfuhr, kümmert sich die heutige Gesellschaft nahezu ausschließlich um die materiell meßbare Leistungsfähigkeit des Einzelnen. Diese Entwicklung hat dazu beigetragen, daß viele Menschen sich unzufrieden und unterdrückt fühlen, da ihren Gefühlen und Träumen kein Gewicht beigemessen wird und sie so kaum Vollständigkeit und Harmonie erfahren können. Sämtliche Naturkulte, hierzu zählt auch der Hexenkult, verstehen den Menschen als eine Symbiose aus den drei Ebenen, Körper, Seele und Geist, und tragen in ihren Feiern und Riten die Möglichkeit, alle drei Ebenen zu erleben. Körperliche Bewegung, Ausdruck und Berührung, alles Teilbereiche des menschlich-animalischen Anteils finden in den Zeremonien Platz für ihre Verwirklichung. Die heutzutage nahezu degenerative Haltung, sprich die immer mehr voranschreitende Berührungsangst und das Fehlen eines intakten und praktisch erfahrbaren Gemeinschaftsgefühls wird durch die Durchführung gemeinschaftlicher Rituale sowie gemeinsamer Tänze aufgebrochen und ermöglicht den Teilnehmern solcher Veranstaltungen, ihren schwerpunktmäßig körperlichen Bedürfnissen Ausdruck zu verleihen.

So finden gerade im Hexentum Frauen und Männer die Voraussetzungen, ihr inneres Wesen in fast idealer Weise erleben und ausleben zu können. Freude und Sicherheit innerhalb einer Religion oder Gruppe ermöglichen das Erfahren von Lebenslust und Lebensqualität in einer Art und Weise, wie es im heutzutage normalen Leben kaum noch möglich ist. Die bei solchen Feiern und Zeremonien meistens vorherrschenden Elementar- und Naturkräfte verstärken diesen Eindruck noch. Wind, Wetter und Temperaturen, sowie die Eindrücke der ewig währenden Naturzyklen treffen Hexen und Anhänger von Naturreligionen immer gleichermaßen, ungeachtet des materiellen Reichtums oder der gesellschaftlichen Stellung des Einzelnen.

Die Schwierigkeiten bei Zuordnungen

Nichts ist so wahr, daß es nicht auch vollkommen anders sein kann.

Fast alle magischen und damit auch die aradianischen Systeme beruhen auf der Grundlage entweder einer dualen Zuweisung oder der Zuordnung einer bestimmten Stelle innerhalb eines Kreismodells.

Die Große Wahrheit, Alles ist in jedem Teil des Ganzen enthalten, setzt ein derartiges Begreifen einer schier unendlich erscheinenden Komplexität voraus, daß es sich fast überall durchgesetzt hat, diese Wahrheit in kleineren Kreisläufen und somit leichter zu begreifenden Systemen zu vermitteln. Man mag nun darüber spekulieren, warum manche der übermittelten Systeme anscheinend falsch sind. Geschah dies nun durch die Unfähigkeit der Erzähler und Schreiber oder war es gar ein Selbstschutz, damit das geheime Wissen nicht in die Hände Uneingeweihter fallen sollte? Doch letztendlich führen derartige Überlegungen zu kaum einem nennenswerten Ergebnis.

Vielfach sind es gerade sich allein mit der Hexenreligion beschäftigende Junghexen, die dieser Problematik hilflos gegenüberstehen. Sie haben im Gegensatz zu den Hexen innerhalb eines Covens oder einer Gruppe in der Regel kaum Möglichkeiten, sich von irgendeiner fachkundigen Stelle entsprechende Antworten und Erklärungen zu besorgen. Sind die Zuordnungen der Elementarkräfte zu den 4 Himmelsrichtungen noch einheitlich, so stößt die sich an der Literatur orientierende Hexe schon bald auf die Diskrepanz der Zuordnungen von Schwert und Stab zu den Elementen und Richtungen. Das Schwert, und damit auch der Dolch, wird von manchen Hexen dem Süden und damit dem Feuerelement zugeordnet, während andere Hexen in ihm ein Luftsymbol erkennen und es damit dem Osten zuordnen.

> **Vorweggenommen möchte ich mitteilen, daß jede der beiden Zuordnungen richtig ist, solange jede Hexe weiß, warum sie dieses System benutzt und es mit ihrem inneren Wesen in Einklang steht.**

Ja, so unmöglich es im ersten Augenblick auch scheint, die Wahrheit ist für jeden Menschen ganz individuell verschieden. Was jeder Mensch als Wahrheit empfindet, ist die Summe seiner persönlich gemachten Erfahrungen, komplettiert mit Teilen des eigenen Gefühls, der eigenen Spiritualität und abgerundet mit den derzeit gültigen, oder zumindest von einem selber anerkannten Moralvorstellungen. Derartiges Wissen über die Allgemeingültigkeit von Wahrheit oder vielmehr deren Ungültigkeit bringt auch die Einsicht mit sich, daß das von einigen Hexen propagierte Sich-in-etwas-zu-versenken bei jedem Menschen etwas Verschiedenes zutage bringen kann, weshalb sich Methoden wie Meditation und Trance zur Erkundung von Inhalten von Symbolen und Hexenutensilien nur dann anbieten, wenn eine Hexe allein arbeitet und aufgrund ihrer persönlichen Bedeutungen sich mit anderen Personen nicht abzustimmen braucht. Wer jedoch, und sei es auch nur zeitweilig, mit anderen zusammen arbeitet und feiert, der muß sich auf gemeinsame Symboliken verständigen, damit jeder an einem Ritual Teilnehmende in diesem auch die gleiche Bedeutung versteht und sieht. Allein anhand der Zeit- und Kirchenepoche, wo die Wahrheit lautete, das Weib sei dem Manne untertan - diese angebliche Wahrheit ist inzwischen längst überholt und wird von immer mehr Menschen offen als Lüge bezeichnet -, zeigt sich beispielhaft, wie sich die Wahrheit im Laufe der Zeit immer mehr verändern kann, ähnliches gilt für die Moralbegriffe.

Zurück zur Symbolik des Schwertes, stellt man bei der genauen Aufschlüsselung schnell fest, daß das Schwert die Eindrücke aller 4 Elemente in sich vereinigt. Da gibt es die Erde, aus der das Erz geborgen wird, das Feuer, in dem es geschmiedet wird, das Wasser, welches das Schwert kühlt und reinigt, und letztendlich die Luft, die das Schwert immer dann durchtrennt, wenn es bewegt wird. Einige Hexen sehen im Schwert, und ersatzweise dem Dolch, hauptsächlich das feurige, männliche Element und treffen so die Zuordnung Süden, während andere in ihm hauptsächlich das männlich Trennende und Zerschneidende sehen und es damit dem Osten zuordnen. An dieser Stelle könnte jede Hexe es sich leicht machen und einfach festlegen, sich intuitiv für eine der Möglichkeiten zu entscheiden, doch das würde unter Umständen zu einer falschen Zuordnung führen, wie unten stehende Zeichnung belegt.

Nimmt man den Kelch als festes weibliches Symbol für Wasser und damit die Himmelsrichtung Westen, so muß das Schwert und der Dolch, den männlichen Aspekt symbolisierend, an dem Punkt des Kreissystems angeordnet werden, der am weitesten entfernt liegt, dem Osten, nur in dieser Kombination erhalten die dualpolaren Kräfte, Frau- Mann, die richtige Stellung. In den aradianischen Zuordnungs- und Erklärungsmodellen werden Frau und Mann als die zwei Pole des schöpferischen Energiemagneten verstanden, weshalb das Symbol der Frauen, der Kelch, Passivität, Sammlung und Vereinigung darstellt, wogegen das Schwert für Aktivität und Trennen, beides Attribute der Männer darstellt.

Hinweis: Wer die innerhalb des Buches benutzte Zuordnung wechseln möchte, muß bei der Umsetzung der Rituale unbedingt auch die den Himmelsrichtungen entsprechenden Planeten, Tage und Farben benutzen.

Hinweis

In früheren Epochen fand die Konsultierung einer Hexe ihren Ursprung in Fragen betreffs des Wetters, der Heil- und Kräuterkunde, der Zukunftsschau sowie der Herstellung von Zauber, heute ist das anders. In der heutigen Zeit haben die Meteorologen das Wetterwissen der Hexen ersetzt, Heil- und Kräuterkunde bleibt den Ärzten und Heilpraktikern überlassen, einzig das Wirken von Zauber und die Zukunftsschau sind den Hexen als Kontaktpunkte zur Bevölkerung geblieben. Nur die wenigsten Hexen können wirklich von ihrem Wissen noch leben, zu groß ist die Anzahl der Anbieter mentaler und spiritueller Hilfe. Wer heute über genügend Geld verfügt, schaltet große und äußerst kostspielige Annoncen in allen Arten von Zeitungen. Das Isolationsverhalten der jetzigen Gesellschaft verdrängt zugleich das Weitergeben der Adressen von Hexen, die wirklich noch den alten Weg gehen. Durch das Zusammenspiel dieser Umstände fallen immer mehr Hilfesuchende auf ausschließlich an deren Geld interessierten *Hexen und Heilern* herein, werden enttäuscht und verlieren letztendlich den Glauben an die Wirksamkeit der Hexenmacht.

Wer sich heute als Hexe einer Kundschaft stellen möchte, muß all dies wissen, denn der Weg, Vertrauen wiederzugewinnen, ist langwierig und mühsam.

Tips und Anregungen

Das Hexen- oder Ouija-Brett

Herstellung:

Um ganz spezifische Antworten aus dem Reich der Geister und Verstorbenen zu erhalten, nutzen weltweit viele Hexen das sogenannte *Witchboard*, seine Herstellung ist denkbar einfach. Ähnlich der Zeichnung werden auf ein circa 40 x 60 cm großes Brett die Buchstaben des Alphabets sowie die Zahlen von 0 bis 9 aufgetragen, zusätzlich dazu noch 3 Kreise mit den Worten » Ja « » Ende «und » Nein « Zum Schreiben der Zeichen benutzt man am besten einen wischfesten Stift oder einen Pinsel. Vielfach führt eine abschließend aufgetragene Klarlackschicht dazu, daß das Brett länger seine Funktion erfüllt.»Als Zeiger oder Läufer dient ein dreieckiges Brett mit der Kantenlange von ungefähr 7 bis 8 cm, in dessen Unterseite je eine ebenfalls lackierte Hartholzhalbkugel in die Nähe der Ecken geleimt wird.

Einsatz:

Bevor man den Kontakt zur Geisterwelt herstellt, sollte man für Ungestörtheit sorgen. Allein oder in kleinen Gruppen setzt man sich rund um das Brett, wartet, bis alle zur Ruhe gekommen sind, und ruft die Geister an. Jeder der Anwesenden legt einen Finger auf den Läufer, und während derjenige, der vorher dafür ausgewählt wurde, eine Frage laut nach der anderen spricht, wartet man ab, bis daß ein Geist in den Läufer fährt und ihn zu den Buchstaben und Zahlen bewegt, welche die Antwort auf die Frage ergeben. So folgt Frage auf Frage. Lenkt der Geist den Läufer auf das Wort » Ende «oder liegen keine Fragen mehr vor, so bedankt man sich für seine Hilfe und verabschiedet sich von ihm.»In der Praxis hat es sich als vorteilhaft erwiesen, wenn auf einem bereitgelegtem Block Fragen und Antworten mitgeschrieben werden, da manche der Botschaften sehr schnell gegeben werden oder auch mal sehr umfangreich ausfallen können.

Der Magische Spiegel

Herstellung:

Viele ältere Magiebücher verweisen immer wieder auf die Macht und Möglichkeiten des Magischen Spiegels. Zu seiner Herstellung benötigt man folgende Gegenstände:

☆ 1 konkaves Glas, möglichst groß

☆ 1 Holzkiste, etwas größer als das Glas

☆ Füllmaterial, Quarzsand eignet sich hervorragend

☆ schwarze Farbe

☆ eine kleine Metallampulle, verschraubbar

☆ Säge, Bohrer und Kleber

Zuerst wird das konkave Glas - hierzu lassen sich besonders gut die Gläser alter Wand- oder Bahnhofsuhren verwenden - auf der Rückseite mit der Farbe so angestrichen, daß keine Schlieren entstehen. In der Zeit, in der die Farbe trocknet, kann schon in die Mitte der Rückseite der Kiste ein Loch mit dem Durchmesser der Ampulle gebohrt und diese dann eingeklebt werden. Vorne aus der Kiste wird ein Kreis ausgesägt, der etwas kleiner als der Glasdurchmesser ist. Soweit vorbereitet, klebt man den Spiegel von innen vor daß Loch, füllt die Kiste mit dem Quarzsand und leimt sie zu, oder wenn der Kistendeckel einen Rand hat, klebt man erst den Spiegel ein, leimt dann die Kiste zu und bohrt ein kleines Loch, durch welches man den Sand nachträglich einfüllt, bevor es wieder verschlossen wird, fertig ist der Magische Spiegel.

Handhabung:

Außer daß man die Möglichkeit besitzt, in die rückwärtige Ampulle einen Trägerstoff, das sogenannte Fluidum, einzufüllen, wird der Magische Spiegel, wie schon im Kapitel *Zukunftsdeutung, die Magie spiegelnder Flächen* beschrieben wurde, benutzt.

Anhang

Mondkalender

Da im Bereich des Hexentum, neben den Äquinoktien, für praktizierende Hexen besonders die Voll- und gegebenenfalls die Neumondnächte von besonderer Bedeutung sind, befinden sich deren Daten, bis zum Jahr 2024 in diesem Anhang.

2015	Vollmond	Neumond
Januar	5.	20.
Februar	4.	19.
März	5.	20.
April	4.	18.
Mai	4.	18.
Juni	2.	16.
Juli	2. & 31.	16.
August	29.	14.
September	28.	13.
Oktober	27.	13.
November	25.	11.
Dezember	25.	11.

2016	Vollmond	Neumond
Januar	24.	10.
Februar	22.	8.
März	23.	9.
April	22.	7.
Mai	21.	6.
Juni	20.	5.
Juli	19.	4.
August	18.	2.
September	16.	1.
Oktober	16.	1. & 30.
November	14.	29.
Dezember	14.	29.

2017	Vollmond	Neumond
Januar	12.	28.
Februar	11.	26.
März	12.	28.
April	11.	26.
Mai	10.	25.
Juni	9.	24.
Juli	9.	23.
August	7.	21.
September	6.	20.
Oktober	5.	19.
November	4.	18.
Dezember	3.	18.

2018	Vollmond	Neumond
Januar	2. & 31.	17.
Februar		15.
März	2. & 31.	17.
April	30.	16.
Mai	29.	15.
Juni	28.	13.
Juli	27.	13.
August	26.	11.
September	25.	9.
Oktober	24.	9.
November	23.	7.
Dezember	22.	7.

2019	Vollmond	Neumond
Januar	21.	6.
Februar	19.	4.
März	21.	6.
April	19.	5.
Mai	18.	4.
Juni	17.	3.
Juli	16.	2.
August	15.	1. & 30.
September	14.	28.
Oktober	13.	28.
November	12.	26.
Dezember	12.	26.

2020	Vollmond	Neumond
Januar	10.	24.
Februar	9.	23.
März	9.	24.
April	8.	23.
Mai	7.	22.
Juni	5.	21.
Juli	5.	20.
August	3.	19.
September	2.	17.
Oktober	1. & 31.	16.
November	30.	15.
Dezember	30.	14.

2021	Vollmond	Neumond
Januar	28.	13.
Februar	27.	11.
März	28.	13.
April	27.	12.
Mai	26.	11.
Juni	24.	10.
Juli	24.	10.
August	22.	8.
September	20.	7.
Oktober	20.	6.
November	19.	4.
Dezember	19.	4.

2022	Vollmond	Neumond
Januar	17.	2.
Februar	16	1.
März	18	2.
April	16.	1. & 30.
Mai	16.	30.
Juni	14.	29.
Juli	13.	28.
August	12.	27.
September	10.	25.
Oktober	9.	25.
November	8.	23.
Dezember	8.	23.

2023	Vollmond	Neumond
Januar	6.	21.
Februar	5.	20.
März	7.	21.
April	6.	20.
Mai	5.	19.
Juni	4.	18.
Juli	3.	17.
August	1. & 31.	16.
September	29.	15.
Oktober	28.	14.
November	27.	13.
Dezember	27.	12.

2024	Vollmond	Neumond
Januar	25.	11.
Februar	24.	9.
März	25.	10.
April	23.	8.
Mai	23.	8.
Juni	22.	6.
Juli	21.	5.
August	19.	4.
September	18.	3.
Oktober	17.	2.
November	15.	1.
Dezember	15.	1. & 30.

2025	Vollmond	Neumond
Januar	13.	29.
Februar	12.	27.
März	14.	29.
April	13.	27.
Mai	12.	27.
Juni	11.	25.
Juli	10.	25.
August	9.	23.
September	7.	22.
Oktober	7.	21.
November	5.	20.
Dezember	5.	20.

Die Planetenquadrate

Gerade im Bereich der Talismanmagie finden die Planetenquadrate ihren Einsatz als zusätzliche Kraftunterstützung auf der Rückseite der entsprechenden Amulette. Die Quadrate können auch als Zauber auf Pergament geschrieben und geopfert oder in einem Beutel bei sich getragen werden.

Sonnenquadrat

6	32	3	34	35	1
7	11	27	28	8	30
24	14	16	15	23	19
13	20	22	21	17	18
25	29	10	9	26	12
36	5	33	4	2	31

Die Sonnenzahlen sind: 1, 6, 36, 666

Mondquadrat

37	78	29	70	21	62	13	54	5
6	38	79	30	71	22	63	14	46
47	7	39	80	31	72	23	55	15
16	48	8	40	81	32	64	24	56
57	17	49	9	41	73	33	65	25
26	58	18	50	1	42	74	34	66
67	27	59	10	51	2	43	75	35
36	68	19	60	11	52	3	44	76
77	28	69	20	61	12	53	4	45

Die Mondzahlen sind: 9, 81, 369, 3321

Marsquadrat

11	24	7	20	3
4	12	25	8	16
17	5	13	21	9
10	18	1	14	22
23	6	19	2	15

Die Marszahlen sind: 5, 25, 65, 325

Merkurquadrat

64	63	3	4	5	6	58	57
56	55	11	12	13	14	50	49
17	18	46	45	44	43	23	24
25	26	38	37	36	35	31	32
33	34	30	29	28	27	39	40
41	42	22	21	20	19	47	48
16	15	51	52	53	54	10	9
8	7	59	60	61	62	2	1

Die Merkurzahlen sind: 8, 64, 260, 2080

Jupiterquadrat

4	14	15	1
9	7	6	12
5	11	10	8
16	2	3	13

Die Jupiterzahlen sind: 4, 16, 34, 136

Venusquadrat

4	29	12	37	20	45	28
35	11	36	19	44	27	3
10	42	18	43	26	2	34
41	17	49	25	1	33	9
16	48	24	7	32	8	40
47	23	6	31	14	39	15
22	5	30	13	38	21	46

Die Venuszahlen sind: 7, 49, 175, 1225

Saturnquadrat

4	9	2
3	5	7
8	1	6

Die Saturnzahlen sind: 3, 9, 15, 45

Heilpflanzen

Obschon das Heil- und Kräuterwissen der weisen Frauen und Hirten fast legendär scheint darf man doch nicht vergessen, daß viele der zur Heilung eingesetzten Kräuter falsch angewendet sogar tödlich wirken können. Auch ist die genaue Bestimmung der Pflanzen in vielen Fällen so schwierig, daß Laien durchaus ähnlich aussehen Pflanzen verwechseln und damit die zu behebende Störung sogar noch vergrößern können, trotzdem finde ich es falsch, daß die meisten Hexenbücher auf diesen sehr wichtigen Aspekt unserer heimmischen Kultur kaum noch eingehen.

Sicher sollte man bei ernsthaften Störungen Ärzte oder Heilpraktiker konsultieren, doch es ist nun einmal so, daß Hexen, die sich häufig und oft weitab der sogenannten Zivilisation aufhalten sich zum Beispiel Verletzungen zuziehen oder bei ihnen Unpäßlichkeiten auftreten. Für derartige Fälle hält die heimische Natur eine große Anzahl wirksamer Heilkräuter bereit.

Eine besonders wunderbare Begleiterscheinung, die sich bei der Beschäftigung mit den Pflanzen einstellt, ist die zunehmende Achtung (Beachtung) dessen, was uns umgibt. Viele der am Anfang vielleicht noch unbekannten Pflanzen werden auf diese Weise zu altbekannten Begleitern und Freunden und trainieren dabei das bewußtere Sein in der Natur mit ihren Zyklen.

Arnika

☆ lat. Name: Arnica montana

☆ Anwendung: Wundkraut

☆ Standort: Wiesen

☆ Erntezeit: Mai bis September

Hirtentäschel

☆ lat. Name: Capsella bursa pastoris

☆ Anwendung: blutstillend

☆ Standort: Äcker, Wegränder, steiniger Boden

☆ Erntezeit: März bis Juni

Geerntet wird das ganze Kraut.

Kamille

☆ lat. Name: Matricaria chamomilla

☆ Anwendung: Erkältung, grippaler Infekt, entzündungshemmend krampflösend

☆ Standort: Äcker, Steinmulden

☆ Erntezeit: Juli bis September (Mittagszeit)

Tee, Wickel und Aufguß

Gesammelt werden die Blütenköpfe, ohne Stiel.

Löwenzahn

☆ lat. Name: Taraxacum officinale

☆ Anwendung: Mattigkeit, gegen Neubildung von Nieren- und Gallensteinen

☆ Standort: Wiesen- und Wegränder

☆ Erntezeit: April- Juni

Tee aus Blättern und Wurzeln

Gegen Mattigkeit können während der Blüte 8-10 Stengel zerkaut werden, die Wirkung ist belebend.

Mistel

☆ lat. Name: Viscum album

☆ Anwendung: Arthrose, blutdruckregulierend

☆ Standort: hoch oben in Gastbäumen

☆ Erntezeit: März bis Mai und Oktober- Dezember

1 Tasse Misteltee am Tag hält Blutdruck und Kreislauf stabil.

Ringelblume

☆ lat. Name: Calendula officinalis

☆ Anwendung: Salbe, feuchter Umschlag bei Verletzungen

Salbei

☆ lat. Name: Salvia officinalis

☆ Anwendung: entzündungshemmend, antibakteriell, gg. Magenstörungen, Erkältung

☆ Standort: Wiesen

☆ Erntezeit: Mai- September

Aus den gesammelten Blättern wird der Tee gewonnen.

Schafgarbe

☆ lat. Name: Achillea millefolium

☆ Anwendung: Magen- und Darmbeschwerden (auch krampfartige), blutstillend und schmerzstillend

☆ Standort: Wiesen, Wegränder

☆ Erntezeit: Juni- Oktober

Gesammelt werden die Blätter und Blüten.

Das Zerkauen frischer Blätter hilft gegen Zahnweh, Umschläge helfen bei Wundheilung.

Schlüsselblume

☆ lat. Name: Primula officinalis

☆ Anwendung: Asthma, Bronchitis

☆ Standort: Wald und Wiesen

☆ Erntezeit: April- Juni

Blätter zur Wundbehandlung, Wurzeltee gegen Kopfschmerzen. Besonders zu empfehlen ist Tee aus Schlüsselblumenwurzeln, Fenchel und Thymiankraut gegen Husten und Keuchhusten.

Holunder/Hollerstrauch

☆ lat. Name: Sambucus nigra

☆ Anwendung: schleimlösend, bei Erkältungen

☆ Standort: Hecken, Gebüsch, Bachufer

☆ Erntezeit: Blüten: Juni- Juli, Früchte: August- September

Besonders hilfreich bei starken Erkältungen ist es, heißen Holundersaft mit Eischnee zu trinken. (leicht schweißtreibend)

Sonnenhut

☆ Anwendung: gegen Wundinfekt und Erkältungskrankheiten

gesammelt werden die Wurzeln

Roter Fingerhut

☆ lat. Name: Digitalis purpurea

☆ Anwendung: herzstärkend

☆ Standort: Lichtungen

☆ Erntezeit: Juni- September

Wegwarte

☆ lat. Name: Cychorium intybus

☆ Anwendung: schweißtreibend

☆ Standort: Wegränder

☆ Erntezeit: Juli- September

Ein Umschlag aus zerriebenen, jungen Blättern lindert Entzündungen, der Tee wird aus getrockneten und zerstoßenen Wurzen gewonnen, welche im Herbst gesammelt werden.

Blauer Eisenhut

☆ lat. Name: Aconitum napellus

☆ Anwendung: Fieber

☆ Standort: feuchte Standorte

☆ Erntezeit: Mai- September

Tollkirsche

☆ lat. Name: Atropa belladonna

☆ Anwendung: Augen

☆ Standort: Heckenränder

☆ Erntezeit: Juni- September

Schwarzer Nachtschatten

☆ lat. Name:

☆ Anwendung:

☆ Standort:

☆ Erntezeit:

Stechapfel

☆ lat. Name:

☆ Anwendung:

☆ Standort:

☆ Erntezeit:

Bilsenkraut

☆ lat. Name: Hyoscyamus niger

☆ Anwendung: Der eingeatmete Dampf erhitzter Bilsenkrautsamen wird zur Trance- und Orakelarbeit genutzt.

☆ Standort:

☆ Erntezeit: Juli bis Oktober

Fliegenpilz

☆ lat. Name:

☆ Anwendung:

☆ Standort:

☆ Erntezeit:

Johanniskraut (Hartheu)

☆ lat. Name: Hypericum perforatum

☆ Anwendung: Depressionen, Kopfschmerzen, Migräne

☆ Standort: Wegränder, lichte Wälder, Böschungen

☆ Erntezeit:

Gesammelt wird das ganze Kraut, woraus 1 geh. Teelöffel pro Tasse als Tee aufgebrüht wird.

Engelwurz

☆ lat. Name: Angelica archangelica

☆ Anwendung: Magenmittel, krampflösend

☆ Standort: Feuchte Wiesen, schattig

☆ Erntezeit: April- Mai

Blätter vor der Blüte sammeln, getrocknete Wurzel

Weißdorn

☆ lat. Name: Crataegus monogyna

☆ Anwendung: Kräftigung des Herzens

☆ Standort: Zäune, Wegränder

☆ Erntezeit: August- Oktober

Verwendet wird ein Gemisch aus Blüten, Blättern und den roten Früchten

Ackerschachtelhalm (Zinnkraut)

☆ lat. Name: Equisetum arvense

☆ Anwendung: wassertreibend, blutreinigend, blutstillend, gegen Gicht

☆ Standort: wächst entlang der Äcker und Felder

☆ Erntezeit:

Grüne Triebe

Spitzwegerich

☆ lat. Name: Plantago lanceolata

☆ Anwendung: Katarrhe der oberen Luftwege, Zerriebene Blätter auf Insektenstiche und Wunden bringen, Linderung und Heilung

☆ Standort: Weiden, Wegränder

☆ Erntezeit: April- Oktober

Eiche

☆ lat. Name: Quercus robur

☆ Anwendung: Durchfall, Zahnfleischentzündung

☆ Standort: Laubwälder, aber auch freistehend

☆ Erntezeit: Blüten: April- Mai, Frucht: August- Oktober,

Aus getrockneter Eichenrinde wird Tee gemacht.

Linde

☆ lat. Name: Tilia cordata

☆ Anwendung: Husten, Erkältung, schweißtreibend

☆ Standort: Laubwald

☆ Erntezeit: Blüte: Juni- August

Verwendung als Lindenblütentee

Gänseblümchen

☆ lat. Name: Bellis perennis

☆ Anwendung: Wundkraut

☆ Standort: Wiesen, Weiden

☆ Erntezeit: Februar- November

Fast das ganze Jahr können zerriebene Gänseblumen zur Wundbehandlung geerntet werden.

Huflattich

☆ lat. Name: Tussilago farfara

☆ Anwendung: Hustenmittel

☆ Standort: Wegränder, Halden

☆ Erntezeit: März- Mai

Aufguß, Absud

Die frischen, zerquetschten Blätter dienen der Wundbehandlung, wogegen Huflattichtee ein traditionelles Hustenmittel darstellt.

Birke

☆ lat. Name: Betula pendula

☆ Anwendung: Wundbehandlung, blutreinigend, Rheuma

☆ Standort: lichte Wälder, Felsen, Kargland

☆ Erntezeit: April- Mai

Birkenrinde und -teer werden zur Wundbehandlung genutzt, die im Frühjahr geernteten Blätter ergeben den Tee.

Schöllkraut

☆ lat. Name: Chelidonium majus

☆ Anwendung: Augen

☆ Standort: sonnige Plätze, Weg- und Waldränder

☆ Erntezeit: die Wurzeln im Frühjahr und Herbst, das Kraut während der Blüte.

Eibisch

☆ lat. Name: Althea officinalis

☆ Anwendung: Husten, Heiserkeit, Reizung der Magenschleimhaut

☆ Standort:

☆ Erntezeit: Die Wurzeln werden im Herbst ausgegraben.

Waldmeister

☆ lat. Name: Asperula odorata

☆ Anwendung: Wundkraut

☆ Standort:

☆ Erntezeit:

Die zerriebenen, frischen Blätter ergeben eine wirksame Wundauflage. Tee aus getrockneten Blättern wirkt auf den Körper entspannend und zugleich erfrischend.

Die Macht der Mondin

Um die Macht der Mondin noch mehr zu nutzen setzen Hexen ihr Wissen um die einzelnen Mondinphasen ein, wie es seit ehedem gerade die bäuerlich ländliche Bevölkerung schon immer getan hat und noch immer tut.

Die Grundregeln

Die auf- und absteigende Mondin

In der ersten Jahreshälfte (Steinbock, Wassermann, Fische, Widder & Stier)ist die Mondin aufsteigend, das bedeutet sie wandert am Himmel nach Norden, Wendepunkt ist der Zwilling.

In der zweiten Jahreshälfte (Krebs, Löwe, Jungfrau, Waage & Skorpion) ist sie absteigend und wandert nach Süden, Wendepunkt ist hier der Schütze.

Während der aufsteigenden Mondin ist die Hauptkraft über der Erde, es kann gesät und bewässert werden. Zur Ernte bieten sich Obst, Gemüse und Kräuter.

In der Zeit der absteigenden Mondin ist die Hauptkraft unter der Erde, die Zeit des Verpflanzens und Umtopfens. Zur Ernte bieten sich unterirdische Früchte und Wurzeln.

Elemententage

Feuer:	Widder, Löwe, Schütze	Fruchttage
Erde:	Stier, Jungfrau, Steinbock	Wurzeltage
Luft:	Zwilling, Waage, Wassermann	Blütentage
Wasser:	Krebs, Skorpion, Fische	Blatttage

Die Vollmondin

Bei Vollmond sprudeln die Kräfte nur so über. Um diese Phase zu nutzen bieten sich Feiern, die Erfüllung von Liebesdingen und erotische Aktivitäten an. Vorsicht, wer zu diesem Zeitpunkt erregt oder gar verletzt wird neigt schnell dazu, über jedes Maß hinaus unangenehme Erfahrungen zu machen. Im Garten kann gedüngt werden.

Die abnehmende Mondin

Die Phase der abnehmenden Mondin bietet sich besonders gut zu Aktivitäten wie Reinigung und Heilung an; wer kann sollte Operations- und Heilungstermine immer in diese Phase legen, da Heilungs- und Reinigungskräfte jetzt am stärksten wirken. Die Säfte sinken in den Pflanzen ins Erd- oder Wurzelreich nach unten. Es ist die Phase wo Baum- und Strauchschnitte von den Pflanzen besonders gut verarbeitet werden; ebenso kann zu diesem Zeitpunkt alles was über der Erde wächst gejätet, gegossen und geerntet werden. Reifes Obst und Gemüse, in dieser Zeit gesammelt hält sich besonders gut und bleibt besonders schmackhaft. Wer Heilkräuter sammelt sollte immer aufpassen, daß dies möglichst am Anfang der abnehmenden Mondin vollzogen wird, da jetzt die Kraft in den oberirdischen Pflanzenteilen am größten ist.

☆ Entziehende Wirkung

Die Schwarzmondin

Schwarzmondinnächte haben ihre eigene Atmosphäre, die Energien fließen und bieten damit den idealen Zeitpunkt für alle anfallenden Arbeiten, Planung und Neubeginn. Wegen dieses Wissens finden die Esbats (Hexenarbeitstreffen) auch immer in den Schwarzmondinnächten statt. Entscheidungen zu fällen, der schwerpunktmäßige Aspekt der Göttin, in Form von Hekate, legt eine weitere Verbindung zum altem Mondinwissen offen.

☆ Stark entziehende Wirkung

Die zunehmende Mondin

Es ist die Zeit der Stärkung und Heilung, einer der letzten Zeitpunkte die Haare zu schneiden, da die Säfte und Kräfte mit zunehmender Mondin wieder von den Wurzeln an die Oberfläche steigen. Die zunehmende Mondin ist der geeignete Zeitpunkt um all das zu säen, jäten, pflanzen und umzutopfen, wo die später verwendeten Pflanzenteile und Früchte über der Erde wachsen. In der Natur können in dieser Phase, besonders günstig ist dabei die letzte Hälfte der zunehmenden Mondin, diejenigen Heilkräuter gesammelt werden, bei denen die Wurzeln verwendet werden sollen. Wer Dörrobst machen möchte sollte die Früchte immer bei zunehmender Mondin ernten.

Anmerkung: Je mehr Mondinaspekte man in seiner eigenen Arbeit miteinbezieht, desto größer ist der Erfolg, trotzdem kommt man gerade in der freien Natur nicht umhin, einzelne Aspekte zu vernachlässigen, wenn bestimmte Aufgaben erledigt werden müssen, hier gilt es dennoch möglichst viele positive Kräfte zu vereinen, um so die Aufgabe zu erfüllen.

Der Jahreszyklus

Monatsname . . . nordisch . . . . . . keltisch

Januar . . . . . . Hartung . . . . . . Schneemond
Februar. . . . . . Hornung . . . . . . Hornung
März . . . . Lenzing . . . . . . Lenz
April . . . . Wandelmond. . . . Ostaramond
Mai. . . . . Sonnenmond. . . . Wonnemond
Juni . . . . Brachet. . . . . . . Brachmond
Juli. . . . . Heuert . . . . Heumond
August. . . . . . Ernting. . . . . . . Erntemond
September . . . Scheiding . . . . . Herbstmond
Oktober . . . . . Gilbhart . . . . . . Weinmond
November . . . Nebelung. . . . . . Nebelmond
Dezember . . . Julmond . . . . . . Julmond

Anmerkung: Die keltische Zeitrechnung beginnt im Jahre 1870 vor
Christus.